集人文社科之思　刊专业学术之声

集 刊 名：发展权研究
主　　编：汪习根
执行主编：滕　锐　何　苗
主办单位：华中科技大学人权法律研究院　华中科技大学法学院

JOURNAL OF RIGHT TO DEVELOPMENT No.1, 2025

2025年第1辑

集刊序列号：PIJ-2019-390
中国集刊网：www.jikan.com.cn/ 发展权研究
集刊投约稿平台：www.iedol.cn

发展权研究

2025年第1辑

JOURNAL OF
RIGHT TO DEVELOPMENT
No.1, 2025

汪习根 ／ 主编

社会科学文献出版社
SOCIAL SCIENCES ACADEMIC PRESS (CHINA)

卷首语

本集刊缘起于十多年以来我们主编的《发展、人权与法治研究》，为了集中研究发展权这一基本人权，在十周年纪念日，特将集刊名改为《发展权研究》。

和平、发展与人权是联合国的三大支柱。在相对和平的年代，发展与人权更显重要。据联合国统计，在世界 70 多亿人口中，仍然有 10 多亿人生活在赤贫状态，每日可支配收入低于 1.9 美元这一联合国划定的国际绝对贫困线。综观全球，南北发展差距日益加大，人权面临贫困、饥饿、疾病、动荡、冲突、灾害、贸易保护主义、单边主义、恐怖主义等诸多因素的严峻挑战。发展的不平衡、不均衡、不可持续问题严重困扰着各国尤其是"全球南方"国家，实现发展权成为国际社会的一项紧迫任务。为了实现公平、均衡、以人为本的可持续发展，全球社会应当精诚协作、携手并进，相互分享成功经验，共同推进发展权理论研究与实践进程。

中国作为世界上最大的发展中国家，通过四十多年的改革开放，创造了经济发展的世界奇迹，并在发展权理论研究与实践成效上获得巨大成功。当历史的车轮驶入新的时代，社会主要矛盾发生了深刻的变化，人民日益增长的美好生活需要和不平衡不充分的发展之间的矛盾为发展权理论创新与实践发展带来了新的希望和机遇。为了抓住发展机遇、有效应对挑战，中国及时进行了全面、持久的制度改革，通过全面依法治国来加强人权建设，致力于构建中国特色人权话语体系，积极参与全球人权治理，以合作促发展，以发展促人权。人权法理学告诉我们：发展问题本质上是一个人权问题，而法治是人权之基、人权是法治之本。可见，发展、人权与法治就像三驾马车，并驾齐驱，相互关联，所形成的合力远远大于三者的简单相加。正是基于这一考虑，我们在十年前，经过反复筹划与论证，编辑出版了《发展、人权与法治研究》，将发展、人权与法治三者连为一体进行研究。时至今日，已经连续出版了多卷，每一卷相对地聚焦一个主题，探讨发展中的人权及法治保障问题。具体如下：2011年，《发展、人权与法治研究——区域发展的视角》；2012年，《发展、人权与法治研究——发展困境与社会管理创新》；2014年，《发展、人权与法治研究——"法治中国"的文化证立》，《发展、人权与法治研究——法治国家、法治政府与法治社会一体化建设研究》；2015年，《发展、人权与法治研究——加强人权司法保障》；2017年，《发展、人权与法治研究——新发展理念与中国发展权保障暨联合国〈发展权利宣言〉通过三十周年纪念》；2018年，《发展、人权与法治研究——加强人权司法保障》；2020年，《发展、人权与法治研究（2018）——新时代的人权法治保障》。

为了突出发展权这一中国人权特色，全面推进人权与发展问题研究朝向纵深发展，在征求多方意见、建议的基础上，自2020年起，我们对本集刊作出重大调整：将名称改为《发展权研究》；除了中文版外，还将依托国家人权教育与培训基地——华中科技大学人权法律研究院和美欧出版机构出版英文版。

出版《发展权研究》之宗旨在于坚持人权的普遍性与特殊性相结合基本原则，坚持中国特色人权法治道路，坚持人民主体地位和以人民为中心的发展理念，把生存权发展权作为首要的基本人权，以理性、科学之精神，研究理论难点、关注现实热点、坚持问题导向、促进对话交流、繁荣学术研究、助推实践发展。

就选题范围而言，本集刊以发展权为主线，全面研究发展中的人权问题，涵盖各项人权及其法治实践问题。这是基于以下考虑。第一，从国际规范看，发展权不是封闭孤立的人权，事实上，所有人权是相互联系、不可分割的有机统一整体。联合国《发展权利宣言》第1条开宗明义地指出："发展权利是一项不可剥夺的人权，由于这种权利，每个人和所有各国人民均有权参与、促进并享受经济、社会、文化和政治发展，在这种发展中，所有人权和基本自由都能获得充分实现。"基于此，《发展权研究》将以发展权为核心，对发展权的法理、价值、理念、制度、规范和实践诸领域多层次问题进行系统化深入研究。同时，不囿于对发展权进行狭隘的理解，而是秉持联合国《发展权利宣言》采取的开放态度，以发展与人权为主轴，辐射到经济、社会、文化权利和公民政治权利各领域。第二，从逻辑理路上看，"基于人权的发展路径"（human rights-based approach to development）和"基于发展的人权路径"（development-based approach to human rights），都是解读发展与人权二元互动关系的理论路径。尽管对此在不同人权文化语境下存在价值分歧和理解差异，但是，至少在联合国系统，这两条路径都被置于发展权视角之下，得到重视，被付诸实践。所以，本集刊采用广义的理解方式，既立足于发展权这一概念本身进行专门的解读和阐释，揭示发展权的内在方面，又致力于探讨发展权的外在方面，放眼发展权与其他各项人权的相互关系。第三，从实践样本看，发展中国家的实践证明了发展权的独特价值及其与其他人权的不可分割性。只有在与所有人权的互动之中理解发展权，才能真正实现发展权。就中国而言，中国是世界上最大的发展中国家，早在三十多年前邓小平就提出发展才是硬道理。时至今日，发展依然是中国的第一要务，中国以发展权为首要人权来建构人权体系，为协同推进经济、社会、文化权利以及公民政治权利发展奠定基础。不少发展中国家在发展权保障方面取得了难得的实践成效，值得提炼与交流。所以，构建经验分享平台，促进共商共建共享，也是本集刊的重要宗旨。本集刊将秉持海纳百川的开放态度，从国际视野研究发展权问题，促进中国学术界与国际社会对话与互动，通过砥砺学术，推动人权尤其是发展权理论在多元文化背景下包容式的发展。

特别感谢中国人权研究会的大力指导！感谢联合国发展权机制的支持！感谢社会科学文献出版社将本书列入集刊系列。本集刊无论是从定位，还是刊名的正式确定以及文稿组织与编辑出版，都得益于他们的智慧与奉献！

本辑《发展权研究》聚焦数字时代与人类文明新形态背景下的人权尤其是发展权问题。从学理层面而言，本辑探究数字发展权的科学内涵、逻辑理路和法治保障，以揭示数字发展权保障的中国经验和中国方案，亦从比较与内部视角提炼出共同发展权的价值追求、制度规范和实践机理。从实践层面而言，本辑既关注"三治融合"视域下基层民众的权利保障，也探寻多元共治模式助力"保障数字人权"与"促进数字正义"双赢的实践路径，更彰显对中国数字弱势群体，特别是少数民族群体发展权的法治保障成就。从国际难点问题——科技与人权法的交叉领域来看，本辑重点关注联合国教科文组织《人工智能伦理问题建议书》及其对我国科技伦理治理的启示。从国际热点问题——工商企业与人权出发，本辑试图从现有人权法与数据法中探索适应数字化供应链的人权尽责方法，亦在三种域外社会企业法律制度比较研究基础之上，对北京市、成都市、佛山市顺德区的社会企业认证培育政策予以探究，旨在完善社会企业规制的法律体系。综观全球发展权的法治保障路径，本辑重点关注非洲人权法中发展权的基本前提，重新解读环境健康在人类福祉和发展中发挥的核心作用。本辑积极回应数字时代发展权的"中国之问、世界之问、人民之问、时代之问"，旨在为构建走向世界的自主数字发展权知识体系、推动中国数字发展权的法治进步贡献智识基础。

　　值得说明的是，正如发展权是国际社会的一项年轻而富有争议的人权一样，虽然本集刊的出版是一个群体倾力付出、默默奉献的结果，但是也难免会存在多方面的不足，更加需要我们倾力呵护和精心打造。我们真诚地希望专家、读者不吝赐教，共同为发展权乃至人类的人权事业尽绵薄之力！

　　　　　　　　　　　　　　　　　　　　　　　　　汪习根

发展权研究　（2025年第1辑）　2025年3月出版

特稿

001　论数字发展权 ／汪习根　段　昀

028　人类文明新形态视域下的共同发展权

　　　　——中国实践与全球方案 ／廖　奕

060　"三治融合"与基层民众美好生活权利的实现 ／桂晓伟

国际前沿

074　非洲人权法学中发展权的基本前提再审视

　　　／Elsabé Boshoff 著　李佳晨　陈永芳 译

数字技术与人权

099　《人工智能伦理问题建议书》及其对我国科技

　　　伦理治理的启示 ／朱力宇　胡晓凡

117　数字化供应链中的人权尽责：挑战与应对 ／唐颖侠

135　数字鸿沟的法律治理 ／雷济菁

179　社会企业的法律规制研究 ／严金平

中华民族共同体与发展权

210　论中华民族共同体视野下的少数民族发展权 ／唐　勇

233　我国少数民族儿童发展权研究 ／任　君

253　**Table of Contents & Abstracts**

261　《发展权研究》学术集刊征稿启事

论数字发展权[*]

汪习根　段　昀^{**}

摘　要：在数字时代，发展权既面临严峻挑战又迎来难得机遇。数字发展权是数字技术与发展权利相互融合而生的，以在数字技术面前的发展机会均等为内核，旨在实现全体人类和每一个个体尤其是数字弱势群体的全面自由发展的一种目的性权利。在内容构成上，数字发展权是主体基于数字技术和数字惠益共享而获得的数字政治发展权、数字经济发展权、数字文化发展权、数字社会发展权和数字生态发展权的集合体。在法理支撑上，数字发展权是主体自由而平等地主张自身的正当数字惠益的资格，是消弭数字排斥、数字歧视与弥合数字鸿沟的逻辑必然。在行为模式上，数字发展权是主体对数字发展进程在起点上的平等参与权、过程上的深度促进权和成果上的均等共享权三者的有机统一。在法治保障上，应当构建对数字发展权的尊重、保护和实现的义务体系，在国际层面通过发展权宣言、公约和决议三种载体将数字发展权全面纳入规范文本并保障其有效落实。

关键词：数字技术；数字人权；发展权；数字鸿沟

---

* 本文系国家社科基金重大项目"社会主义核心价值观与教育法律制度的完善研究"（项目编号：19VHJ010）研究成果。

** 汪习根，教育部长江学者特聘教授、华中科技大学法学院院长、国家人权教育与培训基地——华中科技大学人权法律研究院院长，主要研究方向为法理学、人权法、法治与司法制度、教育法；段昀，国家人权教育与培训基地——华中科技大学人权法律研究院博士研究生，主要研究方向为法理学、人权法。

引　言

互联网、大数据、人工智能技术的迅猛发展为"构筑美好数字生活新图景"① 带来前所未有的良好契机。相对于传统的以"土地"资源为主的农业社会、以"化石"资源为支撑的工业社会，数字社会的资源基础变成了非消耗性、非实体性的数据，"智慧社会将作为继农业社会、工业社会、信息社会之后的一种更高级的社会形态加速到来"②。这种智慧社会让人们的生产、生活充斥着新型技术，大量的数字信息裹挟着人们的现有生活形态，人们生产、生活场域从物理疆域转移到信息化的虚拟场域，使得人们的生物特征、社交网络、生活方式无时无刻不被大数据、算法解构。在个体层面，数字化进程的飞速发展为人类享有美好生活提供了前所未有的便利条件，为人权的充分实现奠定了得天独厚的物质基础。但同时也应当看到，如果没有理性的制度有效规制数字技术的应用，人的权利便可能遭受严重的冲击，数字技术若被不当利用，势必会导致隐私泄露、对个人自由的不当限制以及算法歧视、数字鸿沟等。"我国数字经济发展也面临一些问题和挑战：……不同行业、不同区域、不同群体间数字鸿沟未有效弥合，甚至有进一步扩大趋势。"③

在社会层面，在数字治理、数字政务、数字法治技术支持下，公权力对数字资源的绝对掌握让其不断向外扩张，特别是对数字信息的过度收集和不合理利用有可能会侵蚀"自由""平等"的价值理念。④ 另外，大型企业对数字资源的相对掌控⑤，形成一种"准公权力"，在一定程度上会

---

① 参见《中华人民共和国国民经济和社会发展第十四个五年规划和2035年远景目标纲要》，《人民日报》2021年3月13日，第1版。
② 马长山：《智慧治理时代的社会组织制度创新》，《学习与探索》2019年第8期。
③ 《国务院关于印发"十四五"数字经济发展规划的通知》（国发〔2021〕29号），《国务院公报》2022年第3号。
④ 程雷：《大数据背景下的秘密监控与公民个人信息保护》，《法学论坛》2021年第3期。
⑤ 郑戈：《在鼓励创新与保护人权之间——法律如何回应大数据技术革新的挑战》，《探索与争鸣》2016年第7期。

影响公民权利。

在全球层面，发达国家凭借其在数字经济和高科技领域的绝对优势，将数字资源与政治、经济、文化资源有效耦合，逐渐形成"数据主权"。① 有的发达国家一方面对后发国家进行数字资源的原始掠夺，试图推行数字殖民主义，另一方面蛮横地实施"长臂管辖"，将发展中国家的高科技企业列入实体清单，实行数字制裁、数字垄断，无端打压和遏制发展中国家的数字发展权。

发展权是 1986 年联合国《发展权利宣言》正式确立的一项基本人权，其中，"发展机会均等"② 是发展权的内核。对中国而言，与生存权一道，"发展权是首要的基本人权"③。可见，在发展权中融入数字理性，以数字技术实现发展权的转型升级，对探索数字发展权的内在机理与实现方式具有重大的现实意义。

从全局看，数字技术是一把双刃剑，在促进人类生产生活方式发生翻天覆地变化的同时，如果无法得到合理利用，则势必会桎梏全体人类公平分享数字技术的发展红利。新技术的运用要协调好科技与理性的张力，不应仅仅注重单向度的技术理性，更应从多维度去探析以人为本的价值理性，从而推促"现代科技发展坚持求真务实、基本权利保障、和谐共存的法伦理向度"④，防止数字技术沦为大国谋求数字霸权、侵犯数字人权的工具。要消弭数字发展差异、填补数字发展鸿沟，一个根本的出路在于，坚持人民主体地位、秉持以人民为中心的数字发展理念，以发展机会均等为核心，以发展权之精神重塑数字技术，构建信息时代的数字发展权新概念新制度，为实现全体人类共享数字发展权利提供有力法治制度保障。为此，本文通过探究数字发展权的科学内涵、逻辑理路和法治保障，揭示数字发展权保障的中国经验和中国方案，以期为全体人类公平分享数字发展权利提供有益参考。

---

① 宋保振：《数字时代信息公平失衡的类型化规制》，《法治研究》2021 年第 6 期。
② See UN, Declaration on the Right to Development, 41/128, 4 December, 1986.
③ 中共中央党史和文献研究院编《习近平关于尊重和保障人权论述摘编》，中央文献出版社 2021 年版，第 45 页。
④ 何士青：《现代科技发展的法伦理思考》，《求索》2020 年第 2 期。

一 数字发展权的主体构建

发展权是人的个体和人的集体参与、促进并享受其相互之间在不同时空限度内得以协调、均衡、持续地发展的一项基本人权，简言之，发展权是关于发展机会均等和发展利益共享的权利。① 数字发展权是数字技术与发展权利全方位深度融合而成的一项以发展机会均等为内核，旨在实现人的全面自由发展的一种目的性权利，作为发展权的新形态，其内涵是全体个体以及集合体在数字世界所享有的自主参与、促进数字发展进程并公平分享数字发展成果的一项基本人权。应当从主体、内容及其运行三大层面解析数字发展权的科学内涵。

关于发展权的主体内涵，学界一直存在较大的争议。西方人权理论认为人权的主体是个人，故而认为发展权的主体仅限于个人；而中国学者认为，个体发展权和集体发展权共生共存于发展权的谱系之内。② 然而无论是对个人的数字发展权还是对集体的数字发展权，学界均没有根据数字的本质与人的主体属性进行理性的剖析。为此，有必要从以下两个层面深度揭示数字发展权的主体面纱。

一是个人主体的数字属性。数字成为数字时代实现发展权的核心要素。探讨数字发展权的主体，首先应当探明数字之于作为人权主体的人的颠覆性意义。随着互联网、大数据技术的飞速发展，在虚拟的互联网世界中，人类活动都会留下一串串难以抹除的足迹。这种社会足迹以"数字代码"的形式被记录下来，并通过区块链、算法、人工智能等技术对其进行收集、整理、分析，大量的碎片化、离散化信息形成可视化、可预测的数字信息。就人的个体而言，"数字"意指通过数字符号对生物性个体进行

---

① 汪习根：《法治社会的基本人权——发展权法律制度研究》，中国人民公安大学出版社2002年版，第60页。

② 参见李步云《论个人人权和集体人权》，《中国社会科学院研究生院学报》1994年第6期；郭道晖《论集体权利和个体权利》，《上海社会科学学术季刊》1992年第3期；汪习根《法治社会的基本人权——发展权法律制度》，中国人民公安大学出版社2002年版，第72～80页。

数字化的侧写。相关数据平台通过算法的整合，将个体的离散化信息以多维度和多面向呈现在虚拟网络空间，形成包含身体健康、性别、年龄、基因等信息的生物性本体的信息化再现，并构筑了以社交网络、社会信用、政治偏好诸方面信息为内核的社会性信息化个体，这一切都形塑了一个以物理性个体为模板的信息化实体，其信息化的个体根植于生物性本体，同时也再现生物性本体。从社会层面看，"数字"强调社会在对个体和社会信息数据的收集分析后对社会精细化、差异化作出的管理与控制，并实现以"数字"为生产要素的数字产业化和信息化，同时构建一种新型的数字化治理模式，对人的生物属性和社会属性的定性、定位与定向及其保护方式都必然产生巨大影响。

可见，数字发展权不是基于传统意义上生物性个体的"自然属性"产生的，而是随着社会生产力和科学技术水平的提高，衍生出的一种人对数字时代的社会性需要的法律化表达。现有数字技术催生出的"个人信息全方位覆盖了你从摇篮到坟墓的全部私人生活，慢慢地积累所有数据，直至在计算机数据库中形成了一个'人'"[1]。人的原有形态被打上了数字化生存的逻辑印记，人类的生存和发展轨迹以数字形式储存、加工、再造和重构，这一过程投射到以生物性个体为原型的人身上，再以数字社会关系加以锻造形塑为全新的"数字人"。如此一来，在虚拟的数字社会中具有"数字属性"的全新主体便应运而生，不仅包含以生物性个体为样板而映射的静态信息人，也包含着具有数字社会特质的动态信息人。[2] 这种新变化让数字发展权的主体权利诉求兼具物理—网络双重维度，一是生物性个体为呼应数字社会对数字生存[3]、数字发展的权利诉求，二是虚拟数字社会的各项权利在复归于生物性本体过程中而在两者间相互交融共生的权利诉求。这种新兴变化所带来的流弊，造成现有权利保护范围含糊不清，给现有权利体系带来巨大的冲击和挑战。数字发展权作为一项统摄

---

① 〔英〕约翰·帕克：《全民监控：大数据时代的安全与隐私困境》，关立深译，金城出版社 2015 年版，第 14 页。

② 龚向和：《人的"数字属性"及其法律保障》，《华东政法大学学报》2021 年第 3 期。

③ Faini Fernanda，"The Right to Digital Existence"，*Biolaw Journal-Rivista di Biodiritto*，Vol. 52，pp. 91–113.

性和总括性的权利，具有数字发展主体享有均等的数字发展机会、共享数字发展利益以及全面实现数字社会主体自由而全面发展的内在理由，为原有的权利谱系增添了新的内容，更好地为数字主体各项权利的实现保驾护航。相反，如果数据信息的收集者、存储者、加工和传输者及使用者利用特有的技术和优势地位实施数字垄断或数字滥用，便会在所谓的数字原住民和其他人之间形成数字隔膜、数字排斥、数字鸿沟，导致数字社会发展两极之间的关系断裂。如果不克服大数据、算法所固有的信息缺失、算法偏见和预测失真之类的局限，势必导致"数字人"的本质异化和发展失衡，人的发展时空和主客场域被打破、颠倒甚至破坏，个体数字人格权以及财产权等各项人权因而受到侵害，数字发展权的实现便成为泡影。

二是个体与集体的关系构建。数字发展权的主体既是单数的人，又是复数的人，数字发展权主体是个人主体与集合主体的有机统一体。对数字发展权的主体建构应注意以下内涵向度。其一，数字发展权的核心主体是个体，个体是促进和保障数字发展权实践的积极参与者和受益者。从道德维度看，数字发展权作为人权的权利主体平等而普遍享有的一项基本权利，蕴含着每个个体平等地参与数字进程或者获得数字福利的诉求，旨在突出所有个人和全体人民平等地参与数字发展进程、公平参与数字利益分配。其二，数字发展权主体呈现二元结构，可以分为集体数字发展权和个体数字发展权。"每个人的自由发展是一切人的自由发展的条件"①，个体数字发展权关涉每一个人的数字发展利益，而集体数字发展权指向集体如国家、民族的整体数字发展利益。个体数字发展权是集体数字发展权的根本归宿，而集体数字发展权则是生活在共同体中的每一个个体分享数字发展权的一般条件。一方面要关注"数字弱势群体"的数字发展权，尤其是随着数字技术的高速发展，数字化、无纸化技术被广泛运用到生产、流通、消费领域以及医疗、交通、教育、文化等公共服务领域，这使得在信息社会中处于弱势地位的群体逐渐被这股数字潮流遗弃，故需要消解"数

---

① 《马克思恩格斯文集》（第四卷），人民出版社1995年版，第491页。

字鸿沟"所固化的年龄、阶层差异。另一方面，应关注民族和国家等的集体数字发展权。目前，发达国家依靠先进的数字科技和强大的数字经济，通过制定数字规则、先占数字资源和不正当竞争等手段，企图完成对数字弱势国家或区域数字资源的原始掠夺。同时，数字技术强大的国家将数字技术赋权于政治、经济、文化等多方面，建构了一种多元"数字主权"共生共竞的模态，"数字霸权"也因此应运而生。因此在数字资源"非均衡性和不平等性日益恶化"的情形下，更应注重数字弱势国家和数字弱势群体的数字发展权。

二　数字发展权的内容构成

数字发展权是一个由数字政治发展权、经济发展权、文化发展权和社会发展权以及生态环境意义上的可持续发展权构成的有机统一整体。

一是数字政治发展权。数字技术强化了民众参与政治生活、享有政治发展机会和发展自由权利，从而造就了数字民主、算法民主，保障了民主政治发展权利人人共享。大数据时代的民意形态正在发生三重蝶变："民意结构由原子化转向合成化，民意测量由样本民意转向总体民意，民意分析由小数据分析转向大数据分析和可视化。"[1] 由此搭建的数字民主系统，为多元利益诉求提供彼此交互、冲击、调整、改变的舞台，保障最终输出包容性、和谐化的公共意志[2]。区块链技术下平台中的每个节点都是数据的储存者和使用者，有助于主体的自主性实现；对等网络技术有助于给予参与者以平等、自由的主体地位，节点之间的平等性决定了其他组织或个人无法夺取数据的所有权。同时，区块链的透明性强化了信息的保真性，有助于决策者、社会大众之间的信息能够不被篡改地相互传输；区块链中的共识算法，使得冲突频发、矛盾叠加的现实公共生活能够快速有序地找到利益的最大公约数，为理性的民主决策提供技术支撑。总之，"区块链技术开启了一个大规模多中心化的新时代，人的因素被最小化，信任从一

---

[1]　汪波：《大数据、民意形态变迁与数字协商民主》，《浙江社会科学》2015 年第 11 期。

[2]　参见汪波《大数据、民意形态变迁与数字协商民主》，《浙江社会科学》2015 年第 11 期。

个中心组织的人类代理人转移到一个开源代码"①。这显然有助于重构政府治理价值体系，建构开放、平等、协作、共享的自治环境，不断强化民众平等参与，更好集合民意，保障实现全过程民主权利。

二是数字经济发展权。数字关键技术创新优化经济发展权实现方式，数字产业化惠益人人共享经济发展权，而产业数字化赋能主体更优质享有发展权。数字经济通过充分发挥海量数据和应用场景的独特优势，促进现有产业迭代升级，实现数字技术与实体经济深度融合，催生出新产业新业态新模式，为经济发展提供前所未有的新动能新前景。目前，以数据为生产要素所产生的总体经济规模在全球经济规模中的占比不断提高，数字经济成为社会经济的重要组成部分。② 其中"经济要素数字化"、"密集数字创新"、"产消融合"、"平台生态"和"赢者通吃"的数字经济思维原则③不断创新社会生产方式，也对理性地规制数字经济、倡导数字伦理提出了全新的要求。

数字经济的发展不等于经济发展权的均衡共享，只有实现数字技术与数字正义全面对接，以数字理性制约数字任性，优化数字经济中的权利义务关系，通过政策性平衡适度倾斜保护数字弱势主体，构筑公正公平的数字经济生态，才能确保高速发展的数字经济为每一个人的普遍发展提供丰裕的物资条件，使得人类得以充分享有"运用所获得物质技术手段去创造并享受满足发展需要的物质资料的权利"④。

三是数字文化发展权。数字技术能够快速地摄取、生成、储存和处理各种文化元素，促进文化产业效率的极大提升，进而使文化产品具有更多元的新形态和更强大的表现力。⑤ 智能技术与文化产业全方位优化整合，为文化产业的转型提供了新动能，不断催生出新型的文化业态，形成一种

---

① 高奇琦、张鹏：《从算法民粹到算法民主：数字时代下民主政治的平衡》，《华中科技大学学报》（社会科学版）2021年第4期。

② 中国信息通信研究院：《中国数字经济发展白皮书（2020年）》，《中国信息通信研究院》2020年7月。

③ 杨青峰、任锦鸾：《发展负责任的数字经济》，《中国科学院院刊》2021年第7期。

④ 汪习根：《法治社会的基本人权——发展权法律制度研究》，中国人民公安大学出版社2002年版，第88页。

⑤ 江小涓：《数字时代的技术与文化》，《中国社会科学》2021年第8期。

以"文化云""平台+中心""线上+线下""现场+远程"为特征的多样数字文化传输模式，形塑了集群式、大众化、多样性的文化供给模式，保障民众对多样文化产品的需求可及、获得文化产品的机会可及和文化产品对民众的效果可及，"公共数字文化服务供给模式对满足人民对美好文化生活的期待具有重要意义"①。对此，习近平总书记指出："要顺应数字产业化和产业数字化发展趋势，加快发展新型文化业态，改造提升传统文化业态，提高质量效益和核心竞争力。"② 实施文化产业数字化战略，加快发展新型文化企业、文化业态、文化消费模式，壮大数字创意、网络视听、数字出版、数字娱乐、线上演播等产业。③ 同时，大力发展公共数字文化服务体系，向农村、边远、交通不便地区倾斜，为共享文化发展权提供高质量数字技术保障。

四是数字社会发展权。数字社会发展权的实现离不开数字社会的高质效建设。数字技术全方位融入社会生活，创新了以智慧便捷为要旨的社会运行体系与公共服务方式，为保障畅享数字生活创造优越环境。尤其是聚焦教育、医疗、养老、抚幼、就业、扶贫、助残重点领域，构建数字学校、数字医院、数字养老与数字帮扶系统，强化信息系统无障碍建设，保障老、弱、病、残、幼共享数字生活。同时，切实提升社会公共服务机构资源数字化、普惠化、均等化水平，确保数字社会资源向处于欠发达、不发达一级主体的辐射延展，实现互联互通、全面覆盖。此外，全面提升全民数字素养，普及数字技能教育，构筑共享数字社会发展权的美好数字生活新图景。

同时，数字化智能化社会治理通过数字技术深刻地改变着社会治理方式，致力于打造共建共治共享的政治、自治、法治、德治与智治"五治"融合的社会治理新格局，让数字技术全面融入治理体系，深度整合现有资源，进而生成一种全新的治理模式。以智治为内核的数字乡村治理新样态

---

① 祁志伟、张婷：《公共数字文化服务供给的实践模式——基于沿海与内陆地区的案例》，《图书馆》2021 年第 9 期。

② 《习近平在教育文化卫生体育领域专家代表座谈会上的讲话》，《人民日报》2020 年 9 月 23 日，第 2 版。

③ 《中华人民共和国国民经济和社会发展第十四个五年规划和 2035 年远景目标纲要》，《人民日报》2021 年 3 月 13 日，第 1 版。

和依托"数字孪生"① 技术打造的智慧城市，使数字技术与城乡基层社会治理的融合成为必然，并逐步形成虚实交互、虚实同构的社会治理模式。这样的模式具有自主、自生的社会治理能力，可为人人供给普惠共享的社会公共资源，更高质效地保障社会发展权的实现。

五是数字生态发展权。数字时代的发展权是一种人人都享有借助数字技术在经济、社会与生态环境三者之间实现可持续发展的权利。"可持续发展权"② 的提出，是发展权理念在生态文明背景下的根本飞跃。在新技术革命下将数字技术全面融入可持续发展权之中，探索基于数字技术的可持续发展权则是发展权的又一次质的飞跃。③ 对此，联合国《变革我们的世界：2030 年可持续发展议程》强调其基本目标在于，"确保所有人都能过上优裕和充实的生活，实现与大自然保持和谐的经济、社会和技术进步"，"人权（包括发展权）得到尊重"。④ 由此正式确认了技术进步、可持续发展与发展权之间的内在关联性。据统计，该议程使用"技术"一词达 119 处之多，其中，10 处使用了"信息和通信技术"，遍及该议程所设定的 17 个可持续发展目标。该议程指出："信息和通信技术的传播和全球互通互联非常有可能加快人类的进步，消除数字鸿沟，创

---

① 数字孪生，是物理产品数字化所形成的一个或多个关联的数字映射系统，也称为数字镜像、数字化映射或者数字双胞胎。数字孪生社会是通过现实世界的数字化表达建构出与实体社会相同的平台即数字孪生体，将社会问题在虚拟空间中模拟出来，形成清晰、有序的镜像，这是一个以现实社会为样板的自我组织发展的虚拟世界。参见向玉琼、谢新水《数字孪生城市治理：变革、困境与对策》，《电子政务》2021 年第 10 期。

② 习耕耘：《论发展权的可持续性——以人权看待可持续发展》，《政治与法律》2007 年第 4 期；See Xigen Wang, "On the Right to Sustainable Development: Foundation in Legal Philosophy and Legislative Proposals", in Stephen P. Marks eds., *The Role of International Law in Implementing the Right to Development*, Harvard University & Friedrich Ebert Stiftung. Chateau de Bossey, 2008；Xigen Wang, *The Right to Development: Sustainable Development and the Practice of Good Governance*, Brill & NIJHOFF, 2019.

③ Xigen Wang, Implementing the 2030 Agenda for Sustainable Development: Operationalizing the Right to Development for International Cooperation, Cited in Interactive E-Learning Module on Operationalizing the Right to Development in Implementing the Sustainable Development Goals, January 2018, (Geneva, Ciudad Colon and Kuala Lumpur: OHCHR, UPEACE and UNU-IIGH), https://www.upeace.org/calendar/events/academic 最后访问时间：2021 年 11 月 25 日。

④ UN, Transforming Our World: The 2030 Agenda for Sustainable Development, A/RES/70/1, 21 October, 2015, para. 35.

建知识社会。"① 为此，应当加强技术合作，"促进以有利条件，包括彼此商定的减让和优惠条件，开发并向发展中国家转让、传播和推广无害环境的技术"②。

当今时代，生态文明建设已然成为一个全球性议题。经济社会与生态环境的可持续发展面临严峻挑战，而生态难民、气候难民与数字难民的叠加，加剧了人类社会的分化，对社会弱势群体无疑是雪上加霜。不发达国家、生态脆弱国家、生态环境恶化区域的经济发展和数字技术水平往往都比较低下，而数字生态发展权的客体即生态系统是由一系列相互依存、相互制约的子生态系统和复合性要素构成的，这些生态因子的流动和影响常常跨越国界、地区。③ 所以，仅仅依靠一个国家或者几个区域利用数字技术手段去解决生态发展问题是不现实的，需要各个国家、区域进行技术整合和生态系统优化，协力合作共促数字生态发展权的实现。联合国教科文组织在 2021 年《人工智能伦理问题建议书》中特别强调了对发展中国家和弱势群体的发展权利保护问题，其中在 "政策领域 5：环境和生态系统" 中明确指出："人工智能系统应在其整个生命周期内让地方和土著社区参与，并应支持循环经济做法以及可持续的消费和生产模式。" 其重点列举了人工智能系统运用与可持续发展的具体领域，主要包括：（a）支持自然资源的保护、监测和管理；（b）支持与气候有关问题的预测、预防、控制和减缓；（c）支持更加高效和可持续的粮食生态系统；（d）支持可持续能源的加速获取和大规模采用；（e）促成并推动旨在促进可持续发展的可持续基础设施、可持续商业模式和可持续金融主流化；（f）检测污染物或预测污染程度，协助利益攸关方确定、规划并实施有针对性的干预措施，防止并减少污染及暴露风险。④

---

① UN，Transforming Our World：The 2030 Agenda for Sustainable Development，A/RES/70/1，21 October，2015，para. 15.

② UN，Transforming Our World：The 2030 Agenda for Sustainable Development，A/RES/70/1，21 October，2015，Goal 17. 7.

③ 宁清同：《论私权语境下的生态权》，《求索》2017 年第 5 期。

④ 参见联合国教科文组织《人工智能伦理问题建议书》，联合国教科文组织第 41 届大会，2021 年 11 月 23 日。

数字生态发展权应尤其关注生态脆弱和数字技术双重弱势区域或群体的权益。为此，应当在全球范围内借助数字、智能技术及时推进"智慧气候"①、"智慧海洋"②、"智慧生态"③诸方面的建设，在优势主体与弱势群体之间实现基于数字正义的生态文明，形成以生态大数据为基础、以智能算法运用为核心的智能生态权益保护新模式。

数字生态发展权积极地回应这一命题，它不仅要求数字生态技术在全球范围内均衡包容普惠地发展，同时强调数字生态发展权主体享有数字生态知情权、数字生态参与权、数字生态决策权和数字生态监督权之类的权利，以具象化空泛的理念。其中，数字生态知情权是依赖数字技术去构建一套有效的参与机制，让数字主体以更为便捷的方式获悉、了解、共享数字生态信息，突破原有的数字信息壁垒，为推进生态文明建设和可持续发展权的实现奠定基础；数字生态参与权则是在数字生态知情权的基础之上，权利主体运用数字技术媒介所提供的生态大数据信息，平等利用数字平台发表意见和评论，全程高效参与数字生态文明发展进程的权利，旨在通过塑造多元化、信息化的参与路径，增进发展机会均等；数字生态决策权是通过理性协商、对话去更好保障全体主体尤其是生态脆弱地区或国家的生态利益，坚持公平、共同但有区别的责任及各自能力原则，实行科学、公正、民主的决策机制，最终达到多元利益的动态平衡，不让任何一个主体掉队；数字生态监督权作为数字生态发展权得以实现的最后屏障，

---

① 由数据驱动和智能技术相结合，实施多参数全链系统、多元多维异构感知技术融合技术，提高能源效率，实现气候灾害进行预警和减灾和救灾等功能。参见《2021 人工智能合作与治理国际论坛　聚焦人工智能技术前沿与治理》，清华大学人工智能国际治理研究院官网，https://mp.weixin.qq.com/s/YFqmnSo49ub5frYBdA P0hQ，最后访问时间：2021 年 12 月 20 日。

② 通过数字、物联网、智能技术，对海域空间资源进行统筹规划和可视化动态监管以及对海洋水文、气象等数据进行实时监测，通过可视化、精细化地模拟和推演，对海洋灾害作出精准预警以及相应地降低灾害的建议。参见鲍广扩《地方级智慧海洋建设中的技术架构和系统设计》，《渔业研究》2021 年第 5 期。

③ 充分运用大数据、物联网、卫星遥感、图像识别、无人机、机器人等新一代信息技术，在森林生态系统保护领域、草原生态系统保护领域、湿地生态系统保护领域、荒漠生态系统保护领域、生物多样性保护领域，创新监管模式，开展智能监测，科学决策依据，激发生态保护新动能，实现生态保护智能化，形成生态保护新模式。参见《国家林业和草原局关于促进林业和草原人工智能发展的指导意见》（林信发〔2019〕105 号）。

其功能在于利用数字技术对破坏生态环境的行为进行全方位监督，为生态文明建设保驾护航。数字技术赋权于监督主体去高效监测显性或隐性的生态侵权行为，有效遏制生态权利的滥用。总之，数字生态全球化的各类主体在相互嵌合的具象化权利保障下，全面参与生态环境的数字化治理，形成技术理性与社会理性的互动互融，共同促进数字生态发展权的实现。

三 数字发展权的运行模式

从动态上看，数字发展权是主体对数字发展的参与权、促进权和共享权三者的统一。《发展权利宣言》第 1 条规定："发展权利是一项不可剥夺的人权，由于这种权利，每个人和所有各国人民均有权参与、促进并享受经济、社会、文化和政治发展，在这种发展中，所有人权和基本自由都能获得充分实现。"[1] 数字发展权既是一项目的性权利，又是一项过程性权利。[2] 以数字谋取发展，意在凸显权利的主体性和主体实现权利的主动性，保证数字主体自主参与数字发展进程和均衡享有数字发展惠益。从权利运行的行为方式来看，具体可以细分为三个方面。

一是参与权。"参与"是发展权的一个重要的基本特征，对此，《发展权利宣言》在序言中宣称，发展的"目的是在全体人民和所有个人积极、自由和有意义地参与发展及其带来的利益的公平分配的基础上，不断改善全体人民和所有个人的福利"。参与数字化生存方式的构建进程，对于实现数字发展权具有前提意义。"参与"的基本要求在于以下几个方面。其一是积极参与。人不仅是数字发展权的被动受益者，更是数字发展权建设的主动参与者。尽管绝大多数人不可能成为数字技术的发明者、掌握者，但是将数字技术运用到经济与社会发展进程而推进人类迈入数字社会之后，人人都应当成为数字社会的参与者、建设者、贡献者。不能仅仅满足于不让任何人成为数字生活的弃儿，更应当实现从被动受益者到主动行为人的根本转变，使数字发展权从一种慈善与施舍转化为主体积极作为而

---

① UN, Declaration on the Right to Development, 41/128, 4 December, 1986, para. 2.

② 汪习根：《发展权法理探析》，《法学研究》1999 年第 4 期。

谋求获取的人权。其二是自由参与。自由既是消极的，又是积极的，而且只有充分赋能所有主体，通过激活内在潜能和外部赋能，才能强化主体自由、扩展自由程度，成为每一个人参与数字生活的权利能力。其三是优质参与。"有意义"的参与是行使数字发展权的一个基本方式，而参与的意义考量依存于参与的质量和成效。数字技术的排外性发展到包容式发展对于参与质效的提升无疑是一个重大进步，但仅此是远远不够的，应当超前引导技术提供者为人人搭建共享共建、自主可控的平台与载体，充分激活主体动能，让社会大众成为数字生活的自觉行动者和构建者，确保参与的意义释放最大化。

二是促进权。促进权意味着不仅一般性地参与数字发展进程，而且能够深度、全面、持续参与数字发展进程、增进数字发展权能。对数字发展的促进权是在数字世界中进行主体性建构的重要表现，是确保参与始终具有可持续性的基本要求。如果说参与权是基于起点上的机会均等而衍生的，那么，促进权则是基于过程公平和规则公平而形成的一种连通起点和终点的纽带。无论是数字技术的研发与创新，还是数据的收集存储运用，抑或算法运行，无论是数字技术本身的运行，还是对技术的导航与监管，都亟待社会大众身临其中，融入主体的共同意识与意志，而不是任由算法技术与人工智能主宰。为此，应当通过对数字客体的占有、利用甚至改造，实现生活事实与数字世界的无缝对接和有机融通；通过对数字正义的制度化构建，在数字伦理支撑下创设公平的数字规则体系，让数字发展进程覆盖全体主体、连通所有节点、彰显过程公平；通过打造数字程序正义，为享有数字发展权提供开放透明民主的决策支持系统，确保人人在公共参与、社会协同、有序表达、共商共建中实现数字发展权。

三是分享权。数字发展不同于数字发展权，数字发展是数字技术的目的性价值，而在数字发展权中仅具有工具性价值，是通过数字技术谋求发展权的手段。数字发展成果的普惠共享是数字发展权的核心价值，数字发展成果的分享权意味着应当实现对数字发展客体的全面共享和全民共享。全面共享是指主体对数字客体占有的全局性和全域性，而不为数字技术所肢解；全民共享是指享有数字发展权主体的广泛性和普遍性，而不能为技术独占者据为己有。可见，结果公正是发展权的最终要求。而在数字世界，数据处理和算法推演均是人为操作和掌控的，数字技术本身无法实现基于共享的数字正义，而如果将公平正义的权利分配体系交由机器和算法摆布，则势必使人类自身肩负的公平发展权责任被推卸得一干二净。美国学者弗吉尼亚·尤班克斯在《自动不平等：高科技如何锁定、管制和惩罚穷人》一书中，通过大量的实证分析指出，在美国，"贫困和工人阶层被作为新型数字贫困管理工具的目标，攸关性命。自动化资格认证系统阻碍了他们申请维系生存所需的公共资源。复杂的集成数据库收集了他们最私密的个人信息。……预测模型和算法将它们标记为'风险'和'问题父母'"[①]。美国贫困人口和工人阶层长期受到侵略性监视、午夜突袭，成为惩罚性公共政策的目标人群。不仅社会底层正面临智能算法的最严苛自动审查，而且所有人得享的民主质量正在广泛遭受影响。"基于数据库、算法和风险模型制造了一个我们称为'数字济贫院'的东西，但并没有承担起消除贫困的共同责任。"[②] 这是一个数字技术大国内部真实情形的缩影，而就国际社会而言，这一消极影响还在迅速蔓延，数字鸿沟与数字不义正在加剧本就发展失衡的世界不公正。数字贫困不只是一个概念意义上的空洞辞藻，而是在物质和文化上对平等分享发展成果带来双重的负面影响。

四　数字发展权的逻辑理路

"一般性权利概念本身就是指称单一的精神性要素或者单一的功能性特征的用语，其指称对象不存在多要素合成的结构，所以，不需要对一般性权利概念作结构分析。"[③] 但是，数字发展权在进入具体法律视野时，需要对这项权利的具体构成要素进行分析，而人权的要旨在于，权利主体

[①] 〔美〕弗吉尼亚·尤班克斯：《自动不平等：高科技如何锁定、管制和惩罚穷人》，李明倩译，商务印书馆 2021 年版，第 11 页。

[②] 〔美〕弗吉尼亚·尤班克斯：《自动不平等：高科技如何锁定、管制和惩罚穷人》，李明倩译，商务印书馆 2021 年版，第 12 页。

[③] 张恒山：《论具体权利概念的结构》，《中国法学》2021 年第 6 期。

在有资格自由主张自身的正当利益时，才称得上享有人权。可见，资格、自由、平等、正当和利益构成权利的内在要素。① 循着这一逻辑，有必要从五个方面对数字发展权加以人权法哲学意义上的理论证成。

一是从资格上看，数字发展权是主体数字人格形塑的必备要件。数字发展权是指个人或者集体平等而自主地参与、享受数字发展福利，并在数字社会获得全面而自由发展的人格。目前，数字化浪潮席卷全球，人们的身份、行为以及关系等数据的具象展示和情景在线，不断在塑造人类的数字属性、数字面向和数字生态。② 数字日益变成个体人格完整性须臾不可或缺的要素，个体开始追求数字化的生活权③、数字生存权④，平等而自主的数字人格与数字尊严成为数字化生活权的题中之义。在本就存在不平等的现实世界，数字鸿沟加剧了发展中的不公和人类的不义，让更多的不发达主体被边缘化或遭受排斥。数字发展权倘若不能成为数字主体的一项资格，则无法保障个体参与数字生活的能力或权能、公平地获得自主的数字人格，遑论在数字社会实现自由而全面的发展。只有将数字发展权作为主体在数字社会发展的一项资格，才能更好保证数字社会在追寻数字效率的同时实现数字正义。

数字发展权坚持以人为本的核心价值理念，致力于促进对人性尊严的尊重，以保护人的尊严、人格为旨归。"本位"是一种以基本观念、基本目的、基本作用和基本任务为核心内涵的工具性分析方法或研究模式。⑤"以人为本"要求将数字发展权研究模式从以技术为本转向以人类为本。人的自主性、尊严以及自由的数字人格是人的本质的法律抽象。数字发展权是在数字时代彰显人的尊严与主体性的基本要求，凸显对人的数字属性

① 汪习根：《论习近平法治思想中的美好生活权利》，《政法论丛》2021年第5期。
② 马长山：《一个迫切而重要的时代命题——确认和保护"数字人权"》，人民政协网，https://www.rmzxw.com.cn/c/2020-01-07/2499806.shtml，最后访问时间：2025年3月3日。
③ 张文显：《无数字 不人权》，《网络信息法学研究》2020年第1期。
④ 数字生存权，即人们有权要求在数字空间中获得高质量数据、技术支持以及侵权救济等基本权利。See Faini Fernanda, "The Right to Digital Existence", *Biolaw Journal-Rivista di Biodiritto*, Vol. 52, pp. 91-113.
⑤ 梅傲、罗迪：《"人本"语境下连结点选择方法论》，《武大国际法评论》2021年第4期。

的认可和数字人权的尊重，人不再被视为数字社会建构的工具，而是数字社会的主宰者。

二是从自由上看，数字发展权是认识和改造数字世界的客观必然。自由是对必然的超越，无论是意志自由还是行为自由，都是不断征服和改造外部世界的结果。人在改造对象性世界的过程中丰富了人的类本质并由此不断扩展自身的自由。在数字世界，人类脱离物理疆域的桎梏，通过"离身性"① 的方式将社会性活动逐渐移转至虚拟场域，借助数字技术探索数字世界的奥妙，揭示数字发展规律，不断摆脱这一全新疆域对人的束缚而扩张与延展自身的自由。但这是一种基于技术创新的探索式自由，这一技术自由是否能够同时惠及现实世界和虚拟世界的所有主体，则具有极大的不确定性。数字发展权的旨归在于维护数字主体自由自主的数字发展权利，即赋予数字主体自主选择"去做什么的积极自由"，同时也给予数字主体"免于干涉的消极自由"。② 这种"自主的自由"凝聚了人们主动参与数字活动自由的价值共识，传递出一种通过数字发展权实现数字主体自由全面发展的价值理念。在共生共竞的全球数字社会，增进自身的自由发展，为共促人类美好的数字社会创造有利的外部条件。

三是从平等上看，数字发展权是实现数字正义的价值依归。数字社会加剧了不平等现象的出现。数字社会是通过数字技术打造的一个现实社会的数字孪生体，它与物理社会泛在连接、虚实映射、实时联动。③ 但是，这个空间并不是物理世界的简单复制，而是由一个个现实社会生物性个体为样板的信息人组成的数字社会的共同体，除了物理世界的不平等，还存在"数字化中的不平等"，其中"数据暴政"与"技术暴政"严重阻碍数字技术福利普惠于全体民众。在智能社会建构进程中，数字技术的权力运作将技术掌握者的权力意志传递和下沉到社会治理的各个末梢，这大大减少了民众表达的渠道，制约着平等对话与协商共建的实现。以数据、算法

---

① 冉聃：《赛博空间、离身性与具身性》，《哲学动态》2013 年第 6 期。

② 韩定祥：《自由的边界——伤害原则及其重释》，《世界哲学》2021 年第 4 期。

③ 向玉琼、谢新水：《数字孪生城市治理：变革、困境与对策》，《电子政务》2021 年第 10 期。

为基本元素的数字社会，出现了数字不平等和算法歧视、对人的自主性侵害等一系列问题。美国的调查表明，所谓的"数字济贫院"，"只不过是加剧了歧视，损害了我们国家最根深蒂固的价值观"①。宪法所宣称人人平等这一基本人权原则正在遭受数字社会的吞噬，使原本被现实生活边缘化的群体依旧在数字虚拟世界被遗忘②，而且被边缘化的程度有增无减。对此，习近平总书记在致首届中国网络文明大会的贺信中强调"要坚持发展和治理相统一、网上和网下相融合，广泛汇聚向上向善力量"③。数字发展权将人与人平等的价值理念作为其理论根源，蕴含着数字正义的平等精神，通过建构一套旨在以机会平等为起点、以规则公平为手段、以结果公平为追求的社会公平体系，缩减数字主体之间因为数字技术和数字能力差异而产生的不平等，矫正算法歧视所造成的隐蔽而持续的实质不平等，最终实现数字社会均衡而普惠的发展。

四是从正当上看，"权利是主体对客体的获取、占有和利用的产物，这种主客关系必须具有正当性，才能转化为权利"④。在生存模式的主导下，人类社会经历了狩猎社会、游牧社会、农业社会以及商业社会。⑤ 现有数字技术逐渐嵌合进生存模式，全球逐渐迈入数字社会，形塑了一个虚实互构的数字世界，它是人们探索数字社会发展基本规律，借助数字技术形成的理性的社会性共同体。但是现有数字技术的不均衡发展以及对数字主体自主性、尊严、隐私等的侵犯日益严重，数字社会不正义的态势愈演愈烈。而数字发展权以均衡普惠的发展为内在精神，并以数字正义为价值目标，旨在维护数字主体利益的正当性与先进性，进而推进数字社会向善向上的发展。

五是从利益上看，"利益是权利的实体内容，而权利则是利益的外在

---

① 〔美〕弗吉尼亚·尤班克斯：《自动不平等：高科技如何锁定、管制和惩罚穷人》，李明倩译，商务印书馆2021年版，第12页。

② 林曦、郭苏建：《算法不正义与大数据伦理》，《社会科学》2020年第8期。

③ 《习近平致信祝贺首届中国网络文明大会召开强调　广泛汇聚向上向善力量　共建网上美好精神家园》，《人民日报》2021年11月20日，第1版。

④ 汪习根：《论习近平法治思想中的美好生活权利》，《政法论丛》2021年第5期。

⑤ Adam Smith, *An Inquiry into the Nature and Causes of the Wealth of Nations*, Liberty Fund, 1981.

形式"①。数字发展权是为了维护数字主体获得数字发展利益，而这种利益最终助益于数字主体自由而全面的发展。随着现有数字技术的发展，人类同时生活于三个场域，即"自然、社会和虚拟的数字社会"②，在虚拟的数字社会中多元利益主体共生共竞的局面，势必导致利益分配不均衡、不和谐。倘若不能从一项权利义务的视角对数字发展关系进行理性而正义的调整，数字社会将会出现利益失衡、关系失序的状态。数字发展权旨在保障数字主体均衡获得数字发展利益、协调不同层次的利益关系、整合不同主体的利益诉求，并以数字发展的利益惠及每一个数字主体为依归。

可见，数字社会在数据、算法等技术的主导下，构建了一个自主的社会数字管理系统，但算法技术本身的能动性和自主性会在某种程度上压制人在数字社会的自主选择与自由权利。数字发展权以人类"共同善"为价值旨趣，建基于数字全球命运共同体。目前学界对"共同善"的概念没有清晰的界定，有学者认为共同善是个体善的集合体，也有学者认为共同善是对共同的存续及共同体所有成员的生存和发展都有好处的东西。③ 但无论如何定义共同善，其内涵都指向共同体的普遍利益或者公共利益，而这些普遍的利益往往构成社会共同体成员最基本的福祉和幸福。它能作为道德的基本原则和法律规则中最为基础的部分，并构成人的实践选择和行动的意义来源，是共同体得以存续的价值基础和驱动力。④ 当然，随着社会的发展，共同善的表现形式也随之嬗变。尤其进入数字全球化的时代，人类数字化生存空间所具有的虚拟性、即时性和跨界性使"共同命运感"更容易出现。⑤ 在虚拟的数字共同体中，数字活动日益与人们合作共生，人在虚拟空间中的生存、发展、安全和福祉变为网络空间命运共同体最具有普遍意义的价值追求，进而逐渐外化为对数字发展的权利诉求。数字发展权以"共同善"为价值旨趣，一方面意在调和个人善与普遍善之间的紧张

① 汪习根：《论习近平法治思想中的美好生活权利》，《政法论丛》2021 年第 5 期。
② 张康之：《数据治理：认识与建构的向度》，《电子政务》2018 年第 1 期。
③ 曹刚：《共同善、共同体与法治》，《中国人民大学学报》2018 年第 3 期。
④ 郑玉双：《实现共同善的良法善治：工具主义法治观新探》，《环球法律评论》2016 年第 3 期。
⑤ 刘兴华：《数字全球化与全球数字共同体》，《国外社会科学》2021 年第 5 期。

关系，谋求数字公益和福祉、弥合数字发展鸿沟、尊重数字自由和数字民主；另一方面旨在促进全球数字共同体中个体的集体归属感和认同感，共同参与数字治理，共享数字成果，反对数字单边主义和数字霸权主义，让数字福利造福全人类。

总之，数字发展权所彰显的理性主义，克服了单纯技术主义肢解、分化人的局限性，为数字共同体全体成员共享数字红利奠定了基础。人权视野下数字发展所蕴含的利益具有正当性、所赋予的资格为人人平等共享、所拓展的自由从物理空间转向虚拟空间和智能领域，从而把数字利益升华为数字发展权。

五 数字发展权的法治保障

一是国内层面数字发展权的法治化保障。"加强人权法治保障"[①] 是中国特色人权发展道路的一条基本经验，而"坚持生存权和发展权是首要的基本人权"[②] 又是这一命题的重中之重。可见，数字发展权在数字时代的人权法律体系中具有基础性地位，应当从全面依法治国的战略高度认识和把握数字发展权的法治保障构建问题。建设中国特色社会主义法治体系是全面依法治国的根本目标和总抓手，建设完备的法律规范体系是法治体系的重要基础工程，而明确权利义务关系又是法律制度体系建设的核心内容。

我国数字发展权的规范体系建设应公法与私法并重。数字发展权是实现数字社会良法善治的时代之义，是数字时代不可忽视的法治价值。立足于发展权的基本人权定位，应当从宪法意义上重新定义和界定数字发展权的规范功能。数字发展权作为宪法意义上的一项权利至少包括三个方面的价值功能，即防御权功能、受益权功能以及客观价值秩序功能，与之相对

---

① 《习近平致"二〇一五·北京人权论坛"的贺信》，《人民日报》2015年9月17日，第1版；另参见中共中央党史和文献研究院编《习近平关于尊重和保障人权论述摘编》，中央文献出版社2021年版，第4页。

② 参见中共中央党史和文献研究院编《习近平关于尊重和保障人权论述摘编》，中央文献出版社2021年版，第45页。

应的国家义务分别是尊重义务、给付义务和保护义务。[①] 因此，数字发展权向作为义务主体的国家提出的首要诉求便是平等"尊重"全体主体的数字发展权。"尊重"意味着通过立法和其他手段确认、保证人人共享数字发展红利，让每一个个体的人格尊严和个人价值得到平等尊重。从消极人权的视角看，要求公权力不得实施有损主体数字发展权的行为，不得剥夺主体平等参与、促进数字发展进程的机会均等权和共同享有数字发展成果的权利。其次是国家的保护义务，即要求国家采取措施防止他人侵害公民的数字发展权利。国家通过提供制度支持，让民众享有"数字权利"时获得权利的保障，严厉打击侵犯数字权利的行为，积极保障数字发展权。再者，应当依法明确国家的给付义务。给付是从积极人权的实现角度而言的，"给付义务是与尊重义务和保护义务相并列的国家三大义务之一，要求国家采取必要的措施保障在其管辖下的每一个人有机会获得作为人不可或缺、凭借自身个人努力不能保证的需求的满足"[②]。作为数字发展权，国家的给付义务是为了让数字主体都能有机会获得进入数字社会的权利，享受数字技术带来的福利，其中主要包含两个方面的内容。一方面，国家有义务全面建设互联网和数字化、智能化基础设施，做好涉及硬件和软件的工程建设工作，以及提供由这些软硬件延伸和发展起来的各项"互联网+"公共服务，特别是针对数字基础设施落后、数字服务资源薄弱的地方，尽量保证普通民众都有进入数字生活的权利，让数字福利普遍可及，弥合数据鸿沟，弥补数据弱势群体现实条件的不足。另一方面，国家有义务加强民众数字素养的培育，使其更适合生存于数字社会。"数字素养"滥觞于传播学，其主要是指民众对数字信息的获取、利用、整合能力。但是数字技术与社会生活的不断融合，也给数字素养注入了新的内容。直至2018年，联合国教科文组织将"'数字素养'界定为数字技术安全、合理地获取、管理、理解、整合、交流、评价和创造信息，以促进就业、体面工作和创业的能力，其中包括被称为计算机素养、通信技术素养、信息素

---

① 李广德：《健康作为权利的法理展开》，《法制与社会发展》2019年第3期。
② 龚向和、刘耀辉：《基本权利给付义务内涵界定》，《理论与改革》2010年第2期。

养和媒体素养的各种能力"①。从上可知，数字社会对数字主体的数字素养提出了更高的要求，既要求民众对数字技术的全面掌握，同时也需要将数字文化、数字理性、数字价值融入民众的数字素养之中。国家作为数字发展权的义务主体，需要通过法治制度构建有效地培养民众的数字技术能力和数字价值理念，使民众更好适应数字社会。

此外，数字发展权作为一项基本权利，其重要性在数字时代愈发凸显，展现出母体性功能。这一权利不仅涵盖个体在数字化进程中享有的基本权利，还衍生出具体的数字权利，包括数字政治权、数字经济权、数字文化权、数字社会权和数字生态权等。这些权利的存在与发展，反映了现代社会对个体数字生活的重视，为个人在数字环境中的活动提供了必要保障。在这一背景下，私法在保护数字权利方面扮演着至关重要的角色。通过具体法律制度和实践，私法为个体在数字环境中的权利实现提供支持。以数字经济权为例，其实现不仅依赖于传统合同法和知识产权法等规范的执行，还需要建构新型的数据财产性权利，确保个体在数字经济中获得公平交易的机会和收益。此外，数字文化权的保障则需要通过版权法等相关法律来维护，确保数字创作者的权益不受侵犯。私法的灵活性使其能够适应快速变化的数字环境，从而实现对个体权利的及时保护。这种灵活性在应对新兴技术带来的挑战（如数据隐私和网络安全问题）时显得尤为重要，可有效保护个体的数字权利不被侵犯。同时，私法的有效实施还需要公众对自身权利的认知与重视。通过教育与宣传，公众能够提升对数字权利的理解，在权利被侵犯时积极寻求法律保护和救济。这不仅增强了社会对数字权利的关注，也推动了依法维权意识的普及。因此，无论是作为基本权利的数字发展权，还是作为私法权利的数字发展权，其价值基础都在于推动人的数字权利的发展，以尊重人的数字尊严和数字自主。因此我们需要构建一条公法与私法并重的法治化保障道路，并在公私法互动对接中为数字发展权提供完善的规范体系。

二是国际层面数字发展权的法治化保障。人类逐步迈入数字全球化时

---

① 史安斌、刘长宇：《全球数字素养：理念升维与实践培育》，《青年记者》2021 年第 19 期。

代，同时数字的易产生性、可复制性以及再生性等特点，让数字的聚合和开发使用成为数字价值的来源，数字的所有者并不是排他性地享有数据的所有权，进而形成了数字社会场域的全球性与数字利益的全球融贯性。但是由于国家、区域之间发展的不平衡，特别是互联网、智能技术、数字技术基础设施差的"全球南方"国家，受制于经济、教育等环境因素的制约，难以获得数字技术所带来的利益，进而逐渐沦为"数字弱势"主体。另外有些国家通过对数字技术流动的限制、打压和污名化竞争对手国实施数字霸凌、开展数字冷战，破坏数字发展权在全球的协调共享，逐步侵蚀国际人权法律制度的权威性，导致原有法律规范的实效性日渐式微，数字发展不均衡和不协调的情形日益突出。现有各种区域性数字法治不能满足数字发展的需要，比如欧盟的《通用数据保护条例》被寄予充当全球化时代保护"数字金标准"的厚望，但事实上这一条例面临诸多法律争议以及执行效力方面的问题。[1] 因此，针对区域间数字发展不平衡的问题，需要建构一套促进区域间数字均衡发展的规范体系，通过数字发展权推动绘制和实施"'数字合作路线图'，实现数字技术以平等和安全的方式惠及所有人"[2]。针对数字发展权的国际法治化保障，主要应当从以下层面着手。

其一，《发展权利宣言》的数字化转型。联合国《发展权利宣言》（以下简称《宣言》）是国际社会关于发展权的最基本最直接的规范渊源，应当不失时机地将数字发展权作为基本人权纳入《宣言》之中。由于《宣言》生效后进行修订面临诸多障碍，一条可行的路径便是从解释学而非构建论的视角来更新发展权理念、优化发展权规范。这主要涉及在以下条款中注入数字化新意蕴。首先是在价值取向上，以数字技术发展的人本化精神解释《宣言》第2条的规定。该条第1款规定："人是发展的主体，因此，人应成为发展权利的积极参与者和受益者。"数字技术的创新发展始终应当围绕"人"这一主体展开，而非以人工智能取代人的主体地位，数字技术的发展目标在于实现人的平等发展和自由发展，而非加剧人类的

---

[1]　刘兴华：《数字全球化与全球数字共同体》，《国外社会科学》2021年第5期。

[2]　《联合国秘书长公布"数字合作路线图"》，百度百家号，https://baijiahao.baidu.com/s?id=1669250599854038538&wfr=spider&for=pc，最后访问时间：2021年11月25日。

分化和不平等。其次是在关系模式上，确立数字技术发展所产生的新的权利义务关系。《宣言》第2条第2款规定："……所有的人单独地和集体地都对发展负有责任，这种责任本身就可确保人的愿望得到自由和充分的实现，他们因而还应增进和保护一个适当的政治、社会和经济秩序以利发展。"数字技术在政治、经济、社会、文化和生态领域的广泛应用，亟待重新厘定技术的研发、管理、运用与受益者之间的权利义务关系。其中，最根本的"目的是在全体人民和所有个人积极、自由和有意义地参与发展及其带来的利益的公平分配的基础上，不断改善全体人民和所有个人的福利"（第2条第3款）。再次是在主体责任上，明确国家与国际社会在数字发展权保障上的责任划分与责任类型。《宣言》第3条确立了国家对发展权的平等实现负有主要责任，第4条强调了国际合作的必要性。人人平等而无歧视地共享数字发展权，既是国家的责任，也有赖于国际社会的共同行动。义务主体既应积极作为以保障数字发展惠益为人人共享，又"有义务在确保发展和消除发展的障碍方面相互合作"（第3条第3款）。最后是在规范保障层面，构建一套落实数字发展权的具有约束力的制度规范体系。《宣言》第10条规定："应采取步骤以确保充分行使和逐步增进发展权利，包括拟订、通过和实施国家一级和国际一级的政策、立法、行政及其他措施。"在制定和完善上述规范时应当全面融入数字技术，既最大限度确保释放数字技术之于发展权的正向效能，又重视消除数字技术为平等分享发展权带来的新的障碍。

其二，国际发展权强行法对数字发展权的确认。目前，联合国正在着手起草《发展权利公约》。[①]《发展权利公约》的起草者应当不失时机地迎接信息技术革命带来的机遇与挑战，采纳数字发展权的最新研究成果，发掘数字技术对于发展权的意义与价值，同时，在操作层面明确数字发展权的权利主体、责任类型及实现方式。尽管该公约草案注意到了技术合作与援助对于实现发展权的重要性，但是，依然停留于在一般性意义上泛泛而谈技术发展问题。该公约草案在6处规定了"技术"对实现发展权的作

---

① UN, Draft Convention on the Right to Development, A/HRC/WG. 2/21/2, 17 January, 2020, para 2.

用，其中第 13 条关于合作的义务的第 4 款规定："缔约国认识到它们有义务进行合作，创造一个有利于实现发展权的社会和国际秩序，特别是通过：……（f）加强在科学、技术和创新领域的南北、南南、三方区域合作和国际合作以及获取渠道，并加强按相互商定的条件共享知识，包括改进现有机制间的协调，特别是在联合国层面上，并通过一个全球技术促进机制。"① 但是，该公约草案没能强调数字技术对于发展权的极端重要性。笔者受联合国之邀参与了该公约草案的起草论证工作，对此提出了具体的对策建议。② 在这一基础上，笔者在此进一步提出，应当充分认识到，数字技术在缩小发展差距、增进不发达主体平等发展能力方面可以发挥一般经济手段所无法比拟的功能，重视电子商务、数字化赋能、数字技术扶贫诸方面在实现跨越式发展中所具有的独特而强大的作用。应当强化技术对于发展权的价值，在该公约草案中纳入数字技术，强调保障全体人类尤其是不发达主体在数字技术创新中的平等参与权、公正使用权和收益共享权。具体而言，可以考虑在该公约草案第 13 条和第 15 条中的"技术"之后增加"尤其是数字技术"，或者单设一个"技术"条款，除了包括一般性技术外，特别规定数字技术惠益共享和消除数字鸿沟方面的内容，以通过数字技术援助、数字技术合作来促进全体主体更好共享发展权。

其三，通过专门的决议确认和落实数字发展权。《发展权利公约》的起草和通过无疑是一个漫长的过程，而且公约的规定往往是综合性、原则性的，不可能对数字发展权进行过于细密的规则构造，但为数字发展权提供强效法治保障是一项刻不容缓的紧迫任务。为此，应当重视解决以下两大问题。

一方面，实现从倡议到规范的转变。2017 年 6 月联合国人权理事会通过《互联网上人权的促进、保护与享有》决议，在其第 2 条明确"确认互联网作为加速各种形式的发展进程的驱动力所具有的全球性和开放性"。

---

① UN, Draft Convention on the Right to Development, A/HRC/WG. 2/21/2, 17 January, 2020, pp. 9-10.

② UN, Draft Convention on the Right to Development, A/HRC/WG. 2/21/2, 17 January, 2020, p. 3.

具体包括："吁请所有国家促进数字扫盲"以"增进受教育权"，"在提供和扩大互联网接入时必须采用基于人权的方法"，弥合基于性别、残疾和不平等产生的"各种形式的数字鸿沟"。① 2019 年 7 月，联合国人权理事会通过关于《新的和新兴的数字技术与人权》的决议，其提出了一个设想，即"请咨询委员会利用现有资源编写一份报告，说明新兴数字技术在促进和保护人权方面可能的影响、机遇和挑战"②。遗憾的是以上仅仅是一个工作指南，并没有形成真正具有实质性法律意义的决议，更没有直接确定数字技术对发展权究竟应当如何发挥作用。

另一方面，实现从伦理向法律的转变。目前，联合国和有关地区通过的关于数字技术方面的伦理规范，尚未上升到具有政策法律效力的规范性文件层面，而且这类伦理规范基本上没有涉及发展权利的保障问题。欧盟 2019 年 4 月发布的《可信赖人工智能的伦理准则》运用"基于权利的人工智能伦理方法"，从"基本权利""社会价值""包括为善、不作恶、个人自主、公正、可解释性等伦理原则"出发，强调"以基本权利、道德原则与价值为准绳，对人工智能于人类及公共利益可能带来的影响进行事前评估"。以此为基点，提出了"可问责性、数据治理、面向全体公众的设计、人工智能决策的治理（人类监督）、非歧视、尊重人类自主、尊重隐私、稳健性、安全、透明"等价值目标。③ 联合国教科文组织在 2021 年 11 月通过《人工智能伦理问题建议书》，在其序言第 16 段指出该伦理建议书"注意到《联合国发展权利宣言》"④，在价值目标上，确立了"相称性和不损害""安全和安保""公平和非歧视""可持续性""隐私权和数据保护""人类的监督和决定""透明度和可解释性""责任和问责""认识和素养""多利益攸关方与适应性治理和协作"共 10 大基本原则。

---

① UNHRC, The Promotion, Protection and Enjoyment of Human Rights on the Internet, A/HRC/32/L. 20, 27 June, 2017, paras 2-3.

② UNHRC, New and Emerging Digital Technologies and Human Rights, A/HRC/RES/41/11, 17 July, 2019, para 4.

③ European Commission, Ethics Guidelines for Trustworthy AI, 8 April, 2019, para 2.

④ 联合国教科文组织：《人工智能伦理问题建议书》，联合国教科文组织第 41 届大会，2021 年 11 月 23 日。

尽管伦理规范不同于政策规范和法律规范，但无论如何，伦理规范为政策法律文本提供了必要的前提。可以借此机会进行政策法律规范意义上的决议文本的创制，在数字化发展之中融入人权要素，采用基于数字发展的人权路径保障发展权的落实，为数字发展权的实现提供充分的指引。

　　总之，在正式的发展权利公约通过之前，可以考虑由联合国人权理事会通过一份关于数字发展权的专门决议，对发展权数字化升级的必要性和紧迫性以及数字发展权的主要内容、权利义务、法律责任与保障体系进行纲领性专项规定，在全球范围寻求最大共识，为保障人人共享数字发展权提供全面的指引、规范和保障。

人类文明新形态视域下的共同发展权

——中国实践与全球方案*

廖 奕**

摘 要：任何普遍性都基于特殊性，不同文明、国家出于不同传统、政体、社会经济状况的多样人权道路、制度系统，以及由此催发的各种人权话语，都是凝练新人权概念的理论资源。就当今备受关注的全球发展议程而言，基于人权的发展或是基于发展的人权，虽长期是各方激辩之焦点，但共同发展的理念对各国文明而言都不能拒斥。基于这样的话语共识，从人类文明新形态的视域出发，共同发展权可作为一种新人权概念得以建构。在人类文明新形态视域中，中华文明自我革新的品格与能力，使得人权观念可在古今之间折冲往返。如果将发展权体系重心置于"共同"的法理，或许无论是从个体、国家、超国家的国际社会还是从更大语义射程的人类命运共同体角度观察，发展权的共同主体、行动和收益（包括巩固、分配、扩大此种收益的制度结构）等，一直都是比较明确的制度建构议题。结合共同发展的中国理念、实践特别是近年提出的三大全球倡议，共同发展权的价值本体、制度规范和实践机理可以获得全面的证成。

关键词：人类文明新形态；发展权；共同发展权；全球发展倡议

---

* 本文系研究阐释党的十九届六中全会精神国家社科基金重点项目"弘扬社会主义法治精神研究"（项目编号：22AZD058）和教育部人文社科重点研究基地重大项目"中国发展权理论体系研究"（项目编号：18JJD82006）研究成果。

** 廖奕，武汉大学法学院教授、博士生导师，《法学评论》编辑，国家人权教育与培训基地——武汉大学人权研究院研究员。

引　言

从广义而言，文明和文化并没有实质性的区别，文明形态论与文化演进论交相缠绕、难以分离。人类文明形态处于演化状态，新陈代谢、新老交替的现象无比正常。在此意义上，"文明新形态"是个相对的概念。但若将文明视为一种最广泛的文化实体、最高的文化分类，用某种标准将世界范围的各种文化分为不同文明类型，并评价其良莠优劣，判断其过去未来，分析其行动逻辑，那就需要认真对待了。虽然西方文明对其内在问题早有认知，但也许正是这样的自我反思及对文明冲突论的建构，最值得其他文明类型借鉴或警惕。在此意义上，创造人类文明新形态，便不能理解为"自然演化"或"寻常之事"了。针对西方现代性文明形态，长期以来，诸多思想家、理论家试图揭示其深层悖谬，借此建构某种或多种可能的"文明新形态"，以求替换和拯救。最有影响力的思潮，莫过于后现代主义。但遗憾的是，这种驳杂的思潮并未提供一幅贴合现实的"理想图景"，它摧毁了现代文明的若干铁律或信条，让人最终在"无家可归"的境况下持续漂泊。虽然各种新的理论设想、实践方案不断登台，但西方现代文明的内核并未更易。

当今，全球文明发展正处在新的节点，共同发展还是冲突纷争，是一个至关紧要的选择。"人类社会发展进程曲折起伏，各国探索现代化道路的历程充满艰辛。当今世界，多重挑战和危机交织叠加，世界经济复苏艰难，发展鸿沟不断拉大，生态环境持续恶化，冷战思维阴魂不散，人类社会现代化进程又一次来到历史的十字路口。"① 创造人类文明新形态的实践，当西方各国因主义的纷争、理论的分歧、利益的纠葛而迷失中辍，在东方中国经由中国共产党带领人民不懈探寻而谱写华章。以中国式现代化全面推进中华民族伟大复兴的宏伟进程，包孕着鲜明的人类命运共同体意识、一贯的文明共同发展观念。中国道路之所以举世瞩目，得到越来越多

---

① 习近平：《携手同行现代化之路——在中国共产党与世界政党高层对话会上的主旨讲话》，《人民日报》2023 年 3 月 16 日，第 2 版。

文明体、文化圈的认同，与其多元一体、广纳百川、兼容并包的"共同"理念和制度文化特性密不可分。

自中国共产党提出"创造人类文明新形态"的新命题以来，学界围绕人类文明新形态的历史基础、逻辑构造、主导力量、结构功能、表现方式、制度特色、权利格局、战略意涵等主题，展开了广泛而热烈的讨论。总体而言，在制度建设层面，这些讨论都未绕过这样一个主题：人权、国家和文明的关系。20 世纪尾声，学者力图从欧美中心主义的霸权式人权话语框架中解脱出来，但又不得不以人权得以诞生和成长的欧美中心近现代历史为背景，致使其所探求的"为世界上尽可能多的人所能接受的人权概念"难以通透。① 从理论逻辑上，人权的理念具有普遍性，但其实践样态必定具有特殊性，这本身就是理论逻辑的初始条件。换言之，任何普遍性都基于特殊性，不同文明、国家出于不同传统、政体、社会经济状况的多样人权道路及制度系统，以及由此催发的各种人权话语，都是凝练新人权概念的理论资源。就当今备受关注的全球发展议程而言，基于人权的发展或是基于发展的人权，虽长期为各方激辩之焦点，但共同发展的理念，对各国文明而言都不能拒斥。能否立足于这样的话语共识，从人类文明新形态的视域出发，建构一种新的有关人权的理念性概念？这是一个值得探索的问题。

抱持上述问题意识，本文首先阐释文明新形态的人权创新要义，进而以发展权的理念演化和制度建构为中心，探讨当今东西方发展权争议的均衡之道。从批判的角度而言，本文试图站在"人类文明新形态"延续性创造的复合时态，以"共同发展"理念为最大公约数，将人类文明共同发展视为人权理论的根基，借此复原人权理念内含的"共同发展"本意，廓清帝国主义、霸权主义、单边主义人权观的真相。从建构的角度而言，本文主要以中国政府近年发出的全球倡议为实证素材，论证一种面向未来"可能世界"的新人权文明样式。在本文中，"共同发展权"并非作为一种新型或新兴人权规范证成，而主要是对其"理念类型"的描述。相关制度如何建构、制度实效如何检测，都要在"人类文明新形态"的视域下继续展

---

① 〔日〕大沼保昭：《人权、国家与文明》，王志安译，生活·读书·新知三联书店 2003 年版，序言第 7 页。

开。引入人类文明新形态的视域，既表明面向美好世界的开放哲学立场，又彰显回归人权文明本意初心的制度建构需要。

一　人类文明新形态的人权创新意涵

从历史研究的视角出发，文明形态论注重对历史进行宏观审视，力图全面揭示历史演进所蕴含的内在逻辑，在此基础上将人类历史视为各种文明类型的演进型构成。这种将自然科学的形态学移用至人类历史上的方法，从产生之初就有诸多争议，但这并未影响其对人权创新的理论功能。通过这样的形态类型化方法，人们可以合理定位自己及他者所处的权利文化圈，并以此为基点展开对不同制度的合法性论证，从超越单一文明和主权国家的视角，谋求人类多样文明的共存互补之道，从而为多元一体的人权理念创新开启了新的视域。

（一）内部视角：中华文明的自我更新

广义的文明形态论，并不限于斯宾格勒、汤因比等人的学说，其根源在于不同文化传统反映为各自的"内部视角"。就源远流长、树大根深的中华文明而言，其"内部视角"起初就具有一种仁义为本、教化以推的"天下"情结。至于这样的观念是否符合近代西方的人权概念，这个问题并不是关键。更为重要的是，我们能否从中华文明的内部视角，发现一种自主的文明革新基因。近代以降，学者对中国文化的特质兴致浓厚，提出各种解说和诠释，其中新儒家的论说似乎更贴合人心。[1] 通览诸论，大家几乎不约而同围绕"旧邦新命""传统续造"展开，皆不否认中华文明内含的自我革新要义。当代学者虽在表述方式上有所不同，但整体沿袭了此种学脉主流。如郭齐勇提炼出中国传统文化精神的六个特质。[2] 另费孝通

---

[1]　参见梁漱溟《中国文化要义》（第2版），世纪出版集团、上海人民出版社2011年版；钱穆《中国文化精神》，九州出版社2017年版；唐君毅《中国文化之精神价值》，广西师范大学出版社2005年版；等等。

[2]　即和而不同，厚德载物；刚健自强，生生不息；仁义至上，人格独立；民为邦本，本固邦宁；整体把握，辩证思维；经世务实，戒奢以俭。

先生创构的"中华民族多元一体格局论"。费孝通先生借此展现一种基于中华文明内部视角的文明与共、天下大同论，"试图打通中西、内外之别，打通国家上下级别，打通自己和他人的种种分别之心，寻求一种并非对立冲突而是以和为贵的世界秩序"。① 这些都表明中华文明的人文主义，乃是生生不息、自我革新的人文主义，它使得"仁本""教化"的精神绵延常新。

正是基于中华文明的内部视角，越来越多的汉学研究证明，中国文化传统与人权观念不兼容并不符合这一传统的实际情况。为了生存和发展，每个民族在其发展历程中都会形成独具一格的权利保障机制。中国作为一个幅员辽阔、历史悠久的国家，必然也具备相应的机制和理念以支持其持久繁荣。② 在海外学者看来，这些证据主要包括：第一，批评传统的传统，在系统中优先于其他观点；第二，关于"人类"或人的大致观念；第三，作为决定制度功能基点的不可剥夺的人的尊严概念，以及相应的对权力的批评；第四，个人自主意志的信条；第五，与国家相关的个人受保护的权利，至少是隐含的概念。③ 海外学者的观察不免出自西方人权观的既定视角，但即使经过事前的过滤和非均衡的比较，总体亦能折射中华文明的"革命"传统，正是这样的文明基因保证了超越特定区域、人群、阶层、利益、主张的更新发展，成为一种不同时期的"共同必要"，进而成为现今人们眼中的"历史必然"。

（二）比较视角：对西方文明的"内部超越"

中华文明的自我更新特质，在近代集中表现为面对西方文明的冲击，经过曲折反复的排斥与接受、全盘性纳入和选择性吸收、附庸尾随和自主

---

① 参见管宁《人类文明新形态的民族文化叙事——中国式现代化新道路的文化旨归》，《学习与探索》2021年第9期。

② 参见刘海年《自然法则与中国传统文化中的人权理念及其影响》，《人权研究》2020年第2期。

③ 参见〔德〕罗哲海（Heiner Roetz）《内在的尊严——中国传统与人权》，载梁涛主编《美德与权利——跨文化视域下的儒学与人权》，中国社会科学出版社2016年版，第190~211页。

转换，已日渐接近理性批判和制度超越。这方面的例子不胜枚举。无论是二战结束前夕中国代表团在参与《联合国宪章》的制定时，还是 19 世纪 40 年代末张彭春先生起草《世界人权宣言》的过程当中，都在努力促成中华优秀传统文化中宽仁慈爱、和而不同等观点与其他民族文化中的人权理念协调交汇，并在两份文件中得到了充分的推崇和体现。① 从中国共产党的历史看，文化和文明的创造与创新一直是其重要优势。用马克思主义武装起来的中国共产党，从几十个人发展到今天，除了坚持党的坚强领导以及政治、军事、经济等方面战略策略取得的成功之外，必定还有文化和文明上的天然禀赋、内生动力和发展活力作为基础、作为依靠。② 中华文明基于自我革新的"内部超越"③，在当代中国人权道路的探寻、开辟、拓展进程中得到一以贯之的体现。

在有关人权的文明比较论中，学者主要立足中西文化差异阐释人权道路的多样性、自主性。从"人权"的文化基因图谱来看，个人至上是西方文化传统的根脉，群体协和则是中国文化的本旨。西方文化里的"人"，是与他人分离对抗的、外制的、索取的、利己的、与国家斗争的主体，是绝对的个体人（individual person）；中国传统文化里的"人"，则是宗法人伦关系中义理的人，是内省的、礼让的、利他的、与人协和的道德主体。进而言之，中国传统文化里的"人"，与他人，与自然，与社会，与家族、民族、国家这类整体，被认为具有本体意义上的同一性，个人只有在社会关系网络中才有意义。④ 这与钱穆先生当年所论，"中国人不言人权而言

---

① 参见刘海年《自然法则与中国传统文化中的人权理念及其影响》，《人权研究》2020 年第 2 期。

② 郭沫若在 1926 年发表过一篇文章，题目叫《马克思进文庙》。他在这篇文章中想象，有一天马克思来到了上海，走进供奉孔子的文庙，看见孔子的塑像，忍不住要和孔子讨论各自的社会理想、产业政策和富民主张。他们各自申述了自己的观点，讨论的结果让马克思发出这样的感慨："我不想在两千年前，在远远的东方，已经有了你这样的一个老同志！你我的见解完全是一致的。"参见陈晋《中国共产党与人类文明新形态》，《光明日报》2022 年 1 月 5 日，第 6 版。

③ 此处的"内部超越"是个临时性说法。更有影响的术语系牟宗三提出的"内在超越"，这也是个应急的提法，其不周延性已有详细揭示。为避免内在与外在的二元对立，本文临时采取"内部"之说，主要强调中华文明内部自生的文明应对力和适应力，并不是指纯粹认识论意义上的内在或外在。

④ 徐显明：《关于中国的人权道路》，《人权研究》2020 年第 1 期。

人道"在阐释本旨上契合。① 准确地说，中国文化既讲人权，更讲人道，人权的大义才是王道。这种基于人权大义的内部超越，具有涵摄广大、适应诸相的机能，所以绵延永续、行而不辍。如今，有学者提出，跨越中西的"普遍"人权的建立，不但涉及儒家思想与西方人权的相互理解与阐释，更是蕴含了中西文化对"人"的理念的认可。基于此，儒家—人权的历史交往中，蕴含着承认"人"的"共度性"，这些都为"普遍"人权的形成奠定了基础。②

（三）普遍视角：人权文明的交流互鉴和共同发展

不可否认，当下中国倡议建设的美好世界，具有立足自身文明传统的特质。但同样难以否认的是，中华文明的自我更新、内部超越特质，使得中国主张的各种文明共同发展的倡议具有足够的真实性、可信度和实效力。这也许可以被称为中华文明的比较优势。但更有说服力的解释是，中华民族现代文明的制度和文化资源，可为发展人类的整体福祉开辟一条新路。

即便是着眼于文化差异的西方学者也承认，相较于那些固执成见、岿然不动的权威文化，中国实则与西方现代性之间存在着更多的重合之处，即某种既立足于传统也对既有文化模式持批驳与修正意向的态度，其具体

---

① "道"本于"人心"，非由外力，此始是自由，始是平等。"权"即一种"力"，力交力必相争。力与争则决非中国人之所谓道。中国俗语云"力争上流"，亦指"修身"言。彼人也，我亦人也，彼能是，我乌为不能是？希圣希贤，此即力争上流，而岂与人相争乎！《大学》八条目在修身、齐家、治国、平天下之前，尚有"格物、致知、诚意、正心"四条目。"物"字古义，乃射者所立之位。射有不得，则"反求之己"，此之谓"格物"。射不中的，非目的不当，亦非射者之地位不当，乃射"艺"有不当。家不齐，非家人之不当；国不治，亦非国人之不当；天下不平，亦非天下人之不当。乃齐之、治之、平之者"自身之道"有不当。过不在人，而在己。不能以己志不得归罪他人。此尤中国人尊尚人权之大义所在。故格物斯能致知，必先知有此规矩不能逾越，乃能反而求己，求方法上之改进，而一切正当知识遂从而产生。故孝子不能先求改造父母，所谓天下无不是的父母是也。即向各自之父母而善尽我孝，此之谓人道。吾道所在即对方人权之所在。岂背弃父母不加理会，即显出我之人权乎？换言之，必在"人有权，我斯有道"。既人各有一分不可侵犯之权，则拟必有一套和平广大可安可久之道以相处而共存。其与高唱人权相争不已，高下得失亦不待言可知矣。参见钱穆《文化学大义——民族与文化》，《钱宾四先生全集》第37册，联经出版事业公司1998年版，第141页。

② 孟庆涛：《儒家人权话语述论》，《人权》2020年第5期。

表现为对经典权威的挑战，以及基于性别立场对人伦关系的重塑等。① 这主要针对中国人权观念和话语，扩展观之，当代中国人权制度的形式也在不断更新。社会主义制度在当代中国呈现的"特色"，既根植于中华文明的特质，又反过来让此种文明特质不断拓展，达成多方互动网络样态下的反身型强化。

中国人权观念的独特意义，已经得到越来越多的承认。② 但中国人权制度内含的普遍性，却难以从理论上予以必要说明。有学者认为，当代人权话语的客观背景可追溯至二战后，当不同的国家和民族为了在全球层面达成某种底线共识而聚集在一起时，传统实践哲学话语所赖以存在的封闭文化已经不再适用。实践共识需要以平等主体在开放、平等的环境中的对话和沟通。因此从概念分析的角度讲，人权的概念要满足普遍有效性，至少要满足：①内在一致和融贯性；②同正义、利益、平等、自由等类似概念不同，其实质部分应该以解释"人的尊严"为主要关注点，并且这种解释应该具有普遍的可理解性和可普遍化诉求。在这两方面，马克思主义人权观都是有显著优势的。马克思将人的全面发展理解为人的本质，而人的全面发展的一个重要方面就是人的能力。③ "全面地发展自己的一切能力""使社会的每个成员都能完全自由地发展和发挥他的全部才能和力量"等论述，蕴含深刻的"共同发展"思想，与中国正在发生的人权制度实践有机结合，可为建构人权文明新形态提供理念证成的基础。

二　对"共同"的误解与发展权的理念分歧

在人类文明新形态的视域中，中华文明自我革新的品格与能力，使得

---

① 参见〔美〕托马斯·墨子刻《西方自由主义与中国文化的政治逻辑之间分歧有多严重？——评史蒂森·安靖如的〈人权与中国思想：一种跨文化的探索〉》，胡庆祝译，《高校马克思主义理论研究》2016年第3期。

② 参见黄金荣《人权的中国特色及其普遍性之途——评安靖如的〈人权与中国思想：一种跨文化的探索〉》，《清华法学》2014年第6期。

③ 参见刘明《政治哲学语境中的人权话语建构及中国视角》，《南开学报（哲学社会科学版）》2018年第5期。

人权观念可以在古今间折冲往返。近代以降，中华优秀传统文化的根基从未动摇，改变的往往是它的表现形式，追求大同、崇尚和合的文明根底并未坍塌，不断在新的生命历程中创新性发展、创造性转化。比如，和而不同的精神，在新的"共同发展"理念上即可得到凝聚和演化。但基于中华文明创新发展理念的"共同"语义，的确难以通过法律权利的规范语言精确界定，加之近代西方人权文明的制度和话语优势，滋生各种误解也就不难理解了。

（一）"共同"的语义

在现代汉语中，"共同"主要有两种语义：作为属性和作为行动。比如，"这是我们的共同心愿"，这句话中"共同"指的是心愿的类同属性。又如，"大家共同努力"，这里的"共同"则代表行动状态，意思是"一起"或"齐同"。作为行动状态的"共同"，可从特定主体视角，标识一种"交互共同"。比如，"我和这些人共同完成了一项艰巨的工程"。其也可从第三方视角，表达一种"众人共同"。比如，"甲乙丙丁四个人共同生活在一起"。其还有超主体视角下的"普泛共同"之意。比如，"地球上的生物在特定环境下共同生存"。无论基于何种视角，"共同"只要是作为行动状态的界定，其必定含有协力、合作等语义。即便是一种法律事实状态的描述，比如共同生活、共同居住、共同占有，也具有基于特定情境而合作共存的蕴意。

人们通常认为"共同"一词具有极为广阔的所指，难以构成一个明确的分析性概念。但实则不然。在法律术语中，"共同"是个极常见的语词。例如，人们常说的"普通法"（common law），更精确的翻译是"共同法"，还有私法上的"共同共有权""共同权利人"，等等。对于权利话语尤其是人权话语，"共同"的语义还是有必要进一步探寻。这一方面是因为政治话语与人权话语极易混淆，虽然事实上很难将二者彻底分离，但人权话语至少可以在政治话语基础上更具识别性和操作性。另一方面，法律话语与人权话语对接，也需要对模糊的权利话语予以清晰界定。结合经典文献中的"公共""共和""协同""合作"等理论话语，概念建构及话语转化所需的"共同"意涵可以一言概括：共同者，公共协作以求类同之谓也。

1. "共同"意味着"公共"

"共同"作为对不特定主体属性或行为状态的界定，往往意味着某种公共性的预先存在。"共同"如果是一种事物或主体属性，其必定要以某种或潜藏或外显的公共价值为前提，否则所谓的共同属性便是一种虚构或误判。仅有共同价值，而无公共场域（空间），共同的行动难以发生，即使发生也无法持续。诸如"我们在一起"这样的"共同状态"表达，其实暗含了大家每一个人都共同存在于相同的公共空间。"这是我们共同的责任"这样的话语同样暗示：责任是要分担的，因而每一个人都需要在公共空间表现出各自的作为。如果共同价值和公共空间，在条件上同时满足且很好配合，人们常说的"共同体"实际上就已基本成就。共同体成员、共同意志、共同行为、共同利益，乃至共同思想、观念、态度等概念纷纷涌现。共同价值和公共领域，对于中华文明而言并不陌生。著名学者沟口雄三甚至认为，"中国近代思想只能从共同体的，如万物一体之仁——大同思想中析出。因此，天、理、自然、公是这种共同体思想的表象。在思想史上，我们应该通过这些概念去探索亚洲的一种近代的历史性或主体性的质"①。与日本的公观念不同，中国的"公"是容纳个体和集体的全体，在道德属性上与"私"对立，但与个体欲望、需求及权利实现并不抵触，在语源上具有与"通"和"共"相近的意义。如果不将公共领域视作哈贝马斯式的资产者范畴②，比如中国传统的士大夫文化，以其交互性、沟通性、开放与兼容性，的确可谓是"共同"观念滋育生长的强大助力。

2. "共同"意味着"协同"

当某种共同境况发生在公共领域，其指向的行动特征一般是协作而非

---

① 〔日〕沟口雄三：《中国前近代思想之曲折与展开》，陈耀文译，上海人民出版社1997年版，第39页。

② 参见黄宗智《中国的"公共领域"与"市民社会"？——国家与社会间的第三领域》，载邓正来、〔英〕杰弗里·C.亚历山大编《国家与市民社会：一种社会理论的研究路径》，中央编译出版社1999年版，第420页。

对抗，即使内部存在不同意见，也可通过协商达成调停，最终步调一致地展开共同行为或事业。基于共同体的构造，共同行动的产生往往需要协同，这或许就是最初的权威本原。《说文》有云："协，众之同和也。同，合会也。"这与今人理解的"协同"基本一致。如何协调两个或更多差异化资源或个体，以协调一致的方式来实现某个特定目标？这个过程及其展现或需要的能力，就是西方文化强调的"协同"。西方自然科学针对协同的研究由来已久，通过元素对元素的相关能力探究，揭示元素在整体发展运行过程中协调与合作的性质。1971年，德国科学家哈肯进一步提出了统一的系统协同学思想，强调在系统结构有序化的这一环境之中，合作活动与竞争活动至少有同等的重要性，甚至在大多数情况下，合作活动起着主导作用。① 或许因其异于西方政治哲学中强调个体的立场选择，哈肯的协同论并没有在西方社会广泛传播，但在有着深厚协同思想传统的中国获得了强烈共鸣，对改革开放初期社会主义法制系统工程的理论建构提供了重要参考。在中华文明的思想库里，协同话语除了指示权威主体指令下的配合、协作之外，更多用于表征一种理想的和谐、团结状态和上下会同、相互合作之意。由此可见，作为协同的共同，其实代表的是有明确中心但又上下交互的过程，这与超越狭义权力的动态权威观，在理论上比较接近，与国际社会的现实情境——超级大国或大国主导国际秩序，同时各国又要平等自主、密切合作、相互妥协——也颇为契合。

3. "共同"意味着"类同"

当不同的共同体通过延续不断的合作协同行为，朝向一个既定的目标迈进，这种团体及行为类型对内而言便能得到相对固定，成为某种特定的社会团体或行动类型，对外而言这样的类型相互交融，可以产生更大范围的共同体建构，从集体类型逐渐扩展为总体类型。这样的阐释有些缠绕啰嗦，直白而言，即经过公共、协同阶段的共同主体及行动，作为文明成果的传播、扩散及其显现就是"类同"。类同的语义逻辑可以

---

① 参见鲍勇剑《协同论：合作的科学——协同论创始人哈肯教授访谈录》，《清华管理评论》2019年第11期。

从内外两个方面展示，但并不是说其区分内外。人们的品性、德行趋于良善，这样的类同可以说是道德共同体的成就。一个典范群体的类同特质，可以影响其他群体的心性选择和行为塑造。这就是文明的感染力和类推性。中华文明的天下观、礼教观，莫不遵循这样的理路。全球文明交流互鉴、共同繁荣的主张，也是基于这样的法则。当特定类型的人员趋于一致和相似，所以他可以享受整体涵摄个体之福祉，同时随时自由地将个体放大为整体的象征。当此种文明的扩展成为时代的气候、全球的热潮，类同会逐渐演化为大同，现实的理想和理想的现实就再也没有特别的区隔了。

（二）对"共同"的误解

上述"共同"的语义逻辑很难为人充分理解，遑论普遍认同。涉及人权议题时，鉴于根深蒂固的法律东方主义、个体中心主义等因素，典型或非典型的误解自不可免。兹举数例。

1. "共同"意谓全体一律，湮灭个体，共同体会损害个体权利，逐渐摧毁人权之基底

应当说，此种误解是比较常见和典型的。柏拉图哲学曾为许多西方人士误解为共同体主义，将其视作后世集权主义的思想起源。实则柏拉图并无此意，他的理想城邦构建不过是要在理念逻辑的辩证分析下，围绕真正的正义展开，使个人皆得其所、各安其位、各尽其分，共同对城邦政体尽责奉献。暂不论柏拉图及其后的亚里士多德、霍布斯、洛克、卢梭言说的"共同体"，是否在当今人权哲学视域之内，即使将"公民的共同体""社会共同体"这样的概念抽离出来，也不难发现这种共同体与共同体主义是不同的。① 集体论、团体论并不一定就是个体论的反面或否定，它们不过是从长远的、整合的、理想的角度对原子化个体苦难和局限的治疗方案。人权理论当然应当关注个体权利，但若仅限于此，这样的人权本身就是单向度的、片面而稀薄的，必然具有天然的脆弱性。正是针对个体权利的脆

---

① 参见郁建兴《社会治理共同体及其建设路径》，《公共管理评论》2019 年第 3 期。

弱性疗治，才产生出各种基于集体、团体共同发展的人权吁求。在此意义上，共同发展不是个体权利的天敌，相反，它是个体权利在公共协同中凝成的新文明形态益友。

2. "共同"表征的或是无明确主体和行动模式的无政府式混沌运动，或是由上帝、仿上帝的集权君主命令驱行的无尊严分子集合

这种误解与前面的认识紧密关联，是在其基础上的进一步精细化。的确，"共同"话语容易给人一种刻板印象，其背后要么存在一种超凡的全能指挥者，要么全系乌合之众的激情癫狂、齐同喧嚣。这两种境况都非理念意义上的"共同"所指。如前所述，从政治哲学和法哲学中提炼出的"公共""协同""类同"，可被认为是界定共同理论的几个关键词，它们表征"共同"的本质特征。乌合之众算不得一种公共体，充其量只是临时的集群，其行动也不能构成具有政治和法律意义的共同行动。基于全能指挥者或集权者指令的"共同"，无论是主体还是行动类型，都只是"共同权力"的幻象。如果是基于合法性的指令，它属于义务而非权利。更重要的是，全能者或集权者必须将自我置于共同的义务约束之下，如果不能做到这一点，其所下指令的效力实际存在例外，因而不能归入严格意义上的"共同"范围。如果定要找寻此种幻象的现实摹本，不得不说，"美国例外论"就是一个很好的例子。"美国政治想象则起源于牺牲（sacrifice）。整个共同体都是从牺牲中产生，并以此维持。""美利坚民族只希望一直做它自己，举个例子，它一步未踏上通往世界主义秩序之路。"① 当一个共同体将自我置于更大的共同体之外，这实际上既是对"共同"法则的破坏，也是对自我合法性的戕害。

3. "共同"追求无差距、无差别、类似性、趋同化，这会极大伤害人类文明的多样性

这种误解所持的理由，似乎较之前两种更充分。但一旦认真辩驳起来，其实非常容易。"共同"理念的前提，恰好正是文明多样性。广而言之，只有人类发展不背离多样性，才可能有文明新形态的源源不绝。

① 〔美〕保罗·卡恩：《牺牲之国——美国政制的神学基础》，曹宇、徐斌译，《战略与管理》2010年第3期。

小而言之，如果没有多样的、不同的个体，就没有公共事务的协作处理需要，也就没有"共同"机体建立的任何必要。反之，任何人类文明共同体只有确立有序等级，在合理分工、相互配合基础上方可维系其运转、实现其发展。至于"共同"蕴含的长远图景，类同、大同所指的主要是一种"理想类型"的建构，并非在说"人人一个模样、一种头脑"，这在制度和文化上不可能，在自然法则、发展历程上也找不到先例。正是有了"共同"的理念和概念，"发展"方才具备复原其原初含义的最佳契机。因为，作为发展主体和权利主体的"人"，只有经由"共同"团体、行为、思想观念、文化习俗等一系列锻造，才能逐渐形成群生演化、协作赋能的资格与权能，才能真正成就主体性，并不断在扬弃小我的主体性中获得更为广大的主体间性乃至无限性。人心即宇宙，这不是什么玄学俗话，而是一种共同理念的逻辑拓展。在类同逻辑中不断扩大的个体生命意义，不仅延续各自的生理基因，也将外部的权利、文化、象征等能力禀赋带入可承继、改进、发扬光大的环境，由"小人"而为"大人"，由"小生"而获"大生"。这种着眼于生命根底的共同尊严、整体发展，才是最富有意义的权利内容，也是处于艰难抉择时刻的人类理当追求的美好生活。

（三）发展权的理念分歧及澄清

众所周知，发展权是第三代人权的标杆形态，而第三代人权是一种团结权、连带权。[①] 这种人权形态之所以得到演化创生，根由也离不开"共同"的法理。考诸近代西方的人权理论，以发展权为代表的第三代人权之所以得以登场，与这种寻求超越个体主义的团结权、连带权主张密不可分。当然，团结权、连带权等概念产生之初，主要是为了回应西方国家内部的社会问题，但其内含的法权哲学也为建构新的人权形态提供了灵感和

---

① 有论者认为，将"solidarity"译为"连带"不仅是一个翻译选词的失误，而且遮蔽了原词背后交错复杂的概念史背景。所以，对于社会连带主义法学的探讨也应考虑到当时社会团结思潮的历史。参见翟晗《"团结"语词的欧陆公法叙事　从思想到制度》，《中外法学》2022 年第 5 期。

依据。比如，一些西方学者早期对人权的看法倾向于多元主义，但到了后期基本上都会发生一定的转变，更强调将共同价值观和制度带入国际社会，试图在多元主义与社会连带主义之间建立起沟通的桥梁。① 但破解法律与发展的"所罗门之结"，仅仅在理解上的沟通还远远不够。② "发展权思想是在集体人权观的母腹之中历经了艰辛的孕育之后分离出来的。"③ 如何从法理层面探寻一种共同发展权的概念，是化解双边或多边信任困境的关键一步。

1. 从发展权的孕育历程和规范表达来看，"共同发展"是其核心所在

在"联合国人民"于1945年根据《联合国宪章》组建社区时，各国承诺促成国际合作，共同解决属于经济、社会、文化或人道主义性质的国际问题，并促进和鼓励尊重全体人类的人权和基本自由。各国之间的团结精神，在"各国间友好关系与合作之国际法原则之宪章"及一系列国际协议中得到进一步阐述。1948年的《世界人权宣言》以及1966年的《公民权利和政治权利国际公约》、《经济、社会及文化权利国际公约》，都明显指向全人类的人权和自由，强调世界各国人民在尊严和权利上的平等，人权具有普遍性和不可剥夺性，并且不可分割。④ 这些都构成了日后发展权规范表达的"共同"理念基础。

根据1986年《发展权利宣言》的定义，发展权是指每个人和所有各国人民均有权参与、促进并享受经济、社会、文化和政治发展的权利，在此过程中，所有的人权和基本自由可获得充分实现。《发展权利宣言》第3条第1款还规定："所有国家有义务开展合作，确保发展，消除发展的障碍"。由于发展权定义涉及所有基本自由和权利的共同实现，它被视为一种"有抱负的"权利。由于国际合作是实现此种发展的决定性因素，其

---

① See John Vincent, *Non-Intervention and International Order*, Princeton University Press, 1974, pp. 295-325.

② 参见〔美〕罗伯特·库特、〔德〕汉斯-伯恩特·谢弗《所罗门之结：法律能为战胜贫困做什么?》，张巍、许可译，北京大学出版社2014年版，第30~31页。

③ 汪习根：《法治社会的基本人权——发展权法律制度研究》，中国人民公安大学出版社2002年版，第30页。

④ 参见阿尤什·巴特额德纳《在南南合作下实现包容性发展与人权》，载中国人权研究会编《南南人权发展的新机遇》，五洲传播出版社2018年版，第171页。

被认为是与"第一代"及"第二代"人权不同的"第三代"团体权或集体权，并不夸大。① "发展权的集体性所产生的结果就是，一个政府只有确保实现了最低限度的人权保护时，才能寻求国际合作。"② 作为南方国家在人权领域首次成功的国际联合行动，《发展权利宣言》可被视为起草"发展中国家系统性人权构想"的灵感来源。起草者除了依赖《世界人权宣言》这样一部"人民宪章"，将人权应用于人民之间的关系，在共同发展的理念指导下，还诉诸多种人权文明进路，在本土的政治、社会和文化语境中谋求人权与发展的最大公约数。此种构想重视文化、习惯和道德的需要，尊重集体权利，强调生存权和发展权是至高无上的权利，承认权利和义务相辅相成、追求人权在本土政治、社会和文化语境下的落实和接受。③ 20 世纪 90 年代，西方发展思想从狭隘地注重经济增长转向注重人权与发展的结合，出现一系列以权利为基础的方针，其类似目标也在于实现更大范围的人类自由，增进福祉，并减少贫穷带来的多重影响。虽然学者提出的基于权利的方法，其中包括发展权。④ 但值得说明的是，发展权在其他以权利为基础的发展方式出现前就已存在。人权与发展的整合框架能为多种模式提供空间，关键在于发展权提前结合了发展、消除贫穷和人权等多方面因素。⑤ 在此意义上说，发展权的人权渊源和法律规范本旨都在于消除单面人权观的负面影响，将共同发展的目的、主体和实效，尽可能贯注于追求公平正义的新型国际社会人权话语和制度系统。虽然各种文

① 参见〔伊朗〕穆罕默德·礼萨·噶埃比《发展权的实现及制定发展权公约的前景》，载中国人权研究会编《和平与发展：世界反法西斯战争的胜利与人权进步》，五洲传播出版社 2017 年版，第 332 页。

② 〔南非〕奥拉德约·J. 奥罗伍：《全球化时代的发展权：概念和替代》，《人权》2015 年第 4 期。

③ See Tom Zwart, "The Declaration on the Right to Development as a First Step towards a Comprehensive Southern Vision on Human Rights", *The Journal of Human Rights*, Vol. 16, No. 2, 2017, pp. 257-270.

④ See Stephen P. Marks, "The Human Rights Framework for Development: Seven Approaches", in Sengupta A., Negi A., Basu M. eds., *Reflections on the Right to Development*, Sage Publications, 2005, pp. 23-60.

⑤ See Robin Perry, "Preserving Discursive Spaces to Promote Human Rights: Poverty Reduction Strategy, Human Rights and Development Discourse", *McGill International Journal of Sustainable Development Law and Policy*, Vol. 7, No. 1, 2011, pp. 61-78.

明对共同发展的理解不尽相同，但在有关公共、合作、趋同等基本共识上并无根本隔阂。除去意识形态和利益纷争等因素，真正的发展权理念争议并不缺少消弭的渠道。

2. 从发展权法律制度建构的实践看，如何达成非均衡发展现实条件下的共同发展愿景，弥合不平等的发展鸿沟，也是其关注焦点

发展权是社会关系发展不均衡尤其是发展悬殊的产物，是在主权独立和个体生存基础上追求生存质量和平等发展机会的产物，是物质条件和文化条件相互作用的结果。① 面对不均衡的发展状况，发达国家采取各种激励措施"培育"发展中国家的内生动能。但事实上，多边贸易体系中的不平等经济关系只会让发展中国家的处境雪上加霜。② 相对于发展权法律制度建构的"经验和成就"，人们谈论更多的似乎是"不足和遗憾"，甚至有些人已经在惨淡的现实面前失去了耐心，完全忘却了发展权内含的共同理念，从而希望找到一个替代模糊的"发展"的语词。问题在于，任何概念都有既定的模糊性，关键是如何让语词的中心结构更为明确。如果将发展权的法律制度建构重心移转到"共同"的法理，或许无论是从个体、国家、超国家的国际社会，还是从更大语义射程的命运共同体角度观察，发展权的共同主体、行动和收益（包括巩固、分配、扩大此种收益的制度结构）等，一直都是比较明确的制度建构议题。这些制度建构实践在效果上只可能是渐进的，但在分析和评价层级上又是有规可循的。从发展权制度建构的角度，共同发展不仅可以析出不同公共主体层级的发展形式，而且可根据协同、合作目的、程度和方式等不同，以及协同双方或多方发展的趋同、类同状态，推演出体系化的共同发展权形态。已有研究表明，从互惠隐喻的角度对"共同发展"进行概念化和分析，可以化解西方传统权利话语和单向度权利政治的诸多问题。在礼物和回报的背景下，基于互惠规范和功能的考虑，发展权可以描绘为互惠范围日渐广泛的文明进程，以此

---

① 汪习根：《法治社会的基本人权——发展权法律制度研究》，中国人民公安大学出版社2002年版，第58页。

② See Clydenia Stevens, "Reviving the Right to Development within the Multilateral Trade Framework Affecting（African）Countries to Actualise Agenda 2063", *African Human Rights Law Journal*, Vol. 19, No. 1, 2019, pp. 470-493.

作为共同发展权主张的法律制度乃至社会事实基础。①

3. 从发展权公约起草的最新动向及其反映的诉求看，各方都不否认共同发展的可行性，但对何者"共同"、如何"共同"等基本问题存有严重分歧

认为制定发展权公约有必要的观点指出，发展权框架公约潜在的价值在于，利用超越单个国家责任、并从国际发展工作衍生出的原则中获取灵感的条约可以平衡当前的人权体制，包括相互问责、伙伴国家之间政策调整及包容性伙伴关系等。② 即使是否认制定发展权公约必要性的观点也认为，现在是整个国际社会应该更加严肃地对待发展权的时候了。联合国人权事务高级专员福尔克尔·蒂尔克向所有国家大声疾呼：支持人民的发展权，将世界从当前的"破坏性螺旋"中拯救出来。他继续道，所有国家都应承认存在"不可避免的相互依存关系"，并应共同努力。③ 在《发展权利宣言》通过 36 周年之际，数十位联合国独立人权专家发表声明，呼吁各国本着加强和重振多边主义的精神，制定雄心勃勃的政策，并对发展合作重新作出承诺。④ 无论是赞成还是反对，国际社会对发展权理念的澄清需求都是"共同"的。

出于不同的利益、制度和文化立场，西方国家坚持人权进路的发展，无非是要将传统的单面人权（自由权）灌注到全球发展议程，将之作为中心的评价标尺；基于发展的人权进路，则着眼于各国不同的发展实际，谋求一种现实可及的实然人权获得，特别是通过对集体、团体发展权保障，为各种不同文明寻找广阔的人权交集。如果要避免这两种进路的实质冲突，可以考虑将"共同发展权"当作这样一种中观概念，它可以将个体权利的发展确证与文明整体的发展关联，将不同文明的协作

---

① See Obiora, L. Amede, "Beyond the Rhetoric of a Right to Development", *Law & Policy*, Vol. 18, No. 3 & 4, 1996, pp. 355-418.

② 参见〔伊朗〕穆罕默德·R. 卡比《制定发展权公约的前景及其意义》，《人权》2015 年第 6 期。

③ 参见《人权高专：发展权可以将世界从"破坏性螺旋"中拯救出来》，联合国官网，https://news.un.org/zh/story/2023/03/1115707，最后访问时间：2023 年 4 月 2 日。

④ 《人权专家：各国必须重申对国际合作的承诺》，联合国官网，https://news.un.org/zh/story/2022/12/1113032，最后访问时间：2023 年 4 月 2 日。

发展，以及围绕优势主体关联形成新的合作团体，纳入解释和规约的范围。虽然"共同"的语义繁杂，但其中心内核清晰，即公共领域、协作合力、类同走势，三者构造一种由历史条件、现实机制和衍生趋态组合而成的"语义集"。作为一种表彰理念的权利话语，其最重要的意义在于从整体上破除人权与发展的二元观念对立，压缩文明冲突论、原子化个人主义权利观等思想的制度空间，为更多的主体平等参与全球发展进程提供概念性工具。

三 基于"共同发展"的人权文明新形态

在发展权的理论讨论中，资本主义制度的局限、基于权利方法的问题，不断引发学者的深度反思。作为整合性的共同权利新形态，"发展权"将政治权利和经济权利相互关联，从整体上挑战传统的经济发展观。其现有歧义集中于个人权利和集体权利的相对权重，而这是可以通过"共同"理念的注入得到有效化解的。因而，发展权的制度操作并非毫无意义，在超越资本主义的社会主义条件下可以更好实践。"共同发展"不能被理解为一种抽象的权利，应被视为社会主义转型的具体历史进程的产物。"共同发展"也不是纯粹的技术过程或道德过程，从根本上讲其是社会性甚或跨社会的、超越资本主义生产关系的社会主义转型框架，突出了不发达的系统根源，在矛盾之间进行了优先排序，相应的发展政策更接近共同人权的真谛。[1] 以共同发展推动共同人权实现的中国道路，就是一个典型例证。长期以来，中国共产党和中国政府坚持以人民为中心的发展思想，始终把人民利益摆在至高无上的地位，把人民对美好生活的向往作为团结奋斗的目标，不断提高尊重和保障人民各项基本权利的水平，奉行以合作促发展，以发展促人权的共同发展方针，与包括广大发展中国家在内的世界各国人民同心协力，推动构建人类共同体，创造人类文明新形态。

---

① See Justin Theodra, "Capitalism, Socialism and the Human Right to Development", *International Critical Thought*, Vol. 12, No. 2, 2022, pp. 253-270.

（一）共同发展的中国实践

在错综复杂的发展环境中，如何把握共同发展的基点、方位和逻辑？

1. 中国的经验做法是准确识别发展权的主体

对当代中国而言，广大人民对全面均衡发展、美好幸福生活的渴望，是新型文明国家走向复兴、繁荣进步的最基本动力。"人民"不仅是由个体组成的政治群体，还是超越个体及政治的共同发展主体。这里的"人民"兼具了个人、民族等主体内涵，属于文明新形态的语义范围。由此可见，人民是推动共同发展最宏大、最可信的主体。中国共产党始终代表中国最广大人民的根本利益，归根结底要体现在先进生产力和文化的共同发展，将发展惠益通过一系列公平正义的制度分配协调，运用均衡义利观处理纷繁复杂的利益关系等。

2. 把握共同发展的内外因素或总体环境

贯通国内和国际两个视角来看，"关键是要用全面、辩证、长远的眼光看问题，积极拓展发展新空间"①。发展新空间的开拓，必然带来新兴发展权的生成与证成。针对发展不平衡的突出难题，均衡导向的发展新空间营造显得尤为重要。行业、城乡、阶层差距的缩小，短期发展与长远发展的矛盾协调，民生保障与民权维护的关系认识，国家治理与社会治理的一体联动，都需要在均衡战略思维导向下谋求发展理念和实践机制的创新。如果将发展视为一种"权场域"，以个人利益为本质的权利（Right），只是其外在表皮，内里的硬核在于整体性、共同性的人民发展权——这种"权"不仅具有权利的属性，而且与主权关联，与政治合法性关联，从中可衍生出整合权利的权力、权威和权能。沿着达成整合直至实现超越的路向，共同发展权生成的最佳方位，在于一种总体均衡的战略环境。从思想、制度、生活各方面秉持中道、把握根本，既要辩证、长远观察形势、研判问题，也要稳固、坚定地识别风险、作出决断。以人民为共同发展权的中心力量和主体依托，"勇于开顶风船"，可以最大限度上化危为机。

---

① 习近平：《论把握新发展阶段、贯彻新发展理念、构建新发展格局》，中央文献出版社2021年版，第3页。

3. 共同发展逻辑与党的百年奋斗历程相契合

中国共产党成立百余年来，团结带领中国人民所进行的一切奋斗，就是为了把中国建设成为社会主义现代化强国，实现中华民族伟大复兴。国家和民族发展任务具有历史规定性，要完成 21 世纪中叶建成社会主义现代化强国目标，必须在认识上更加深入，在战略上更加成熟，在实践上更加具有创新精神。这一切都要以"共同"为导向，以"均衡"为战略。"共同富裕是中国特色社会主义的本质要求。"① 除此之外，中国式现代化还是物质文明与精神文明协调并进的现代化，是人与自然和谐共生的现代化，是与世界各国互利共赢的现代化。中国式现代化的"共同"逻辑，代表了人类文明进步的方向，立基于人之为人的均衡品格和发展权能。

基于共同理念的人民发展权能培育和强化，是当前和今后一个时期构建新发展格局的重要任务，也是更新发展权观念和制度实践的关键一招。当前新发展格局带来的权能上的均衡要求主要包括以下几点。

第一，国内层面的权利流通与互助互惠。内需本质上是人民内生的权利实现需要。畅通国内大循环，必须以人民日益增长的美好生活需要作为推动发展的第一要义。内需满足与外资引入并不矛盾，只要是符合人民正当权利需求的外来资源，经过相关程序审查的资本便可进入，一旦进入，即须接受国内法的管辖，对资本权利的必要调控自会产生，这与保障共同发展的主旨也是不相违背的。"党的十八大以来，我们坚持实施扩大内需战略，使发展更多依靠内需特别是消费需求拉动。"② 优先满足内需，从战略上立足依托内需，本质上是对共同发展权的确认和保障，体现了发展宗旨和动力上的契合性。通过国内大市场的统一，运用法治统一的制度优势，推动共同发展权能的进一步协调，最后促进国内大循环的良性运转以及国内国际双循环的战略均衡。

第二，以共同发展制度供给侧体系为抓手和牵引。以满足国内需求为

---

① 习近平：《论把握新发展阶段、贯彻新发展理念、构建新发展格局》，中央文献出版社 2021 年版，第 9 页。

② 习近平：《论把握新发展阶段、贯彻新发展理念、构建新发展格局》，中央文献出版社 2021 年版，第 11 页。

基本立足点，把实施扩大内需战略同深化供给侧结构性改革有机结合，着力提升供给侧体系对国内需求的适配性，形成需求牵引供给、供给创造需求的更高水平动态平衡。保障共同发展权的制度包括各个方面，以此为抓手，可以对"需求"的生成发挥认可甚至创造的功用。比如，法律制度对习惯（权利）的认可，或者对新业态相关主体发展需求的肯定和支持（从禁止到许可），甚至以指导意见、规划纲要等形式发布的政策文件，也具有前瞻性"塑造"新发展权能的功用。权利源于需求，化作权利的需求是一种更稳定、更普遍、更具拓展力和持久性的高质量需求。要满足这种需求，必须在制度上供给必要的权威（调控权力的主体及其规范或法则）、均衡的权能（权利与权力在矛盾冲突后达成的调和物）。共同发展兼具政治性和社会性，要打通政治权力与社会权利的阻隔，必须借助新的权威方式，开放新型权能均衡的发展场域和制度供给体系。

第三，推动科技和文化自立自强，建立与共同发展制度供给体系适配的自主知识体系。广义上的战略科学家既包括科技人才，也包括哲学社会科学、人文学科等方面的优秀知识分子。知识分子的使命和担当，不是单就自身立德立功立言，更要为人民做出实实在在的贡献。发展权自主知识体系的构建，需要打破学科学术壁垒，真真切切从人民需求、利益、情感、意志、理性中发掘权能资源，做出理论表达、完成概念制造、构建制度模型、反思理论架构，最终实现知识体系的自主创造。科技创新发展、全产业链发展、农业农村农民发展、安全发展等一系列紧迫问题，都需要共同发展的理念指引和制度安排。

总体而言，中国经验的一条主线在于，"我们必须全面把握总供求关系新变化，科学进行宏观调控，适度干预，但不盲目，必要时在把握好度的前提下坚定出手，平衡好增强活力和创造环境的关系，真正形成市场和政府合理分工，推动发展的新模式"①。在共同发展的均衡战略导向下，人民发展权能的培育和强化有诸多例证。比如，正确的消费政策将"拉开档次、个性化、多样化的消费方式"带来的非均衡动力，转化为高质量供

---

① 习近平：《论把握新发展阶段、贯彻新发展理念、构建新发展格局》，中央文献出版社2021年版，第32页。

给体系调控的均衡系统，拉动总体消费，开发"剩余地块"。用更宽松、更安全、更理性的投资法，消除投资障碍，规范引导资本进入新技术、新产品、新业态、新商业模式，着力强化对基础产业，特别是权能培育产业的投资。随着国际贸易投资规则重构，新的比较优势正在形成。用科学严格的产业发展法引导产业转型升级，保持产业均衡布局协调发展。推动人口均衡发展战略，发挥"银发浪潮"的积极功能，达成守正与创新的均衡，等等。

包含共同发展要素的新发展理念，正成为中国重塑发展权制度体系的最大推动力①。第一，回答了主体和中心的前提之问。以人民为中心的共同发展权概念，可以统摄集体、个体多层内容，超越发达国家与欠发达国家的发展鸿沟，第二，明确了发展目的与宗旨上的"共同"主题词。共产主义本质上是一种共同发展的理想建构，社会主义的内核是以社会化生产带动人民全面自由发展，是共产主义的初级阶段。社会主义初级阶段则以公有制经济为主体，多种所有制经济共同发展为主要特征，以实现共同富裕为发展目标。第三，重构了发展的模式与战略。发展的粗放型模式无助于共同发展目标，必定要被淘汰。从非均衡发展向均衡发展、从单面扩张向全面发展的模式转变，以及与之相适应的战略调整，既构成了推动中国式现代化的强劲动力，也开辟了中国人权文明创新发展的全新场域。第四，转换了发展的动力与方式。创新作为总体性的牵引动力，协调、开放、绿色构成从非均衡转向均衡发展的系统推动力，共享则通过发展成果

---

① 从理论上讲，共同发展的理念原型即"全面"发展。"全面"讲的是发展的平衡性、协调性、可持续性。换言之，就是"共同均衡"。平衡，主要是从资源配置、动力支撑角度上说的。人和事能否平衡，关键是看内在调控和外部支撑。如人走钢丝时的状态，除了走钢丝的人要有足够的内部资源（权能），还要借助必要的外部工具支持。协调，主要是从格局（空间）均衡上说的。一个人不能仅有走钢丝而没有其他方面的技能，可以走钢丝为主业，但一定要与生活其他方面的发展协调。一种平衡之所以很快被打破，主要是因为人与事变动是常态，故而要不断予以协调，避免单线突进。维持了平衡和协调，基本可谓均衡，一种"均布的平衡"。但此种状态还要可持续，不能昙花一现。这就需要将均衡的现象、事例、经验转化为本质、规律和理念，融入主体的权能，进入国家的战略，甚至化作人类心理，如此方可达成可持续（永续）的良性均衡态，从而有效规避短期、突发的冲击带来的均衡点坍塌。这些均衡要素叠加，汇聚为一种新的发展哲学上的"共同均衡"理念。

普惠机制，彰显了共同发展所需的公共性、协作性及类同性原则。第五，创造了发展的条件与环境。发展条件和环境可以是前提性、先在性的，也可以是归结性、创构性的。持续优化发展条件，塑造长期向好、稳定持续的共同发展空间，是达成发展目的的根本保障。当内外条件和环境生成一种新的发展权能场域，以人民为中心、为主体的共同发展权，不仅在实践中可以找到丰厚依凭，在理论上也可得到有效证成。

（二）共同发展的全球倡议

中国人权状况的持续进步，为推动世界人权事业发展作出了重要贡献。面对当今世界百年未有之大变局，习近平主席提出"构建人类命运共同体"重大理念。这一重大理念强调包容、合作、开放、共赢精神，契合了世界各国人民求和平、谋发展、促合作的共同发展诉求。为应对人类文明发展面临的共同挑战，习近平主席强调："我们要以开放纾发展之困、以开放汇合作之力、以开放聚创新之势、以开放谋共享之福，推动经济全球化不断向前，增强各国发展动能，让发展成果更多更公平惠及各国人民。"① 这些重要论述彰显了"万物并育而不相害，道并行而不相悖"的文明智慧，体现了作为人类文明新形态的中国式现代化内蕴的共同发展理念。2023 年，习近平总书记在中国共产党与世界政党高层对话会上提出"全球文明倡议"，与 2021 年提出的"全球发展倡议"、2022 年提出的"全球安全倡议"一起成为围绕构建人类命运共同体理念提出的具有全球影响的三大倡议，堪称中国在人类文明新形态下提出的共同发展全球方案样本。

1. 全球发展倡议

共同发展是推动新时代中国人权发展的基本理念。"中国道路"的成功，意味着西方国家不再是"关于发展的合法知识的排他性拥有者"。②

---

① 习近平：《共创开放繁荣的美好未来——在第五届中国国际进口博览会开幕式上的致辞》，《人民日报》2022 年 11 月 5 日，第 2 版。

② See Chan L. H., Lee P. K., Chan G., "Rethinking Global Governance: A China Model in the Making?", *Contemporary Politics*, Vol. 14, No. 1, 2014, pp. 3-19.

新的共同发展进程，蕴藏着新的公共体、协作方式和演进趋势。2012年，中共十八大报告强调，在谋求本国发展中促进各国共同发展，建立更加平等均衡的新型全球发展伙伴关系，同舟共济，权责共担，增进人类共同利益。2013年9月和10月，习近平主席在访问哈萨克斯坦和印度尼西亚时分别提出建设"丝绸之路经济带"和"21世纪海上丝绸之路"的倡议，即现在简称的"一带一路"倡议。① 从宏观角度来看，"一带一路"旨在将主体多元、规则复杂的治理举措嵌入共同发展的合作框架，促进国家之间、规则之间的对接，进而激发经济活力，实现文明交流与人权进步。②

2021年9月21日，习近平主席在第七十六届联合国大会一般性辩论中首次提出以六个"坚持"为主要内容的全球发展倡议——"坚持发展优先""坚持以人民为中心""坚持普惠包容""坚持创新驱动""坚持人与自然和谐共生""坚持行动导向"。③ "六个坚持"贯穿新时代基于"共同发展"的人权理念，为构建全球发展共同体找到了最大公约数，贡献了中国智慧和中国方案。全球发展倡议将破解发展不平衡难题作为实现共同发展的关键，同样，这一难题的解决也是推动全球治理层面的发展权法治建设之要津。这就需要坚持多边主义，践行共商共建共享的全球治理观，动员全球资源，应对全球挑战，促进全球共同发展。④ 在全球共同发展的进程中，中国正日益成为一个具有超强涵摄力和动员力的文明融通平台，坚持表达、维护发达国家和发展中国家的共同发展利益。全球发展倡议呼吁关注发展中国家发展需求，保障它们的发展空间，实现更加强劲、绿色、健康的全球发展。⑤ 发展权是发展中国家对世界人权的原创性贡献，而中国为全球供给了发展权制度和话语体系的典型样本。在理念上，中国通过广泛促进与发达国

---

① 参见王俊生《"一带一路"倡议促进全球共同发展》，《中国发展观察》2021年第8期。
② 参见李晓霞《"一带一路"倡议推动全球经济治理变革的逻辑根源——基于发展逻辑与资本逻辑的比较分析》，《东北亚论坛》2021年第1期。
③ 习近平：《坚定信心 共克时艰 共建更加美好的世界——在第七十六届联合国大会一般性辩论上的讲话》，《人民日报》2021年9月22日，第2版。
④ 《习近平出席第二届联合国全球可持续交通大会开幕式并发表主旨讲话》，《人民日报》2021年10月15日，第1版。
⑤ 习近平：《坚持可持续发展 共建亚太命运共同体——在亚太经济组织工商领导人峰会上的主旨演讲》，《人民日报》2021年11月12日，第2版。

家、发展中国家的合作，凝练出和平发展、自主发展、均衡发展、人本发展、全面发展、务实发展等新的理念，以政治发展权、经济发展权、社会发展权、文化发展权与生态发展权等方面的权利形式创新，大大拓展和细化了发展权。在实践模式上，中国开辟出了伙伴关系、发展援助、特别优惠和改善治理四种发展权的实现路径，并且在每一个层面用实践验证了理念、制度、政策的实效性，以期最大限度地释放发展权的价值功能。①

全球发展倡议将人民视为人权的中心和根本，由此，人民发展权能的增强成为解决发展难题的治本之道。习近平主席强调：我们应该坚持互利共赢，共同推动经济社会发展更好造福人民。中国古人说"为治之本，务在于安民；安民之本，在于足用"。推动发展、安居乐业是各国人民共同愿望。为了人民而发展，发展才有意义；依靠人民而发展，发展才有动力。世界各国应该坚持以人民为中心，努力实现更高质量、更有效率、更加公平、更可持续、更为安全的发展。要破解发展不平衡不充分问题，提高发展的平衡性、协调性、包容性。要增强人民发展能力，形成人人参与、人人享有的发展环境，创造发展成果更多更公平惠及每一个国家每一个人的发展局面。② 应将发展置于宏观政策协调的突出位置，落实支持非洲和最不发达国家实现工业化倡议。发达经济体要履行官方发展援助承诺，为发展中国家提供更多资源。③

全球发展倡议将国际发展援助与合作视为合力应对挑战、促进经济复苏的基本方式，通过促进现有发展合作机制协同增效，促进全球均衡发展。当前，全球发展进程正在遭受严重冲击，南北差距、复苏分化、发展断层、技术鸿沟等问题更加突出。④ 习近平主席指出，全球发展倡议契合

---

① 参见汪习根、吴凡《论中国对"发展权"的创新发展及其世界意义——以中国推动和优化与发展中国家的合作为例》，《社会主义研究》2019 年第 5 期。

② 习近平：《在中华人民共和国恢复联合国合法席位 50 周年纪念会议上的讲话》，《人民日报》2021 年 10 月 26 日，第 2 版。

③ 习近平：《团结行动　共创未来——在二十国集团领导人第十六次峰会第一阶段会议上的讲话》，《人民日报》2021 年 10 月 31 日，第 2 版。

④ 习近平：《团结行动　共创未来——在二十国集团领导人第十六次峰会第一阶段会议上的讲话》，《人民日报》2021 年 10 月 31 日，第 2 版。

东盟各国发展需要，可与《东盟共同体愿景 2025》协同增效。中方愿在未来 3 年再向东盟提供 15 亿美元发展援助，用于东盟国家抗疫和恢复经济。中方愿同东盟开展国际发展合作，启动协议谈判，支持建立中国—东盟发展知识网络，愿加强减贫领域交流合作，促进均衡包容发展。① 就中非合作而言，全球发展倡议同非盟《2063 年议程》也高度契合，得到非洲国家积极支持和参与。② 为推动全球发展倡议落地生根，中国将与各国共同凝聚促进发展的国际共识、共同营造有利于发展的国际环境、共同培育全球发展新动能、共同构建全球发展伙伴关系，并采取实务措施以继续支持联合国 2030 年可持续发展议程。③

2. 全球安全倡议

全球发展倡议一经提出，迅速获得了包括联合国在内的国际组织以及近百个国家的积极响应。然要稳步推进全球发展倡议的履践与落实，仍需各国共同努力以维护世界的和平与安宁。"安全是发展的前提，人类是不可分割的安全共同体。"④ 2022 年 4 月 21 日，习近平主席在博鳌亚洲论坛年会开幕式上发表题为《携手迎接挑战，合作开创未来》的主旨演讲，首次提出全球安全倡议。这一重大倡议明确回答"世界需要什么样的安全理念、各国怎样实现共同安全"的时代课题，系统阐述促进世界安危与共、维护世界和平安宁的立场主张，突出强调人类是不可分割的安全共同体。全球安全倡议与全球发展倡议密切联系、有机统一，体现了普遍安全与共同发展的一体辩证法，反映了中华文明推动全球治理的整体意识、关联思维和天下情怀。

全球安全倡议蕴含着共同发展的新时代理念，是世界共同安全发展需求的集中表达。其倡导通过团结和共赢来适应国际格局变化，应对安全挑

---

① 习近平：《命运与共　共建家园——在中国—东盟建立对话关系 30 周年纪念峰会上的讲话》，《人民日报》2021 年 11 月 23 日，第 2 版。

② 习近平：《同舟共济，继往开来，携手构建新时代中非命运共同体——在中非合作论坛第八届部长级会议开幕式上的主旨演讲》，《人民日报》2021 年 11 月 30 日，第 2 版。

③ 习近平：《构建高质量伙伴关系　共创全球发展新时代——在全球发展高层对话会上的讲话》，《人民日报》2022 年 6 月 25 日，第 2 版。

④ 习近平：《携手迎接挑战，合作开创未来——在博鳌亚洲论坛 2022 年年会开幕式上的主旨演讲》，《人民日报》2022 年 4 月 22 日，第 2 版。

战，进而消弭国际冲突根源，完善安全治理，在当今动荡环境中努力促进世界和平与发展。在"六个坚持"中，坚持共同、综合、合作、可持续的安全观，共同维护世界和平和安全是核心理念和中心目标。这个坚持中的两个"共同"，分别从理念和行动的角度阐释了新安全观的核心内涵，即主张秉持共同安全理念，通过综合协调、合作对话、可持续发展的思维和方式，尊重和保障每一个国家的安全，进而实现世界持久和平与共同发展。全球安全倡议所倡导的安全理念在地域层面已超越了"亚洲安全观"与"亚太安全观"重点亚洲及亚太区域，而是为应对全球性、系统性安全问题贡献中国智慧和中国方案。从消极视角而言，干涉别国内政，不尊重各国人民自主选择的发展道路和社会制度，冷战思维、单边主义、集团政治、阵营对抗、双重标准，把本国安全建立在他国不安全的基础之上，滥用单边制裁和"长臂管辖"等行为和观念，都是需要摒弃和反对的。从积极视角而言，秉持安全不可分割原则、构建均衡、有效、可持续的安全架构，支持一切有利于和平解决危机的努力，共同应对地区争端和恐怖主义、气候变化、网络安全、生物安全等全球性问题，这些都是需要支持和强化的。

3. 全球文明倡议

在全球发展倡议、全球安全倡议的共同发展理念基础上，中国共产党真诚呼吁世界各国弘扬和平、发展、公平、正义、民主、自由的全人类共同价值，促进各国人民相知相亲，尊重世界文明多样性，以文明交流超越文明隔阂、文明互鉴超越文明冲突、文明共存超越文明优越，共同应对各种全球性挑战。[①] 党的二十大报告提出，要以中国式现代化全面推进中华民族伟大复兴。中国式现代化既基于自身国情、又借鉴各国经验，既传承历史文化、又融合现代文明，既造福中国人民、又促进世界共同发展，是强国建设、民族复兴的康庄大道，也是谋求人类进步、世界大同的必由之路。人类社会创造的各种文明，都闪烁着璀璨光芒，为各国现代化积蓄了厚重底蕴、赋予了鲜明特质，并跨越时空、超越国界，共同为人类社会现

---

① 习近平：《高举中国特色社会主义伟大旗帜　为全面建设社会主义现代化国家而团结奋斗——在中国共产党第二十次全国代表大会上的报告》，《人民日报》2022年10月26日，第1版。

代化进程作出了重要贡献。中国式现代化作为人类文明新形态，与全球其他文明相互借鉴，必将极大丰富世界文明百花园。①

在 2023 年 3 月 15 日举行的中国共产党与世界政党高层对话会上，习近平总书记发表题为《携手同行现代化之路》的主旨讲话，正式提出全球文明倡议，从文明共同发展维度为全球发展和安全合作提供了新的动力和保障。全球发展倡议和全球安全倡议，都指向全球治理挑战的共同应对，都需要人类文明新形态的创建。习近平主席指出："我们要践行共商共建共享的全球治理观，弘扬全人类共同价值，倡导不同文明交流互鉴。要坚持真正的多边主义，坚定维护以联合国为核心的国际体系和以国际法为基础的国际秩序。大国尤其要作出表率，带头讲平等、讲合作、讲诚信、讲法治，展现大国的样子。"②

全球文明倡议由四个"共同倡导"组成：共同倡导尊重世界文明多样性；共同倡导弘扬和平、发展、公平、正义、民主、自由的全人类共同价值；共同倡导重视文明传承和创新；共同倡导加强国际人文交流合作，共同推动人类文明发展进步。这是推动文明共同发展的重要途径。四个"共同倡导"从前提、理念、动力和路径四方面回答了人类文明发展难题，构成中国共产党全球文明观的主要内容，开启了"多样一体"人类文明形态的新范式，创造性提出了新的"普遍文明逻辑"，实现了对资本逻辑主导的西方文明形态的超越，具有鲜明的中国特色和全球关怀。全球文明倡议和全球发展倡议、全球安全倡议一起构成推动构建人类命运共同体的强大支撑，体现出中国对推动共同发展、构建一个持久和平繁荣世界的整体思考。③"三大倡议"聚焦共同发展、共同安全、共同文明的创造，相互呼应、相辅相成，有力推动了全球共同发展与治理。④

---

① 习近平：《携手同行现代化之路——在中国共产党与世界政党高层对话会上的主旨讲话》，《人民日报》2023 年 3 月 16 日，第 2 版。

② 习近平：《携手迎接挑战，合作开创未来——在博鳌亚洲论坛 2022 年年会开幕式上的主旨演讲》，《人民日报》2022 年 4 月 22 日，第 2 版。

③ 参见刘建超《积极落实全球文明倡议　合力推动人类文明进步》，《求是》2023 年第 7 期。

④ 参见刘越、钟义见《为人类文明进步提供中国方案》，《中国社会科学报》2023 年 4 月 10 日，第 1 版。

（三）共同发展的人权证成

站在文明交流互鉴的视角，"人权"作为人类文明的一大创造，自身就是文明共同发展的产物。中国式现代化对传统"仁本"、西方"权利"等观念和语词的创造性转化，已然缔生出一套新的人权话语系统。人权新话语中的"人"，本质指向的是类同的人，这种类同之人并非西方工业化时代制造的机械相似的单向度之人，而是经由自由全面发展、于特定集体中成长成熟的超越个人、肉体、欲望及一己私利的整全之人。这样的人，既不是纯理想的完人、圣人建构，亦非所谓现实主义者笔下的功利人——其类同的依据是充沛、持续、真实的社会生活及关系联结。中国式现代化屡创奇迹的一大根基，即在于保有了整全之人的文明基因，同时又释放出了人的创造权能，在各个主体自由发展的繁荣景象中，内在生成了独特的和中型秩序原理。这种原理称为"中国人的生活哲学"也好，名为"中国人的生存智慧"也罢，均反映出坚韧、强劲的共同体意识和制度传统。于此之下，人权与人道便不是互相对立的状态，二者可以合乎逻辑地在一种共通的情理结构中互补共生。人基于权能的实现之需，产生出各种权衡、决断、取舍的冲动和要求，这成为制度生成必须依赖、不可违逆的晶核与原质。无论是古时的民权、民本，还是现今的人权、人民权益，这些宏大概念话语中都包含着共同、合作、类似互通的含义，都是包括法律在内的制度整体存立和发展之基。

人权的证成可以通过理论脉络系谱、价值本体推演、制度规范确认、实践机理提炼等方式展开，无论运用何种方式都脱离不了普遍性和义务性的维度。没有普遍性的权利谈不上是人权，缺少普遍义务对应的"人权"不过是一种空洞说辞。凡具有普遍义务论证的人权形态，大抵都是比较成功的人权类型，至少是具有充沛合法性的人权话语或概念形态。共同发展权植根于人权和发展的学术脉络，其对发展权理念分歧的化解、调和之功前已论述，可不赘言，下文主要从价值本体、制度规范和实践机理三方面简略论述。在"共同"的语义基础上，结合发展权的理念共识，作为人权的共同发展可初步建构为三层一体的阐释图式。

首先，共同发展权的目标和本质蕴含于中国倡导的全人类共同价值，突出表现为和平、发展、公平、正义、民主、自由的制度联结，特别是公共性、全球性的人权法治保障制度的建立和完善。在推进中国式现代化道路上，中国培育出创新型人权法理，构建起优化型人权制度，开拓出发展型人权进路，建立起和谐型人权关系，不断促进人的全面发展，创造了既遵循人权的普遍性原则又具有自己特色的尊重和保障人权理论、制度和实践范式，开辟了人类人权文明新境界。[1] 法治是人类文明的共同成果，中国式法治现代化从主体、客体、内容和路径诸方面创造出人类法治文明新形态，可将其称为基于发展的法治文明新形态，可为共同发展权的价值证立提供丰富素材和强大论据。[2]

其次，共同发展权的制度规范渊源在于新的人类命运共同体。特定的权利体系植根于特定社会的现实基础之中，无论是从国内法还是从国际法层面而言，如今的权利体系或法体系源自现代资产阶级即市民社会，同时反映其内在逻辑。若是由市民社会来引导现代社会秩序与国际权利体系，那么构成前者的原子化个体必然会因追求私利而导致冲突和斗争，导致反复出现所谓"一切人反对一切人的战争"。[3] 这使得共同发展在旧的文明形态下始终摆脱不了主体虚空的症结，而这种状况在新的人类命运共同体倡议下出现了根本转变的希望。如果我们真切理解了下面这个关键点——全球治理的中国方案是以超越现代性及其逻辑为前提的，是将新文明类型的客观前景作为其基础定向的——共同发展权的主体逻辑其实已然明朗。这样的主体在类型上可以是多样的，其本质的规定性不在于个体的发展权利、权力甚或权威，而在于整合个体、融凝个体的团体、集体的均衡型发展权能。虽然这样的主体尚处于未完全定型的生成状态，但共同发展权的核心逻辑是明确的，已充分体现在前述的中国理念和全球倡议中。

最后，共同发展权的实践机理源于公共、协作、类同的团结法构造。

---

[1] 鲁广锦：《中国式现代化的人权证成逻辑》，《人权》2022年第6期。

[2] 参见汪习根《论中国式法治现代化的理论体系》，《政法论坛》2022年第6期。

[3] 参见吴晓明《"中国方案"开启全球治理的新文明类型》，《中国社会科学》2017年第10期。

西方思想家、学者构造的"团结法"，机械团结或有机团结、礼俗社会或法理社会的观点，几乎都未曾超出界限分明的由传统到现代的单向进化思维，在一系列二元对立框架下，为陌生人社会的个体权利提供证成，进而为机械化的法律系统颁发合法性凭据。在这样的"团结法"理念中，"共同发展"的确是个另类，它没有明确、实在、可知可感的主体支撑，也缺乏便利快捷、有强制权力于后压阵的规范系统支援。那些距离现代文明遥远、与主权国家无甚关联的亲密共同体，其内生的正义、权利及法规表达完全被驱逐出所谓"共同法"的范围，哪怕法人类学家多么勤勉努力，终归也改变不了这些异文化规范的悲惨命运。这些无家可归的规范弃子，要么最后成为现代文明家门口的陌生人，长期在法的门前逡巡徘徊、可怜哀求，要么彻底放弃，走上制度抗争甚至权力战争的老路。这种机械主义的团结法滋生出的制度，是一套韦伯意义上的理性官僚宰制系统，其弊病已有目共睹，但如何克服其症候、达成有效的替代、有机的超越，人类文明仍在上下求索。在此境况下，共同发展的中国理念、实践和方案，实质上为人类文明新形态提供了一个可以深入研究、广泛讨论、普遍推广的模板。基于这一模板的制度规范建构，必须对已有的团结法从理论上予以改造，将公共、协作、类同的逻辑贯注其间。公共性可大可小、可宽可窄，其伸缩度、灵活性不同于主权国家意义上的公共政体论。协作性以全息的协同论为基底，强调权能和效率统一的正义观，通过合作的互惠报偿，在持续交往中生发超越个体经济人理性的共同情感，并以之为据不断扩展，形成高级形态的理性协作制度系统。类同性既表明共同发展的理想结果，也集中反映多样发展、趋近一体的过程特质。类同绝非彻底相同、强行趋同，而是对多样性文明共同发展趋势的一种预判和勾画。类同接近大同，又不完全等于大同。人类之为"类"，系于共同权利的共同发展。人类之为人，则要不断回归人的本质，在中和之道的观照下全面自由强健权能，将其保育增殖，传诸后世，凝成人类文明生机永存的晶核构造。于此而言，共同发展权的评价机制应置于文明互融而非冲突的语境，以整体人类福祉的相似度（趋近度）和公共性为基础指标。

"三治融合"与基层民众
美好生活权利的实现[*]

桂晓伟^{**}

摘　要：实现基层民众美好生活权利的关键在于解决好他们日常生活中的小事，提升他们的获得感、幸福感和安全感。对此，应该进一步完善基层治权的价值基础、组织基础和社会基础，坚持规范治理和简约治理的双轨并行，并以自治、法治、德治的"三治融合"强化基层治权。唯有如此，才能立足中国法治和治理现实，促进可持续高质量发展，实现以美好生活权利为导向的国家治理体系转型，并最终满足人民群众对美好生活的向往。

关键词：美好生活权利；基层治权；规范治理；简约治理；"三治融合"

如何将人权的普遍性原则同中国实际相结合，并走出一条符合时代潮流、适合中国国情、具有中国特色的人权发展道路，是中国共产党和中国政府自新中国成立伊始就不懈追求的目标。① 党的十八大以来，以习近平同志为核心的党中央明确将人民对美好生活的向往作为新时代的奋斗目标；党的二十大报告则向世界进一步展现了我们党坚定的人民立场和在新时代新征程不断把人民对美好生活的向往变为现实的坚强决心。

"美好生活权利"的提出源于中国社会的主要矛盾已经由"人民日益增长的物质文化需要同落后的社会生产之间的矛盾"转化为"人民日益增长

---

　* 本文系国家社科基金一般项目"新时代少数民族青少年价值观培育的文化生态治理机制研究"（项目编号：19BKS160）研究成果。
　** 桂晓伟，武汉大学法学博士，哥本哈根大学社会学博士，武汉大学社会学院副院长、教授，博士生导师。
　① 参见中共中央党史和文献研究院编《习近平关于尊重和保障人权论述摘编》，中央文献出版社 2021 年版，第 1 页。

的美好生活需要和不平衡不充分的发展之间的矛盾"。① 与之相应，对人民权利的保障也开始从"基本生活领域提升到美好生活层面，从生存的权利转向发展的权利再进一步演进为追求美好生活的权利"②。美好生活权利的提出标志着中国社会"开始从苦难的话语体系走向愉悦的话语体系"，从"以生存权和发展权为核心的国家治理体系"转向"以美好生活权利为导向的国家治理体系"。③ 然而，学界对于国家治理体系究竟应该如何转型以保障美好生活权利的实现却缺少深入的讨论。考虑到基层治理工作的千头万绪和复杂琐碎，探讨与实现美好生活权利相匹配的国家治理体系转型问题就显得尤为重要，本文试图为推进这一具有重大理论和现实意义的工作提供思路。

概括来说，本文主要分为三个部分。首先是深入理解中国基层民众的权利诉求及其成因。这是理解他们眼中何谓美好生活的必要前提。其次是深入分析基层政府应该如何强化自身的价值、组织和社会基础，才能更好地回应民众诉求。这将为提出扎根经验且有的放矢的解决路径提供有效的指引。最后，本文将系统分析为什么"三治融合"是满足基层民众对美好生活向往的有效路径，以及其具体的实现方式。

一 基层民众的权利诉求及其成因

美好生活首先要接地气，这也是我们党倡导从实践出发，理论联系实际的必然要求。在这个意义上，从基层民众的角度理解他们眼中的"权利诉求"究竟是什么就变得非常重要。

对此，学界主要有两种代表性观点。第一种观点认为，随着权利话语和法治建设的推进，中国的老百姓已经开始有意识地援引国家的法律和政策，并且通过政府的制度性的渠道，来维护自己的正当权益。④ 这种"依据法律维护

---

① 习近平：《决胜全面建成小康社会　夺取新时代中国特色社会主义伟大胜利——在中国共产党第十九次全国代表大会上的报告》，《人民日报》2017 年 10 月 28 日，第 1 版。
② 汪习根：《论习近平法治思想中的美好生活权利》，《政法论丛》2021 年第 5 期。
③ 贺海仁：《法理中国论稿》，社会科学文献出版社 2019 年版，第 288 页。
④ See Kevin O. Brien and Li Lianjiang, *Rightful Resistance in Rural China*, Cambridge University Press, 2006, p. 2.

权益"的行动表明，当下中国的民众已经具有了一定程度的法律意识和维权意识，他们不再像过去那样对向基层政府提出自己的诉求显得顾虑重重，而是会更积极主动地运用法律武器维护自己的权益。① 因此，这一派观点认为当下中国的基层民众已经具有了较为明确的权利意识，他们的这种意识是国家深化法治建设，倡导权利和平等观念的产物，并在未来会进一步推动国家的治理体系和治理能力的完善。② 对于这一判断，部分学者提出了疑问，认为这种观点更多是从研究者自己的视角出发，以他们的思维来推导基层民众的思维，而没有真正深入这些民众的生活，从而遮蔽了基层民众所身处的社会情境在解释他们行动逻辑上的重要意义。因此这些研究者的这种解释其实是脱离了情境的解释。③ 在这种解释中，这些基层民众的面孔是模糊不清的，他们究竟是什么人？他们是如何生活的？又是怎么思考的？这些有价值的问题都被忽略了。④

　　相比第一种观点，第二种观点更多从基层民众的视角出发来理解中国民众的权利诉求。这种观点受到了印度底层学派的启发，认为中国民众的权利诉求仍然带有"草根动员"的特性。⑤ 同时，他们的行动还受到他们所身处的基层社会的各种纷繁复杂的关系网络的影响。⑥ 此外，这些民众的权利表达中除了有物质性的利益诉求，还有情感性的"气"的表达⑦；而且他们还运用包括自己的身体⑧在内的各种具有韧性⑨的手段将自身的

---

① See Kevin O. Brien, "Neither Transgressive Nor Contained: Boundary—Spanning Contention in China", *Mobilization: An International Quarterly*, Vol. 8, No. 1, 2002, pp. 51–64.

② See Kevin O. Brien and Li Lianjiang, *Rightful Resistance in Rural China*, Cambridge University Press, 2006, p. 4.

③ See Susanne Brandtstädter, "Book Review of Rightful Resistance in Rural China", *The Journal of Peasant Studies*, Vol. 33, No. 4, 2006, pp. 710–712.

④ See Susanne Brandtstädter, "Book Review of Rightful Resistance in Rural China", *The Journal of Peasant Studies*, Vol. 33, No. 4, 2006, pp. 710–712.

⑤ 参见应星《草根动员与农民群体利益的表达机制——四个个案的比较研究》，《社会学研究》2007年第2期。

⑥ 参见吴毅《"权力—利益"结构之网与农民群体利益表达的困境——对一起石场纠纷案例的分析》，《社会学研究》2007年第5期。

⑦ 参见应星《"气场"与群体性事件的发生机制——两个个案的比较》，《社会学研究》2009年第6期。

⑧ 参见王洪伟《当代中国底层社会"以身抗争"的效度和限度分析　一个"艾滋村民"抗争维权的启示》，《社会》2010年第2期。

⑨ 参见折晓叶《合作与非对抗性抵制——弱者的"韧武器"》，《社会学研究》2008年第3期。

社会劣势转化为政治上的优势①。这些研究表明，中国的基层民众对权利和利益有着基于自身生活情境的理解，他们或许并不关心怎么去改变和完善国家的法律制度，而只是希望能在现有的制度框架下，尽可能维护自己的利益，减少自身的损害。② 因此，他们更多遵循的其实只是朴素的生存伦理。他们可能具有自私的投机心态，也可能没有明确的政治目的，但是他们这些琐碎的不满的累积仍然可能带来国家治理的危机。③

但是很长时间以来，这些底层逻辑下的民众利益表达，在聚焦国家的主流研究的学者眼中都被有意无意地忽略了，但这种非主流的研究其实反而可能是学界理解中国基层群众的政治意图的关键所在。④ 这是因为，所谓政治，并不仅仅是国家组织和制度、政治党派、各级官员以及他们的行动；政治其实同样蕴含在日常生活中的每一处细节中，涉及普通群众如何生活、如何解决日常纷争、如何与其他人相处沟通等方方面面。⑤ 这种"日常政治"为我们提供了理解底层小人物的利益表达的一个重要的补充性的视角，有助于弥补传统的聚焦国家和精英视角的局限，进而也为我们理解国家和社会的互动提供了更为生动和丰富的细节。

上述分析清晰地表明了中国基层民众对利益的理解和表达有着自己的不同于西方的逻辑，而下文将进一步分析这种逻辑背后的成因。

第一，中国基层民众的利益诉求呈现为多元化的复杂形态。他们有的是为了反抗某些违规行为的维权，有的可能只是为了解决生活困境的求援，还有的可能源于被社会排斥而难以维持生活的诉苦，更有的可能只是因为社会阶层分化所导致的发泄和怨恨。⑥ 这些都突出了对情境的重要性的强调，并充分

---

① 参见董海军《依势博弈：基层社会维权行为的新解释框架》，《社会》2010 年第 5 期。
② See James Scott, *Weapons of the Weak: Everyday Forms of Peasant Resistance*, Yale University Press, 1985, p. pxv.
③ See James Scott, "Everyday Forms of Resistance", In Forrest Colburn eds. ,*Everyday Forms of Peasant Resistance*, M. E. Sharpe, 1989, p. 20.
④ See James Scott, "Everyday Forms of Resistance", In Forrest Colburn eds. ,*Everyday Forms of Peasant Resistance*, M. E. Sharpe, 1989, p. 5.
⑤ See Benedict Kerkvliet, "Everyday Politics in Peasant Societies (and Ours)", *The Journal of Peasant Studies*, Vol. 36, No. 1, 2009,pp. 227-243.
⑥ 参见田先红《阶层政治与农民上访的逻辑——基于浙北 C 镇的案例研究》，《政治学研究》2015 年第 6 期。

展现了群众的利益诉求的多元复杂性。在现实中，充分理解这种复杂性，并且针对性地做好群众工作，可以帮助基层政府更有效地解决各种社会矛盾。

第二，沿着这种分析思路，中国基层民众的利益诉求背后的原因，并不只是因为国家制度建设的不完善①；更重要的原因可能是随着国家的治理转型，新旧治理方式的衔接出现了某种断裂，导致国家的治理资源和治理能力难以完全实现有效治理的目标②。在这个意义上，聚焦国家的研究虽然可以帮助我们更好地理解国家制度建构中存在的问题，但这种宏观视角并不能揭示微观视角下的制度运行中的各种细节。与之类似，从底层民众出发的视角尽管会涉及对制度及其实践的讨论，但这类研究的重点始终是对基层民众的生存逻辑的揭示。在这个意义上，如何从基层治理本身存在的问题出发，探讨使之有效运转，从而满足基层民众利益诉求的可能出路，就成为人民实现美好生活权利的关键所在。

二　强化基层治权的三个维度

如上文所述，当下中国基层民众的利益表达的多元复杂的现状，并不能简单地通过国家视角下的制度研究，或者基层视角下的生存伦理研究来进行解释，它背后的根源和如何重塑基层治理的权威直接相关。在这个基础上，破解基层治理困境的关键应该放在如何强化基层治权这个核心问题上。相应地，实现美好生活权利的抓手也就应该放置在如何完善基层治权这个关键环节上。因此，本文主张基层政府是维系国家和基层民众良性互动的关键所在，它既要保证国家政策的落地，又要确保这个过程中的群众工作的有效性，如何赋予基层政府相应的治理资源，增强其治理能力，是促成国家和社会良性互动的关键。③

---

① See Kevin O. Brien and Li Lianjiang, *Rightful Resistance in Rural China*, Cambridge University Press, 2006, pp. 45-46.
② 参见贺雪峰《国家与农民关系的三层分析——以农民上访为问题意识之来源》，《天津社会科学》2011年第4期。
③ 参见贺雪峰《国家与农民关系的三层分析——以农民上访为问题意识之来源》，《天津社会科学》2011年第4期。

笔者认为，要重塑基层治权，需要从如何强化它的理论基础、制度基础和社会基础入手。

第一，完善基层治权的理论基础。我们认为这一理论基础应该是既强调规范之治，也强调简约之治的双轨并行的治理模式。这样既可以发挥法治的引领作用，也可以为灵活处理各种社会矛盾留出一定的弹性空间，从而形成双方相互补充和促进的良性局面。当前国家大力推进的依法治国，就是一种规范之治，它通过完善和优化各种国家制度，为国家提升制度建设水平和治理绩效，强化其治理的合法性提供了必要的支撑。[1] 除了规范之治，简约之治也应该得到重视。简约治理源于中国农耕社会，因为受限于资源短缺而导致的国家能力的不足。[2] 在这种情形下，休养生息，无为而治，就成为一种务实的选择。这种简约治理的理论基础就是儒家的意识形态以及由此推导出各种民间的正式或非正式的地方性规范。其执行者则是地方社会的绅士和长老们。[3] 这两者的有效结合，让国家既可以在意识形态层面牢固树立地方社会对国家的认同，又可以给地方社会留出一定的弹性治理空间，从而形成了一种自上而下的官僚制和自下而上的地方自治相结合的两个轨道并行的治理模式。[4] 今天，为了完成乡村振兴和实现人民美好生活权利的历史使命，中国政府显然不可能再走传统的消极无为的老路，而必须采取一种既积极但又不失简约的治理模式。这就要求基层政府必须把"为人民服务"和"群众路线"更好地结合起来，在坚持和完善党的领导的前提下，充分发挥党委总揽全局和协调各方的重要作用，从而使基层政府可以通过更低的成本和更高的效率完成上级政府交办的各项中心工作，并在这个过程中通过情理法兼顾的方式满足地方社会的特殊性

---

① 关于规范合法性和绩效合法性的讨论，See Elizabeth Perry, "Chinese Conceptions of Rights: From Mencius to Mao—and Now", *Perspectives on Politics*, Vol. 6, No. 1, 2008, pp. 37-50; Zhao Dingxin, "The Mandate of Heaven and Performance Legitimation in Historical and Contemporary China", *American Behavioral Scientist*, Vol. 53, No. 3, 2009, pp. 416-433; Zhao Dingxin, "Authoritarian State and Contentious Politics", In *Handbook of Politics: State and Society in Global Perspective*, K. T. Leicht and J. C. Jenkins eds., Springer, 2010, pp. 459-476.

② 参见费孝通《乡土中国》，生活·读书·新知三联书店 1985 年版，第 60~64 页。

③ 参见张仲礼《中国绅士研究》，上海人民出版社 2019 年版，第 40~56 页。

④ 参见费孝通《中国绅士》，惠海鸣译，中国社会科学出版社 2006 年版，第 46~52 页。

和差异性的需求。①

第二，增强基层治权的制度基础。这种制度基础需要同时注意到新老干部交替过程中的相互补充和促进作用。具体来说，为了有效规范和约束基层治理中存在的各种腐败现象，以及不作为乱作为的问题，国家在制度层面采取了一系列的创新手段。比如通过"一卡通"和"项目制"的方式来对基层政府的资源统筹能力和调配能力进行规范和约束。② 又如，国家还主张进行干部队伍的专业化和年轻化的建设。因为这些干部更能够适应基层治理制度化的要求。除此之外，我们在基层治理的过程中还应该重视那些拥有丰富的群众工作经验，熟悉基层社会的风俗人情，能够真正沉得下去，并且有效解决人民内部矛盾的老式的基层干部。而且，他们丰富的工作经验，也可以通过传帮带的形式，促进年轻干部的成长。可以说，能够形成以老带新的基层干部格局，让两种类型的乡村干部之间进行良好的交流和互动，是更好地夯实基层治理的组织基础，并发挥基层党委的政治领导和统合能力的关键所在。③

第三，重视基层治权的社会基础。中国的基层社会是复杂而多样的。这很大程度上是因为中国是一个发展并不均衡同时又国土面积辽阔的大国。这进而决定了中国不同区域的基层社会，在风土人情、人文历史、经济社会发展等方面都存在差别。我们将这种差异称为区域差异，这种差异是强化基层治权时必须考虑的社会基础，因为不同的村庄可能存在不同的公共事务和私人事务，可能存在不同逻辑的细小琐碎的社会矛盾，可能存在很多需要特殊办法才能解决的疑难问题。④ 解决这些事务，可能不仅仅

---

① 参见欧阳静《简约治理：超越科层化的乡村治理现代化》，《中国社会科学》2022年第3期。

② 参见渠敬东等《从总体支配到技术治理——基于中国30年改革经验的社会学分析》，《中国社会科学》2009年第6期。

③ 参见欧阳静《简约治理：超越科层化的乡村治理现代化》，《中国社会科学》2022年第3期。

④ 参见贺雪峰等《南北中国：中国农村区域差异研究》，社会科学文献出版社2017年版，第3~30页；贺雪峰《论中国农村的区域差异——村庄社会结构的视角》，《开放时代》2012年第10期；桂华、贺雪峰《再论中国农村区域差异——一个农村研究的中层理论建构》，《开放时代》2013年第4期。

需要法律，也需要人情和关系；而且这些事务的背后还可能涉及更加错综复杂的利益和情感关系。① 在这个意义上，这些事务的解决就需要地方官员能够综合运用情、理、法、力等各种要素。既要有法律的确定性，也要有入情入理的劝说，还要施加压力保证落实和执行的权威和力度。这便是情理法力的功能所在。不难看出，这样的工作，如果离开了对基层治理的社会基础复杂性的充分了解是很难完成的。在这个意义上，推进基层治理体系和治理能力的现代化，既要重视法律和规范在基层治理中的重要作用，也要充分考虑基层社会的特殊性和法律规范在应对这些特殊性问题时可能存在的局限。只有在这个基础上，基层治理才能在规范之治和简约之治两个轨道之间找到一个合适的平衡点，也才能充分发挥和释放简约治理的效能，以低能耗的方式处理好涉及群众利益的各种虽然琐碎但又必要的社会事务，从而为实现民众美好生活的权利奠定必要的基础。

三 以"三治融合"实现美好生活权利

在上文中，我们论述了如何从理论基础、制度基础和社会基础三个方面入手来强化基层的治权。这需要我们做到简约治理和规范治理的双轨运行，要促进经验丰富的老干部和高学历专业化的年轻干部之间的配合和互补，要深刻认识到中国基层社会的区域差异和各种社会矛盾背后的复杂的、延伸性的利益和情感关系。在这个意义上，下文将进一步从总体指导原则、宏观制度建构、具体实施路径以及相应的方式方法几个方面，进一步阐述如何强化基层治权。

笔者认为，"三治融合"为更好地回应上述问题提供了一个较为妥善的路径。② 所谓"三治融合"是指将自治、法治、德治三者有机地融为一体的治理模式。党的十九大报告强调完善自治、法治、德治相结合的基层治理体系是强化当前农村工作的重点；中共十九届四中全会决议进一步强

---

① 参见杜姣《村庄治理现代化的实现路径》，中国社会科学出版社 2021 年版，第 96~100 页。
② 参见桂晓伟《以"三治融合"重塑基层治权》，《武汉大学学报（哲学社会科学版）》2023 年第 1 期。

调"三治融合"的农村基层治理体系要在完善和健全党的领导的前提下积极开展，而这同时也是新时代建构基层治理新格局的必然要求。与之相对，学界近年来关于"三治融合"的讨论主要围绕"枫桥经验"和"桐乡经验"展开。其中，"枫桥经验"非常关键的一点经验就是对自治、法治和德治三者关系的讨论。有学者指出，"枫桥经验"的关键就是通过法治化为基层治理提供了稳定的可预测性①，而其实现这种法治化的途径主要是通过将中央和地方的法律以及社会规范不断地完善和制度化，以形成自下而上和自上而下相结合的制度建设状态②。相对法学界更注重法治在"三治融合"中的作用，社会学、管理学和政治学的研究则更加强调德治和自治在基层治理中的作用的发掘。比如，有研究发现，"三治融合"在桐乡的实践经验中更加注重乡贤、村规、群众议事会、日常事务服务团等自治组织的作用的发挥，而其中乡村中坚力量和五老群体组成的参事议事组织机构是推动并展现自治精神和自治实践的核心力量。③

上述研究虽然具有一定的启发，但它们在讨论自治、法治和德治如何融合的过程中却都没有充分认识到基层社会的复杂多样性，也都没有认真深入地讨论乡村社会的基础在构建"三治融合"过程中的重要作用。这使它们的研究或多或少都忽略了当下中国基层面临的主要问题，从而导致其讨论的"三治融合"没有很好地和乡村社会现实结合起来。为此，一个可行的方法是尽可能让国家不要随时随地都去面对群众，而是充分发挥自治组织的居中协调作用，在国家和社会之间预留出一定的社会自治的空间。当然，这里所说的社会仍然要在党的领导下，并且遵循依法治国的基本理念和制度来发挥作用，除此之外，应该给予充分的自治空间，并且在这种自治中尽可能融入德治的内容。通过上述方式，"三治融合"也具备了基本的样态。在这个意义上，"三治融合"虽然力图实现基层社会治理的现代化，但这个现代化必须是基于中国的历史和现实的，而不是照搬西方的

① 参见褚宸舸《基层社会治理的标准化研究——以"枫桥经验"为例》，《法学杂志》2019年第1期。
② 参见李林《推进新时代"枫桥经验"的法治化》，《法学杂志》2019年第1期。
③ 参见肖滨《构筑共和国的微观基础：对桐乡"三治融合"实践经验尝试性的一种理论解读》，《治理研究》2020年第6期。

现代化。

对此，本文认为，关于"三治融合"的一个妥善方案是从中国传统的倡导无为而治的"简约治理"和新中国成立以来的主张有为而治的"规范治理"中找到它们之间变与不变的内在关联和逻辑，从中汲取有益的经验和启发。这一方面需要我们重新认识和厘清法治、自治、德治三者之间的动态关联，另一方面也需要我们进一步明确三种治理形态在强化基层治权过程中的功能以及实现路径。下图是对这些问题的一个概括性思考。①

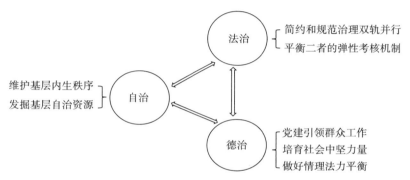

图 1　自治、法治、德治在重塑基层治权中的功能及其实现方式

第一，"法治"在强化基层治权过程中的功能。法治的第一个重要功能是明确简约治理和规范治理如何并行不悖的可行方案。恰如上文所述，两种简约治理方案各有自己的特色和不足，而正处于转型变革中的我国基层社会恰好具备融合二者之长处从而为推进中国基层治理现代化提供独特样本的契机。更具体地说，要发挥上述功能，需要我们进一步明确国家和社会各自的职责和边界，区分基层治理中的公共和自治事务，以及历史遗留和当前现实问题，然后对这些问题采取有针对性的分类治理模式。② 比如说，可以将一些国家的非常规的事务划分为自治事务，并交由村庄自己处理。这样做的好处是有更大的灵活性去解决一些疑难问题，比如对无理取闹的钉子户问题的处理，就可以更多借助村庄内部的力量来约束他们的

---

① 参见桂晓伟《以"三治融合"重塑基层治权》，《武汉大学学报（哲学社会科学版）》2023 年第 1 期。

② 参见陈柏峰《农民上访的分类治理研究》，《政治学研究》2012 年第 1 期。

行为。① 当然，在这个过程中也必须重视规范和程序的重要性，要保持开放的心态，又要为失败留出容错空间。这进而又涉及法治需要进一步发挥作用的第二个方面，即能够更好地兼容两种治理模式的带有弹性的考核机制。正如上文所述，这需要把简约治理放置在对治理事务的合理的分类之上。只有合理分类，才能让有针对性的具有一定弹性和容错空间的考核变成真正有意义的考核，从而充分调动基层干部认真投入群众工作的热情和干劲。反之，如果分类不合理，则可能会让本不该具有弹性的问题具有操作的空间，或者让本应该具有弹性的问题反而被刚性僵化的程序限制了解决的可能。要很好地完成这样的工作，离不开那些长期扎根基层并熟悉当地风土人情和人际关系的老式村干部。这意味着，要实现这种可能，必须进一步发挥自治的作用，调动乡村内部的积极性、主动性和创造性。

第二，"自治"在强化基层治权过程中的功能。正如上文所述，法治所划定的两项内容要想更好地落地实施，必须有赖于自治充分发挥其功能。要让自治真的承担起这样的工作，又必须让自治首先成为可能；而要让自治得以实现，不仅需要治理资源的投入，更需要人才的支持。毕竟，如果乡村中坚力量大量外流，剩下一个空心乡村和一帮老弱病残，那么自治自然难以有效，这个时候仅靠基层的工作人员是没有办法支撑自治长久运转的，因为这些人要么对村庄没有长远的预期，要么对村庄的情况并不是特别熟悉，要么因为前面两个原因而不能很好地兼顾村庄的诉求和国家的目标。② 要让乡村中坚力量愿意留在村庄，进而又需要做好下面两个方面的工作。一是村庄自身秩序的建构。这需要我们区分出来谁是我们可以依靠和团结的力量。对此，"五老群体"常常被看作是积极的治理力量。但是，基层自治还需要年富力强的中坚力量的加入。然而要能够吸引这样的中坚力量，还需要充分发掘、整合、释放以及招揽村庄内部和外部的各种治理资源。要做到这一点，则仍然需要赋予基层足够的自治空间，通过法律划定国家和社会的治理边界，赋予村庄一定的自治权限，使其可以用

---

① 案例来源：根据笔者2019年8月对一位乡干部的访谈整理。
② 案例来源：根据笔者2018年7月对一位区干部的访谈整理。

自己的方式处理村庄的内部事务，只要这些方式没有违背法律和公序良俗。比如让村庄可以就地取材地利用土地或区域市场的资源，而不是一味依靠国家自上而下的输血。同时，国家的资源下乡也不需要在每个方面都进行刚性管理，这样的管理虽然杜绝了一些可能导致贪腐的漏洞，但也弱化了基层政府整合资源的治理能力。对此，不妨对基层治理资源进行区分，让国家更多将注意力放在为村民提供基本公共服务的工作上，而将一些简单的日常工作交给村民自行处理。广东将零散的普惠涉农资金聚拢起来，并通过这些资源激发乡村治理活力和能力的做法就值得借鉴。① 要落实好这类工作，又需要基于法治和自治的德治。

第三，"德治"在强化基层治权过程中的功能。要想真正实现规则之治，那么作为其治理对象的事务本身往往需要具备一定的规则性。② 当下的基层治理就面临这样的挑战，因为我们所面对的基层社会仍然不是一个可以完全通过法治来实现治理的社会。

正是在这个意义上，习近平总书记强调要"适应时代要求，创新群众工作方法，善于运用法治思维和法治方式解决涉及群众切身利益的矛盾和问题，把枫桥经验坚持好，发展好，把党的群众路线坚持好，贯彻好"③。笔者认为，德治的功能主要应该是做好党建引领群众工作、培育基层中坚力量和平衡好情理法力这三个方面的工作。这些工作首先必须在法治的逻辑下进行，但要注意划分好国家和社会治理的边界，并进一步完善容错问责机制，从而给德治提供相应的制度环境；同时，德治要充分调动和培育好社会的中坚力量，让他们能够有效参与基层公共事务的治理，并赋予他们更大的自主权以便处理基层内部的事务。这既为建立村庄内生秩序和整合村庄的内部和外部资源的自治提供了可行路径，也让基层的中坚力量能够在掌握更丰富的治理资源的同时更好地平衡情理法力，从而更好地树立和维护党在基层社会的权威，吸引更多的社会中坚力量参与到基层治理中

---

① 参见欧阳静《简约治理：超越科层化的乡村治理现代化》，《中国社会科学》2022年第3期。

② 参见苏力《送法下乡》，中国政法大学出版社2000年版，第193页。

③ 习近平：《把"枫桥经验"坚持好、发展好，把党的群众路线坚持好、贯彻好》，《人民日报》2013年10月12日，第1版。

来，最终形成基层治理的良性循环。在这个意义上，德治既需要依靠法治来提供制度环境，其本身又为自治奠定了实施的基础。

结　论

作为上承国家意志、下接民众诉求的关键节点，基层一直在推动国家和社会的良性互动中发挥着关键的作用。重塑并强化基层治权对于实现中国基层民众的美好生活权利有着重要的理论和现实意义。为此，本文重新回到"简约治理"这一根植于中国历史和现实的独特治理模式上，探讨如何充分发挥自治、法治、德治的"三治融合"以强化基层治权，进而更好地实现基层民众的美好生活权利。

其实，人民群众的获得感、幸福感和安全感总是来自身边切切实实的体验，这些体验很多时候就是从基层政府能够办好"小事"开始。这些涉及政治、经济、社会、文化、生态等各个方面的"小事"最终汇集成民众对美好生活权利的真情实感。然而小事虽小，意义却很大。正所谓"群众利益无小事，一枝一叶总关情"。但是基层的情况千差万别，群众的诉求五花八门，甚至他们的性情偏好、思想认识也是多种多样。这就注定了仅仅依靠"规范治理"难以有效回应这些繁杂琐碎的小事，或者起码经常是事倍功半。因此，本文重新强调"简约治理"的重要价值。这种治理模式注重具体问题具体分析，要求干部熟悉群众，用身体力行而非表格做好群众工作，追求让群众满意的结果而非不出错的形式，提倡以情动人但也要不失时机地教育引导群众树立正确的价值观。这种源自中国传统的"简约治理"模式充分考虑了基层社会的复杂基础和乡村治理的现实困境，从而为我们处理公私交错、细小琐碎、关系复杂的群众诉求提供了有力的保障，甚至常常起到事半功倍的效果。

因此，在新时代探索具有主体性的中国国家治理体系，并实现群众对美好生活的向往，需要我们保持"规范治理"和"简约治理"的双轨并行模式，进而需要我们探讨自治、法治、德治的有机融合。这本身也是中国式法治现代化的题中应有之义。它要求我们必须"立足于中国文化传统国情和发展中的社会主义大国"这一法治现实和治理现实，始终围绕"发展尤其是高质量发展"这一核心议题①，开创出后发国家治理能力现代化之路的新理念、新制度、新模式、新形态，从而最终为实现民众的美好生活奠定坚实的基础，提供有力的保障。

---

① 汪习根：《论中国式法治现代化的理论体系》，《政法论坛》2022 年第 6 期。

非洲人权法学中发展权的基本前提再审视

Elsabé Boshoff[*] 著　李佳晨　陈永芳[**] 译

摘　要： 当前，地球正遭遇前所未有的破坏，其根源在于将发展片面地理解为依赖于环境开发的经济增长，这为人类社会的有序生存带来了灾难性的后果。《非洲人权和民族权宪章》所确立的非洲人权制度明确规定了可强制执行的发展权与健康环境权，是少数几个明确保障这两项关键性权利的国际法律框架之一。本文认为，将发展权与健康环境权割裂开来，形成二元对立的观点从根本上而言是错误的，因为长远来看，任何忽视环境因素的发展观都将难以为继。本文认为，《非洲人权和民族权宪章》及其经非洲委员会和非洲法院解释的内容，为重新解读发展权确立了重要原则，这些原则不再单纯地将经济考量视为发展的唯一标准，而是深深根植于健康环境中的人类福祉（包括物质、精神、情感和社会层面的考量）。此外，本文还进一步指出，在阐释发展权时，应充分认可非洲环境伦理中的重要原则，这就要求在追求发展的过程中必须给予环境必要的关注和尊重。

关键词： 发展权；健康环境权；非洲人权；可持续发展

---

　* 作者简介：Elsabé Boshoff，挪威奥斯陆大学挪威人权中心博士后研究人员。
　** 译者简介：李佳晨，华中科技大学法学院博士研究生；陈永芳，华中科技大学法学院硕士研究生。

绪　论

一种普遍的发展观认为，发展意味着无限度地开发和消耗自然资源以驱动经济财富的增长。例如，联合国在界定发达国家与发展中国家时，便采用了这一发展观导向下的"基本经济国情"作为区分标准①，该标准综合考量了人均国民总收入（Gross National Income，GNI）、人力资本指数（Human Assets Index，HCI）以及经济脆弱性指数（Economic Vulnerability Index，EVI），并据此列出了最不发达国家名单。在此范式下，发展权被片面地解读为追求经济增长和享有物质财富的权利，由此导致对自然资源的过度开采和破坏，以及对空气、水源和土壤的严重污染，从而引发了发展权与环境权之间的显著冲突。就此种以经济增长为主导的发展模式而言，其核心目标往往是从经济层面上"赶超"更发达的经济体。然而，只有在达到了较高的发展水平后，这些国家才可能开始重视环境保护，并着手修复由此类发展模式所造成的环境损害，因为届时它们才有"能力"为环境的可持续发展分配必要的资源。②

初看之下，《非洲人权和民族权宪章》（the African Charter on Human and Peoples' Rights，以下简称《非洲宪章》）似乎为缓解发展权与环境权之间的紧张关系提供了一种简明方案。在《非洲宪章》中，环境权并非一项以原始环境为客体的权利，而是指享有"普遍良好的"且"有利于其发展的"环境的权利。③ 此种解读为大量可能引发污染的发展项目提供了存在的合理性，只要它们符合不会对人类福祉造成实质性影响这一前提。④ 这反映了一种高度人类中心主义、高度功利主义的价值取向，即将环境视为优先供人类最大

---

① UN. 2014., "Country Classification", Last accessed 17 October, 2024, https://www.un. org/en/development/desa/policy/wesp/wesp_current/2014wesp_country_classification. pdf.

② 例如，中国式现代化，又称中国模式；See H. Li, "The Chinese Model of Development and Its Implications", *World Journal of Social Science Research*, Vol. 2, pp. 128–138.

③ Organization of African Unity, African Charter on Human and Peoples' Rights, 1986, art 24.

④ African Commission on Human and Peoples' Rights, State Reporting Guidelines and Principles on Articles 21 and 24 of the African Charter Related to Extractive Industries, Environment and Human Rights, 2017, art 28.

限度开发和利用的资源。然而，基于此种发展观的误导，地球正遭受着日益严重的破坏，进而导致环境正面临着长期的、潜在的且不可逆转的损害。一些学者及环保人士担忧，这种趋势将可能导致人类社会秩序的崩溃。①

因此，决策者、法官和学者们亟须重新审视与发展相关的概念、实践以及法律内涵。在20世纪后期，人们认识到，自工业革命以来一直沿用的剥削性发展模式已经难以为继，因为它既不具有可持续性，也不适用于资源有限的世界，于是，可持续发展理念应运而生。② 在这一新兴理念中，发展不再局限于纯粹的经济增长和财富积累，而是扩展到了社会和环境两个维度。③ 然而，当前对可持续发展的普遍理解仍保留了部分财富型发展模式的基本原则，即依旧将环境资源视为可供长期开发利用的对象，只是延长了开发所需经历的周期。与此同时，对"发展"一词的解读也仍然围绕着无限经济增长这一核心目标，尽管这个目标显然是不切实际的。④《非洲宪章》所构建的非洲人权制度，是少数几个明确规定了可强制执行的发展权⑤与健康环境权的国际法律框架之一，它或许能够在某种程度上提供一种除了牺牲环境来换取经济增长之外的范式选择。

---

① Noam Chomsky. 2018. ，"We are Destroying the Environment for Organized Human Life"，Last accessed 17 October，2024，https://www.youtube.com/watch？v = F8v_ - uagsrY%26list = PL0F1F946BD995C654%26index = 141.

② See World Commission on Environment and Development，*Our Common Future*，Oxford University Press，1987；UN General Assembly. 1992，"Rio Declaration on Environment and Development"，Last accessed 17 October，2024，https://www.un.org/en/development/desa/population/migration/generalassembly/docs/globalcompact/A_CONF. 151_26_Vol. I_Declaration. pdf.

③ 所谓可持续发展的"三重底线"。See World Commission on Environment and Development（WCED），*Our Common Future*，Oxford University Press，1987.

④ 例如，参见斯派泽等《可持续发展矛盾论：量化和模拟可持续发展目标的不兼容性》，《可持续发展与世界生态学国际杂志》2017年第24期，其中对联合国可持续发展目标"将经济增长和消费作为发展的手段"进行了批评；另外参见非洲联盟《2063年议程：我们想要的非洲》其中有关经济增长和自然资源开发的内容，https://au.int/sites/default/files/documents/33126-doc-framework_document_book. pdf，最后访问时间：2024年10月17日。

⑤ 虽然发展权既被视为一项人权，也被视为一项国家权利，且当后者上升到国际层面时，往往需要将国际合作和全球经济秩序等要素也纳入考量，但本文主要关注发展权作为一项人民可以向自己国家主张的权利。See UN General Assembly，Declaration on the Right to Development，1986，art 3-4；M Kanade. 2020. ，"The Right to Development and the 2030 Agenda for Sustainable Development"，Last accessed 17 October，2024，https://www.ohchr.org/sites/default/files/Documents/Issues/Development/chapter-3-mihir-kanade-rtd-and-the-sdgs. docx.

本文认为，将发展权与健康环境权割裂开来，形成二元对立的观点从根本上而言是错误的，因为长远来看，抛开环境考量，单独阐释发展权的概念始终是难以自洽的。本文认为，《非洲宪章》及其经非洲委员会和非洲法院作出的解释为重新认识发展确立了重要原则。这些原则指出，发展不应单纯基于经济考量，还应聚焦健康环境中的人类福祉，包括物质、精神、情感和社会等多维度的考量。此外，本文进一步指出，在解释发展权时应充分秉持非洲环境伦理中的核心原则，即在追求发展的同时给予环境必要的关注和尊重。

本文第一部分探讨了《非洲宪章》中关于发展权和环境权保护的具体条款，以及非洲人权和民族权委员会（the African Commission on Human and Peoples' Rights）、非洲人权和民族权法院（the African Commission on Human and Peoples' Rights）及次区域机构在司法实践中对这些条款所作的解释。此部分旨在辨明界定发展权与健康环境权二者关系的基本前提，以此作为解读这两项权利的根本依据，进而探讨（i）非洲法律体系所支持的可持续发展观，以及（ii）非洲法律体系中可能性的经验，用以修正对发展的理解，使其与生态环境的可持续发展相协调。

第二部分和第三部分以非洲土著文化中的"美好生活"概念为基石①，结合当前非洲大陆上的一些真实案例，主张对发展权进行根本性的重新思考。发展权不应单纯被视为融汇了社会和环境保护的经济发展，更应被看作深嵌于环境繁荣中的、有深远意义的人类存在。本文结论部分呼吁对发展权进行法律层面上的重新诠释，并评估这一新理解如何可能影响未来非洲国家的义务，以及未来非洲人权体系下相关案件的审理。

一　发展理念在非洲区域人权体系中的基本前提

本节主要有两个目的：首先通过教义学分析方法，探究非洲人权体系

---

① 美好生活是一个哲学概念，意指人所向往的生活。虽然这个概念最早起源于希腊哲学家的著作，但其他文化中也有类似的概念，例如基于土著传统文化和价值观，并且被写入了厄瓜多尔和玻利维亚宪法中的"buen vivir"（美好生活），以及南部非洲盛行的"乌班图"哲学。

对（可持续）发展的理解，分析过程既包括对核心文献《非洲宪章》的文本解读，也涵盖司法实践中的具体解释；其次，批判性地评估非洲人权体系在重新界定发展概念方面所作的贡献，这一语境下的发展不再仅仅囿于经济和社会发展，而是强调环境可持续性在发展中的核心地位。本节将围绕以下三个维度对发展权和环境权展开讨论：一是《非洲宪章》本身关于发展权与环境权利的具体条款规定，二是区域人权机构（非洲委员会和非洲法院）对二者所作的司法解释与适用，三是西非和东非两大次区域法院的相关判例。

（一）深入解读《非洲宪章》第 22 条及第 24 条

《非洲宪章》第 22 条："（1）一切民族在适当顾及本身的自由和个性并且平等分享人类共同遗产的条件下，均享有经济、社会和文化的发展权；（2）各国均有义务单独或集体保证发展权利的行使。"①

《非洲宪章》第 24 条："一切民族均有权享有一个有利于其发展的普遍良好的环境。"②

初观之下，《非洲宪章》第 22 条规定的发展权虽包括了经济和社会两层内涵，但并未明确要求以环境可持续的方式行使这一权利。然而，一旦在此基础上深入挖掘，我们便可获取诸多论点，用以支持将环境可持续性纳入该条款的解释范畴。

首先，人类共同遗产原则（the common heritage of mankind principle）被解读为包括"各国人民在保护环境和维护人类福祉方面所享有的共同利益"③。从这层含义出发，该原则承认了有限的环境资源应当为全体人类共享。此外，对"遗产"一词的使用还隐含了对后代环境资源需求的关切。因此，人类共同遗产的提法至少蕴含了可持续发展的基本概念。其次，发展权的社会层面包括健康权，而人类健康又建立在健康环境的基础

---

① Organization of African Unity, African Charter on Human and Peoples' Rights, 1986, art 22.
② Organization of African Unity, African Charter on Human and Peoples' Rights, 1986, art 24.
③ RP Arnold, "The Common Heritage of Mankind as a Legal Concept", *The International Lawyer*, Vol. 9, pp. 153–158.

之上。① 再者，鉴于人权相互关联且相互依存，应当将发展权与《非洲宪章》第24条一并解读，因为该条款不仅保护了全体人民享有"有利于其发展的普遍良好的环境"这项权利，还明确指出了发展不得对人民"普遍良好的环境"造成破坏，从而再次强调了可持续发展的基本概念。这些论断至关重要，因为它们为在《非洲宪章》框架内阐释发展权提供了有力支撑，强调了发展权不应仅仅局限于经济和人类发展，至少还应将环境也纳入考量。

为支持这一观点，非洲委员会于《在采矿业、人权和环境问题上根据〈非洲宪章〉第21条和第24条进行国家报告的准则和原则》（State Reporting Guidelines and Principles on Articles 21 and 24 of the African Charter related to Extractive Industries, Environment and Human Rights, 以下简称《国家报告准则》）中，就第24条特别指出："所谓'有利于其发展'的要求，实际上是指环境资源的开发和利用应当遵循可持续发展原则，即在满足当代人发展需求的同时，亦不损害未来世代满足同一需求的能力。"② 这一说明为上述观点提供了有力的佐证。

这种对享有"普遍良好的环境"之权利的解读，与广义的可持续发展理念相契合，即环境资源的开发和利用应在不破坏或不耗尽环境资源的前提下进行。然而，《非洲宪章》第24条的措辞实际上进一步深化了这一理念，因为它将发展的可能性与健康环境紧密地关联在了一起。通过强调"有利于其发展"的环境，《非洲宪章》揭示了若不充分保护环境，发展将无从谈起的内在逻辑。显然，在《非洲宪章》中，发展权与环境权并非二元对立关系。尽管在《国家报告准则》中，该条款被解读为带有环境因素考量的经济发展，但有观点认为，《非洲宪章》也支持对可持续发展进行更全面的解读，即人类生存本身应当深嵌于健康与繁荣的状态（环境福

① African Commission on Human and Peoples' Rights, Communication 155/96: *Social and Economic Rights Action Center (SERAC) and Center for Economic and Social Rights (CESR) v. Nigeria (Ogoniland)*, 2001, para 51.
② African Commission on Human and Peoples' Rights, State Reporting Guidelines and Principles on Articles 21 and 24 of the African Charter related to Extractive Industries, Environment and Human Rights, 2017, art 28.

祉）之中。

以下部分将依次探讨非洲委员会、非洲法院以及次区域法院在司法实践中对发展权和环境权所作的解释，以及这两项权利的潜力是否在这过程中得到了充分发挥。

（二）非洲区域机构的司法判例

在为数不多的几件国家间来文中，非洲委员会认为布隆迪、卢旺达和乌干达侵犯了发展权，理由是这些国家侵犯了刚果民主共和国（the Democratic Republic of the Congo，DRC）"自由处置其天然财富和自然资源"的权利（《非洲宪章》第21条所保护的一项独立权利）。[1] 正如坎加（Kamga）和福巴德（Fombad）所指出的那样，这一案例"凸显了人权的普遍关联性，尤其是展示了'发展权'作为一项多维度的人权，应当以此方式加以处理"[2]。此外，作为发展权组成部分的自然资源处置权，在生态可持续性方面，可能具有加强或削弱的双重作用。一方面，该权利若侧重于"自然资源"的"处置"，则可能削弱生态可持续性，因其隐含了将自然环境简化为经济"资源"，并进一步假设人民的自然禀赋为其私有财产，任由其按个人意愿使用（或处置），从而对人民对其自然遗产的处置行为乃至破坏行为不设限制。另一方面，将决策权交还给人民，而非追求短期政治目标的政客或外部势力，或能激发民众以更为审慎和明智的态度来处置自己及子孙后代赖以生存的自然资源，进而增强生态可持续性。实践表明，环境开发所产生的经济利益往往未能直接惠及土地所在的社区，但与之相关的健康风险和其他福祉方面的损失却多由这些社区承担。因此，鉴于人民直接承受环境退化的负面后果，出于代际公平的考量，将自然资源处置权直接赋予人民，或更有利于环境保护，并能促使人民在发展过程中更多地关注到环境破坏问题。

---

[1] African Commission on Human and Peoples' Rights, Communication 227/99: *Democratic Republic of Congo* v. *Burundi*, *Rwanda*, *Uganda*, 2003, para 95.

[2] SAD Kamga and CM Fombad, "A Critical Review of the Jurisprudence of the African Commission on the Right to Development", *Journal of African Law*, Vol. 57, pp. 196-214.

　　在非洲委员会审理的首批发展权的案件中，印多若斯（Endorois）族诉肯尼亚案是其中极具影响力的一例。该案中，申诉方指控肯尼亚政府未与印多若斯牧民进行充分协商并给予补偿，便将他们从其祖居的土地上强行迁离。① 申诉方强调，印多若斯居民已在该土地上持续生活了数百年之久，直至政府为设立野生动物保护区并授权在该地进行采矿活动，未与印多若斯牧民协商便将其迁离。鉴于印多若斯牧民与土地之间深厚的情感联系②，申诉方指出"印多若斯居民深信，无论死后葬于何处，他们的灵魂都将永存于湖中"，并强调"蒙乔戈伊（Monchongoi）森林就是印多若斯族的发源圣地"。③ 在此基础上，申诉方请求肯尼亚政府归还土地并支付相应赔偿。④ 在讨论发展权时，申诉方援引了阿马蒂亚·森（Amartya Sen）的观点⑤，认为"发展应被理解为通过增强人民的能力和选择机会来增进其福祉"⑥。他们主张，印多若斯居民在发展进程中既未获得有效咨询，也未享有实质性参与，更未能分享到发展成果。肯尼亚政府则主张，印多若斯社区应"致力于增进全社会的福祉，而非仅仅……自私地关注自己所在社区的利益却置其他社区于不顾"⑦。政府进一步提供证据，展示其已采取普及免费基础教育和推动农业复苏的措施，声称这些措施旨

①　African Commission on Human and Peoples' Rights, Communication 276：*Centre for Minority Rights Development（Kenya）and Minority Rights Group International on behalf of Endorois Welfare Council* v. *Kenya（Endorois）*, 2003, para 1.

②　African Commission on Human and Peoples' Rights, Communication 276：*Centre for Minority Rights Development（Kenya）and Minority Rights Group International on behalf of Endorois Welfare Council* v. *Kenya（Endorois）*, 2003, para 16.

③　African Commission on Human and Peoples' Rights, Communication 276：*Centre for Minority Rights Development（Kenya）and Minority Rights Group International on behalf of Endorois Welfare Council* v. *Kenya（Endorois）*, 2003, para 6.

④　African Commission on Human and Peoples' Rights, Communication 276：*Centre for Minority Rights Development（Kenya）and Minority Rights Group International on behalf of Endorois Welfare Council* v. *Kenya（Endorois）*, 2003, para 22.

⑤　See Amartya Sen, *Development as Freedom*, Anchor Books, 2003.

⑥　African Commission on Human and Peoples' Rights, Communication 276：*Centre for Minority Rights Development（Kenya）and Minority Rights Group International on behalf of Endorois Welfare Council* v. *Kenya（Endorois）*, 2003, para 129.

⑦　African Commission on Human and Peoples' Rights, Communication 276：*Centre for Minority Rights Development（Kenya）and Minority Rights Group International on behalf of Endorois Welfare Council* v. *Kenya（Endorois）*, 2003, para 270.

在"提高包括印多若斯居民在内的农村贫困家庭收入"①，并指出野生动物保护区所得收入将被用于资助社区内的发展项目②。

委员会在其裁定中明确指出，发展权兼具程序性与实质性要素，并认同了时任联合国发展权问题独立专家阿尔琼·森古普塔（Arjun Sengupta）的观点，即"选择自由必须作为发展权不可或缺的一部分"③。委员会最终认定，"印多若斯社区成员被告知野生动物保护区的项目即将实施时，后者已是既成事实，社区居民既没有获得参与相关政策制定的机会，也未能明确自身在项目中扮演的角色"④。更重要的是，在印多若斯居民看来，设立野生动物保护区和他们的游牧生活方式并不矛盾。⑤ 这意味着，倘若给予印多若斯居民自主选择的机会，他们极有可能会寻求一种共生的发展模式，即利用野生动物保护区的收益来支撑他们的游牧生活。然而，对于可能对其视为神圣的环境产生负面影响的采矿活动，印多若斯居民将坚决予以抵制。

值得注意的是，尽管肯尼亚政府以项目旨在促进国家发展和社区受益为由抗辩，委员会仍裁定肯尼亚政府侵犯了印多若斯人的发展权。委员会的裁定最终依据的是民众在影响其发展的决策中的参与程度。然而，尽管委员会认同选择自由是发展的核心要素，其裁定却并未实质性地赋予社区自主决定发展形式的自由，这一点在委员会的建议中得到了充分的体现。如果印

① African Commission on Human and Peoples' Rights, Communication 276: *Centre for Minority Rights Development （Kenya） and Minority Rights Group International on behalf of Endorois Welfare Council v. Kenya （Endorois）*, 2003, para 271.

② African Commission on Human and Peoples' Rights, Communication 276: *Centre for Minority Rights Development （Kenya） and Minority Rights Group International on behalf of Endorois Welfare Council v. Kenya （Endorois）*, 2003, para 274.

③ African Commission on Human and Peoples' Rights, Communication 276: *Centre for Minority Rights Development （Kenya） and Minority Rights Group International on behalf of Endorois Welfare Council v. Kenya （Endorois）*, 2003, para 151.

④ African Commission on Human and Peoples' Rights, Communication 276: *Centre for Minority Rights Development （Kenya） and Minority Rights Group International on behalf of Endorois Welfare Council v. Kenya （Endorois）*, 2003, para 281.

⑤ African Commission on Human and Peoples' Rights, Communication 276: *Centre for Minority Rights Development （Kenya） and Minority Rights Group International on behalf of Endorois Welfare Council v. Kenya （Endorois）*, 2003, para 282.

多若斯居民想要获得决定自身发展方式的自由，就意味着必须终止一切与他们意愿相违背的现有经济活动。但委员会的建议仅以肯尼亚政府没有事前充分征求印多若斯居民的意见为由，要求肯尼亚政府向印多若斯社区支付特许权使用费，从而确保后者能够从中分享到利益。[①] 此举反映了地方发展和国家需求间的权衡。委员会虽然通过这种方式承认了地方权利遭受了侵害，但救济措施未及全面恢复和补偿，仅实现了既定发展利益的"公平分配"。[②]

与此同时，委员会也未能就终止采矿活动和恢复受损环境作出任何具体规定。在审议发展权相关问题时，委员会未采纳申诉方有关湖泊与森林神圣性的陈述，因此未就避免发展活动对这些区域造成负面影响作出裁定。在该案中，尽管委员会对发展的阐释并未明确纳入环境方面的考量，但隐含表达了：如果社区的自由选择权和优先知情权能够得到充分保障，那么诸如污染等问题或可得到妥善处置。[③] 值得注意的是，申诉方并未主动寻求环境权受侵犯的认定，这或许解释了委员在此问题上的处理态度。

非洲法院在随后审理的奥吉克（Ogiek）案中，面对类似情境——肯尼亚政府以茂森林（Mau Forest）被划定为水源保护区（reserved water catchment）和政府土地为由将奥吉克社区驱逐出了茂森林——采取了不同的路径。[④] 此案中，原告明确提出在茂森林内实现环境友好型可持续生计的主张，强调"……奥吉克人民自古以来便居住在茂森林里，利用其中的各种自然资源，例如蜂蜜、植株、树木和野生动物等动植物，来满足他们在食物、衣物、药品、住所等方面的需求。这种资源利用方式是可持续

---

① 委员会建议国家归还印多若斯居民的祖居土地，确保印多若斯居民能够不受限制地进入博哥利亚湖区（Lake Bogoria），同时向社区支付补偿金，并为现有的经济活动支付特许权使用费；参见同上的"非洲委员会的建议"。

② 委员会通过引用非洲经济委员会的《非洲人民参与发展和改革宪章》（African Charter on Popular Participation in Development and Transformation）来佐证这一做法的合理性，该宪章强调了"利益分享"的重要性；African Commission on Human and Peoples' Rights, Communication 276：*Centre for Minority Rights Development（Kenya）and Minority Rights Group International on behalf of Endorois Welfare Council v. Kenya（Endorois）*，2003，para 295.

③ African Commission on Human and Peoples' Rights, Communication 276：*Centre for Minority Rights Development（Kenya）and Minority Rights Group International on behalf of Endorois Welfare Council v. Kenya（Endorois）*，2003，para 293.

④ African Court on Human and Peoples' Rights, Application 006/2012：*African Commission on Human and Peoples' Rights v. Kenya（Ogiek）*，2017，para 3.

的，并未导致对茂森林的乱砍滥伐或肆意破坏"①。

或许是从印多若斯案中吸取了教训，奥吉克案的原告请求法院裁定撤销涉案土地上设立的全部所有权和特许权，并将茂森林归还给奥吉克居民，由居民们自行决定如何处置。同时，他们还要求肯尼亚政府赔偿因驱逐等行为导致的损失，并设立一项有利于奥吉克社区发展的基金。② 除此之外，原告还进一步主张通过立法手段来承认奥吉克居民就"涉及奥吉克祖居土地上的开发、保护或投资项目"享有实质性参与协商和保留同意的权利。③ 原告强调，肯尼亚政府既不允许奥吉克居民自主决定其优先发展事项和具体发展战略，也不允许他们通过自己的机构积极参与和管理相关发展项目，这些行为均侵犯了奥吉克居民的发展权。④ 但肯尼亚政府反驳称，原告未能证明"肯尼亚政府在实施对奥吉克居民有益的发展方案时存在失误"，也未能提供有效证据来证明他们遭受了歧视或被排除在项目之外。

就发展权作出判决时，法院一反常态地并未援引非洲委员会的既有判例，而是依据了《联合国土著人民权利宣言》（United Nations Declaration on the Rights of Indigenous Peoples，UNDRIP）。法院特别援引了 UNDRIP 第 23 条，该条认为"土著人民有权决定和制定行使其发展权的优先事项和战略"。基于这项条款，法院认定，肯尼亚政府在制定会对奥吉克居民产生影响的方案时，既没有充分征求他们的意见，也没有让他们参与其中，这一做法违反了《非洲宪章》第 22 条的规定。法院保留了接受申诉并就赔偿问题作出单独裁决的权利。截至笔者撰写本文时，该项工作仍未结束。

令人失望的是，上述对发展权的考量皆是浮于表面，并未深入研究非洲人权体系中的既定原则。尽管如此，非洲法院在该案中得出的结论与非洲委员会在印多若斯案中得出的结论在本质上仍具有一致性，即参与权和

① African Court on Human and Peoples' Rights, Application 006/2012: *African Commission on Human and Peoples' Rights* v. *Kenya* (*Ogiek*), 2017, para 43.

② African Court on Human and Peoples' Rights, Application 006/2012: *African Commission on Human and Peoples' Rights* v. *Kenya* (*Ogiek*), 2017, para 43.

③ African Court on Human and Peoples' Rights, Application 006/2012: *African Commission on Human and Peoples' Rights* v. *Kenya* (*Ogiek*), 2017, para 43.

④ African Court on Human and Peoples' Rights, Application 006/2012: *African Commission on Human and Peoples' Rights* v. *Kenya* (*Ogiek*), 2017, para 202.

协商权是发展权的核心组成部分。同时，这两项权利也是健康环境权的既定程序要件。① 值得注意的是，尽管非洲法院和非洲委员会的裁定并没有直接涉及环境退化问题，但二者在裁决中均隐含地指出，国家若履行咨询义务并允许居民有效参与决策，将能够防止因侵犯发展权而导致的负面社会和环境影响。这再次表明，发展权与健康环境权并不冲突。如果受影响的（土著）人民的程序性权利能够得到尊重，那么他们的发展权与健康环境权往往也能同时得到满足。

因此，尽管发展权没有被明确界定为可持续发展的权利，但至少在涉及土著社区权益的相关案件中，存在着这样一种假设②，即满足发展权的各项要素将促成可持续发展的实现。遗憾的是，这一结论的支撑力度不足，因为非洲法院并未明确断言发展权包括受影响的民众对违背其意愿的发展说"不"的权利，而是仅仅强调了在发展过程中必须征求他们的意见。正如非洲委员会在印多若斯案中所秉持的观点一样，受影响的民众有权参与发展模式的决定，但这并不意味着他们能够完全主导发展轨迹。

奥贡尼兰（Ogoniland）案是非洲委员会审理的一系列案件中最具开创性和影响力的范例之一，该案涉及尼日尔三角洲的石油公司在尼日利亚政府的支持下对尼日尔三角洲环境造成的破坏和对当地人民福祉造成的损害。③该案与上述两个案例存在至少两个方面的区别。首先，尽管申诉方声称"奥贡尼兰社区未能参与影响奥贡尼兰发展的决策过程"，但他们并未主张这违反了《非洲宪章》第 22 条，而是依据第 21 条和第 24 条中的相关权

---

① See African Commission on Human and Peoples' Rights, State Reporting Guidelines and Principles on Articles 21 and 24 of the African Charter related to Extractive Industries, Environment and Human Rights, 2017, art 17; Human Rights Council. 2018. , "Report of the Special Rapporteur on the Issue of Human Rights Obligations Relating to the Enjoyment of a Safe, Clean, Healthy and Sustainable Environment", Last accessed 17 October, 2024, https://documents. un. org/doc/undoc/gen/g18/017/42/pdf/g1801742. pdf.

② 在这些案件中，由于环境要素仅被暗示但未被阐明，因此存在这样一种风险：当涉及其他不像土著社区那样与环境拥有紧密联系的受害者时，人们可能就会忽略对环境的保护，因为在这种情况下，人们或许会优先考虑他们认为合适的发展方式。

③ African Commission on Human and Peoples' Rights, Communication 155/96: *Social and Economic Rights Action Center (SERAC) and Center for Economic and Social Rights (CESR) v. Nigeria (Ogoniland)*, 2001, para 1.

利提起了控诉。其次，在前两个案例中，肯尼亚政府的主要目标是保护该地区（尽管实践中的确出现了环境退化和污染的现象），而在奥贡尼兰案中，尼日利亚政府则致力于通过开采石油资源为国家带来经济利益。正如非洲委员会所言："毫无疑问，尼日利亚政府有权开采石油，其通过〔尼日利亚国家石油公司（the Nigerian National Petroleum Corporation，NNPC）〕开采石油产生的收益将用于实现全尼日利亚人的经济和社会权利。"① 从狭隘视角来看，这一行为似乎将整个国家的发展权与受影响社区的健康环境权置于了对立面。或许是基于这一缘由，申诉方决定不主张受害者的发展权遭到了侵犯，而是将论证重心转向尼日利亚政府侵害了居民享有普遍良好的环境这一事实。②

非洲委员会在评估尼日利亚政府是否违反《非洲宪章》第24条时，采纳了亚历山大·基斯（Alexandre Kiss）的观点："一个因污染而退化、因美丽和多样性的丧失而变得面目全非的环境……与普遍良好的生活条件以及……发展是背道而驰的。"③ 非洲委员会据此判定，健康环境权"要求国家采取合理的手段和其他应有的措施来防止环境污染和生态退化，促进保护，并确保自然资源的生态可持续开发与利用"④。这一表述清楚地证实，非洲委员会不仅支持可持续发展原则，因为该原则涉及环境资源的可持续利用，以及环境资源基于子孙后代福祉的保护，还致力于预防环境损害，

---

① African Commission on Human and Peoples' Rights，Communication 155/96：*Social and Economic Rights Action Center*（*SERAC*）*and Center for Economic and Social Rights*（*CESR*）v. *Nigeria*（*Ogoniland*），2001，para 54.

② 然而，即使申诉方没有提出指控，委员会仍应依据其职权范围查明任何可能侵犯《非洲宪章》所保护的人权的行为。See SAD Kamga and CM Fombad，"A Critical Review of the Jurisprudence of the African Commission on the Right to Development"，Journal of African Law，Vol. 57，pp. 196-214. 该篇作者在这方面得出的结论是："委员会因此错过了对保护发展权的法律进行动态解读的黄金时期。"

③ A. Kiss，"Concept and Possible Implications of the Right to Environment"，in KE Mahoney and P. Mahoney eds. ，*Human Rights in the Twenty-First Century: A Global Challenge*，Nijhoff，1993，pp. 551，553，quoted in African Commission on Human and Peoples' Rights，Communication 155/96：*Social and Economic Rights Action Center*（*SERAC*）*and Center for Economic and Social Rights*（*CESR*）v. *Nigeria*（*Ogoniland*），2001，para 51.

④ African Commission on Human and Peoples' Rights，Communication 155/96：*Social and Economic Rights Action Center*（*SERAC*）*and Center for Economic and Social Rights*（*CESR*）v. *Nigeria*（*Ogoniland*），2001，para 52.

防止生态退化。尽管非洲委员会的态度尚未达到生态中心主义的地步，但它的确与更广泛意义上的可持续发展理念不谋而合，即人类福祉与环境健康相互依存、密不可分。

在奥贡尼兰案中，非洲委员会明确了国家在平衡发展权和环境权方面的义务。在这种情况下，国家在发展项目中应当发挥的作用包括"……下令或至少允许对受威胁的环境进行独立的科学监测，要求重大工业发展项目在正式启动之前进行环境和社会层面的影响评估，并对评估结果予以公布……为公民提供实质性的机会，使他们能够表达意见，并切实参与到影响社区发展的决策之中"①。

非洲委员会在奥贡尼兰案中通过的可持续发展方案里，参与权和协商权作为发展权的核心要素得到了重申。此外，国家必须在任何发展项目的规划和执行阶段分别采取措施以确保对环境的保护，与印多若斯案中社区自主决定发展形式的做法相比，这显然具有更深入和更全面的考量。通过此举，非洲委员会明确了两点：一是发展项目存在环境层面上的限制，二是进一步确定了防止超出环境边界的程序性要件。此外，委员会还通过综合解读《非洲宪章》的第4条、第6条和第22条，推导出了食物权。值得注意的是，委员会并未将《非洲宪章》第22条所保护的权利列入被侵犯的权利之中。②

非洲委员会在奥贡尼兰案中，就健康环境权的本质以及该权利对发展的意义作了强有力的阐述。然而，当涉及健康环境权的具体运用时，其效果却显得有些不尽如人意。在审理此案的过程中，委员会忽视了受影响民众的意愿，并未对政府开采奥贡尼兰石油资源的权利提出疑问。裁定"仅仅"规定了民众参与开发过程并从中受益的权利，以及实施监督和尽可能治理环境退化的保障措施，但未能充分考虑奥贡尼兰社区可能更偏好的其他发展模式。因此，尽管委员会在理论层面上对发展的环境边界作出了更

---

① African Commission on Human and Peoples' Rights, Communication 155/96: *Social and Economic Rights Action Center* (*SERAC*) *and Center for Economic and Social Rights* (*CESR*) v. *Nigeria* (*Ogoniland*), 2001, para 53.

② African Commission on Human and Peoples' Rights, Communication 155/96: *Social and Economic Rights Action Center* (*SERAC*) *and Center for Economic and Social Rights* (*CESR*) v. *Nigeria* (*Ogoniland*), 2001, para 64 and the 'Holding'.

深入的解读，且与过往案例一样，承认了参与权和协商权这两项程序性权利。但由于政府保留了发展形式的最终决定权，这导致居民在实际参与过程中始终受到限制。

在古门（Gumne）案中，尽管非洲委员会并未认定存在侵犯发展权的情形，但就该权利的内涵提出了深刻见解。[①] 委员会在此案中阐明了两个观点：其一，公平分享资源是发展权的核心要素之一，政府应当承担起确保国家资源在各地区之间实现公平分配的责任；其二，委员会确认了发展权同社会经济权利类似，是一项需要逐步实现的权利。[②]

（三）非洲次区域机构的司法判例

在次区域层面，发展权与环境权之间的关系亦呈现出引人注目的进展。以 SERAP（Socio-Economic Rights and Accountability Project）诉尼日利亚一案为例，该案由西非国家经济共同体（Economic Community of West African States，ECOWAS，以下简称"西共体"）法院审理，案件事实与上述尼日尔三角洲石油污染案相类似。原告指控其"健康权、适足生活水准权以及经济社会发展权"受到了侵犯。[③] 在该案中，西共体法院明确指出了人类福祉深嵌并依赖于环境健康的事实，这与国际法院的观点一致，即环境"并非一个抽象概念，而是人类及其后代的生存空间、生活质量以及身心健康的保障"[④]。尽管原告主张其依据《非洲宪章》第21条、第22条和第24条所享有的权利均受到了侵犯，但西共体法院仅认定尼日利亚政府违反了该宪章的第1条和第24条。[⑤] 然而，在驳回原告提出的关于健

---

① African Commission on Human and Peoples' Rights，Communication 266/2003：*Kevin Mgwanga Gumne et al* v. *Cameroon*（*Gumne*），2009.

② African Commission on Human and Peoples' Rights，Communication 266/2003：*Kevin Mgwanga Gumne et al* v. *Cameroon*（*Gumne*），2009，para 206.

③ *Economic Community of West African States*，*SERAP* v. *Nigeria*，Judgment，ECW/CCJ/APP/08/09，2012，para 4.

④ International Court of Justice，Legality of the Use by a State of Nuclear Weapons in Armed Conflict（Advisory Opinion），1996，para 28，quoted in *Economic Community of West African States*，*SERAP* v. *Nigeria*，Judgment，ECW/CCJ/APP/08/09，2012，para 100.

⑤ *Economic Community of West African States*，*SERAP* v. *Nigeria*，Judgment，ECW/CCJ/APP/08/09，2012，para 120.

康权、发展权以及资源处置权受到侵犯的指控时，西共体法院并未给出具体理由。尤其在发展权问题上，西共体法院指出，尼日利亚实际上已采取一系列措施来"确保区域内的平衡发展"，包括"将该地区产出资源的13%分配给该地区用于其发展"。① 法院似乎认为，只要国家将自然资源开采收益中的一部分用于该地区的发展，便已充分履行了自身在发展权方面的义务。然而令人遗憾的是，西共体法院的观点似乎全然忽略了受影响民众自由选择和参与发展过程的权利。此外，该法院也未能充分认识到，即便居民获得了一定程度上的经济补偿，环境退化对他们造成的影响也是难以弥补的。

　　另一个值得关注的次区域案件是 ANAW（African Network for Animal Welfare）诉坦桑尼亚联合共和国总检察长案，该案就环境权与发展权二者之间的关系得出了开创性的结论。② 此案由东非法院审理，涉及坦桑尼亚政府的一个重大发展项目，即修建一条横穿塞伦盖蒂（Serengeti）国家公园的道路。③ 原告以国家公园项目可能导致大规模且不可逆转的环境及生态退化为由，对该项目提出了异议。④ 被告方则辩称该项目旨在"升级道路，以促进当地两百多万居民的社会经济增长，同时降低当前的运输成本"⑤。该案可以被视作一个在发展利益与环境利益之间存在冲突的典型范例。然而，东非法院在裁定中明确了自身的职责，即"在不妨碍被告促进当地居民经济发展的前提下，防止未来可能发生的环境退化"⑥。法院在裁定中指出，"环境一旦受损，往往难以修复如初"，同时强调其裁定的核心考量在于"环境遭受不可逆转损害的可能性"，而这也构成了贯穿整

---

① *Economic Community of West African States*，*SERAP* v. *Nigeria*，Judgment，ECW/CCJ/APP/08/09，2012，paras 102-103.

② *East African Court of Justice*，*African Network for Animal Welfare*（*ANAW*）v. *The Attorney General of the United Republic of Tanzania*，Ref. No. 9 of 2010，Judgment，2014.

③ *East African Court of Justice*，*African Network for Animal Welfare*（*ANAW*）v. *The Attorney General of the United Republic of Tanzania*，Ref. No. 9 of 2010，Judgment，2014，para 4.

④ *East African Court of Justice*，*African Network for Animal Welfare*（*ANAW*）v. *The Attorney General of the United Republic of Tanzania*，Ref. No. 9 of 2010，Judgment，2014，para 11.

⑤ *East African Court of Justice*，*African Network for Animal Welfare*（*ANAW*）v. *The Attorney General of the United Republic of Tanzania*，Ref. No. 9 of 2010，Judgment，2014，para 22.

⑥ *East African Court of Justice*，*African Network for Animal Welfare*（*ANAW*）v. *The Attorney General of the United Republic of Tanzania*，Ref. No. 9 of 2010，Judgment，2014，para 82.

个判决的"核心逻辑"。① 因此，法院仅认可国家有权"在未来实施对塞伦盖蒂国家公园的环境和生态系统具有正面影响的项目或政策"②。这项裁定意义非凡，它权衡了道路建设带来的短期经济利益和给环境带来的长期负面后果，并据此认定发展权中的"发展"一词应仅限于不会对环境造成不可弥补的损害的发展模式。此外，该裁定还认可了寻求替代方案以规避破坏性发展项目的可能性，具体到该案中，即考虑将道路规划调整为绕行国家公园，而非直接穿过它。同时，这一裁定还支持了非洲委员会在奥贡尼兰案中确立的原则，即环境考量可以且应当作为限制发展项目实施的严格依据——这一做法实际上等同于承认了可持续发展权。

到目前为止的讨论表明，在非洲人权体系下，发展权与享受普遍良好的环境权并不矛盾。此外，与受影响的群众进行有效协商，允许他们参与到发展的决策过程中来，在许多情况下可以避免这些决策导致环境退化。不过，政府在这个过程中同样发挥着重要作用，即通过开展科学监测和影响评估来确保这些发展项目不会引起环境退化。下一节将具体阐述支持将发展权视作生态可持续发展权的主要论点。

二 发展权是一项享有人类环境福祉的权利

综观非洲人权机构作出的判例，可以看出它们原则上都倾向于支持这样一种观点，即《非洲宪章》中规定的发展权并不必然与享有健康环境权相对立。这些机构承认，环境考量可以作为限制发展项目实施的合法依据，并规定各国在发展过程中若造成环境退化，就应当承担起恢复环境的责任。在 ANAW 案中，基于可持续发展原则的环境考量被赋予了超越国家经济发展目标的优先地位，这充分说明了环境考量作为限制发展项目实施的依据是合理的。然而，在其他判例中，基于环境权对发展项目实施的

---

① *East African Court of Justice*, *African Network for Animal Welfare*（*ANAW*）*v. The Attorney General of the United Republic of Tanzania*, Ref. No. 9 of 2010, Judgment, 2014, para 85.

② *East African Court of Justice*, *African Network for Animal Welfare*（*ANAW*）*v. The Attorney General of the United Republic of Tanzania*, Ref. No. 9 of 2010, Judgment, 2014, para 86（emphasis added）.

限制就显得没那么明确了。这或许是因为 ANAW 早在国家正式开始实施发展项目之前就已经提起了诉讼。相较之下，在印多若斯案和奥贡尼兰案中，国家设立的发展目标自始至终都没有受到质疑，除了在发展过程中会采取一些措施来治理环境以外，这些项目的实施都近乎畅通无阻——而社区居民却只能分享发展所带来的利益，无法真正参与到发展决策的制定过程中来。

尽管非洲人权机构对发展权的解释已经远远超越了将之简单等同于经济财富积累的狭隘视角，但该解释整体上仍未能摆脱人类中心主义的倾向。在发展的语境下提及环境时，环境往往被单一地概念化为"资源"供消耗和使用，以确保发展的顺利推进，却忽略了环境本身应有的保护价值。然而，在发展权与健康环境权之间建立起二元对立从根本上而言是错误的，因为从长远角度来看，若是没有环境作为支撑，人类的文明和福祉都将难以为继。地球界限模型（planetary boundaries model）是支持该观点的一个重要科学方法。2009 年，约翰·罗克斯特伦（Johan Rockström）率领环境科学家团队首次定义了九大地球界限，为地球系统提供了一个框架，而框架又进一步为人类提供了"安全运行空间"（safe operating space）的范围标准，一旦超越这一边界，地球不稳定的风险就会变高，"适宜人类发展的类全新世（Holocene-like）状态就会显著恶化"[1]。拉沃斯（Raworth）特别指出，在九个地球界限中，有四个 [生物多样性丧失（biodiversity loss）、土地利用变化（land conversion）、气候变化（climate change）以及氮磷负荷（nitrogen and phosphorus loading）] 已经严重超标，且尽管空气和化学污染的存在几乎已是既定事实，但目前仍缺乏充足的数据来进行有效评估。[2] 因此，迫切需要在地球界限的概念框架下探索发展的不同

---

[1]　RE Kim and LJ Kotzé, "Planetary Boundaries at the Intersection of Earth System Law, Science and Governance: A State of the Art Review", *Review of European, Comparative and International Environmental Law*, Vol. 30, pp. 3–15.

[2]　See W. Steffen et al., "Planetary Boundaries: Guiding Human Development on a Changing Planet," *Science*, Vol. 347, pp. 736–747; See K. Raworth, "Doughnut Aconomics: Seven Ways to Think like a 21st Century Economist", *Random House*, 2017. 其他尚未超越边界值的地球界限分别是全球淡水使用（freshwater withdrawals）、海洋酸化（ocean acidication）和平流层臭氧消耗（ozone layer depletion）（后者的状况在近年来有所改善）。

范式。

在某些情形下，现有的判例确实突破了这一狭隘视角，这一点在奥贡尼兰案与 ANAW 案中尤为显著，非洲委员会和非洲法院同时从"功能价值"和"内在价值"两个角度展现出了对环境进行构想的意愿和能力。① 当此类平衡达成时，其核心要点在于凸显"人的因素（人类健康与福祉），既要本着可持续发展的精神实施代际保护，也要在基于促进人类发展的资源利用与基于实现可持续发展的资源保护之间寻求平衡"②。归根结底，这些司法机构的目的无非是在这二者之间求得平衡：一方面，满足非洲大陆的发展需求，以提高所有居民的生活质量；另一方面，确保当地社区以及未来世代能够有效保护环境，避免造成不可挽回的损害，同时致力于恢复已经退化的环境。如此一来，这些判例为拓展对发展的理解提供了新的可能性，即发展不应仅限于人类福祉，还应涵盖我们作为人类深嵌于其中的生态系统与自然环境健康。例如，前文提及的 SERAP 案就认可了人类与一个生机勃勃、相互联系的环境之间存在的嵌入性（embeddedness）关系。

第一个展现出上述可能性的是有利于发展的健康环境权，在奥贡尼兰案中，该权利被广泛地解释为包括"预防环境污染和生态退化、促进环境保护并确保生态上的可持续发展"在内的责任。③ 这一解读为质疑那些对环境造成了实质性影响且未以可持续方式实施的发展项目提供了坚实的法律依据。在 ANAW 案中，这种可能性通过禁止以当前形式继续实施一项超大规模开发项目的方式得以体现。然而，在上述两起案件中，环境权在司法机构提供的救济措施上均受到了一定限制：在奥贡尼兰案中，石油开采行为本身并未受到质疑；在 ANAW 案中，那些未来对环境影响较小的项目仍

---

① LJ Kotzé and E. Grant, "Environmental Rights in the Global South", in P. Cullet and S. Koonan eds., *Research Handbook on Law*, *Environment and the Global South*, Edward Elgar, 2019, p. 86, p. 97.

② LJ Kotzé and E. Grant, "Environmental Rights in the Global South", in P. Cullet and S. Koonan eds., *Research Handbook on Law*, *Environment and the Global South*, Edward Elgar, 2019, p. 94. 尽管其中所述内容是基于南非的法律体系，但也广泛适用于上述讨论的区域判例。

③ African Commission on Human and Peoples' Rights, Communication 155/96: *Social and Economic Rights Action Center* (*SERAC*) *and Center for Economic and Social Rights* (*CESR*) v. *Nigeria* (*Ogoniland*), 2001, para 52.

被允许继续实施。尽管如此，前文提及的可能性仍具有重大意义。

与此同时，还存在着第二个将发展权重新定义为可持续发展权的契机，这就要追溯回印多若斯居民与奥吉克居民在各自案件中所作的陈述。他们强调自己与环境之间存在着深厚的个人联系，将环境视作他们必须与之和谐共处的神圣空间（sacred place）。这清楚地表明了在非洲大陆，将发展视为人类与环境的共同繁荣的理念并不新奇。尽管案件原告是当地土著，与作为他们生存基础和社会文化载体的土地之间存在着尤其密切的联系，但正如下一节所述，非洲的环境关系伦理同样对以功利主义为主导的环境观提出了挑战。①

三 非洲环境伦理原则

在贝伦斯（Behrens）看来，作为一种非洲世界观的"乌班图"（ubuntu），不仅在非洲南部颇受推崇，其核心理念也在整片非洲大陆上一度盛行，即"一个人唯有通过与他人建立联系，方能成就其完整、真实或是正直的人格"②。这一世界观同样适用于人际关系以外的其他关系，因为非洲文化认为万事万物都是相互联系的，"人类的福祉离不开我们倚赖并与之依存的万物，尤其离不开全人类都赖以生存的直接环境（immediate environment）"③。然而，贝伦斯也敏锐地指出，尽管"乌班图"理念强调了人类与环境之间的紧密联系，但这种解释可能仍带有人类中心主义的色彩。一旦环境平衡被打破，人类的生存和福祉就都有可能受到威胁。不过，非洲文化在承认人类对土地存在依赖的同时，还融入了对自然的尊

---

① 尽管非洲是一个拥有众多文化形态和道德体系的大洲，但此处还是借鉴了一些普遍程度上共通的原则。K. Behrens, "Exploring African Holism with Respect to the Environment", *Environmental Values*, Vol. 19, pp. 465–484.

② K K. Behrens, "Exploring African Holism with Respect to the Environment", *Environmental Values*, Vol. 19, p. 468.; SAD Kamga, "Realizing the Right to Development: Some Reflections", *History Compass*, Vol. 16, p. 5. 他还认为，"非洲国家也应该被允许依靠被他们称为乌班图的人道主义哲学"来实现发展权。

③ MF Moruve, "An African Commitment to Ecological Conservation: The Shona Concepts of Ukama and Ubuntu", *Mankind Quarterly*, Vol. 45, pp. 195–196, quoted in K. Behrens, "Exploring African Holism with Respect to the Environment", *Environmental Values*, Vol. 19, p. 469.

重，从而使环境的内在价值超越了其工具价值。^① 在这一方面，贝伦斯特别引用了生活在埃塞俄比亚的奥罗莫（Oromo）居民的智慧作为例证，他们"不仅将正义、正直和尊重视为人类的美德，同时也将这些美德延伸到了非人类物种和地球母亲的身上"^②。

在非洲大陆上，还存在着诸多基于与环境，尤其是基于与神圣空间的密切关系而形成的环境伦理实例。^③ 例如，伯纳德（Bernard）就提到在非洲南部班图语社区（Bantu-speaking groups）的传统观念里，社区居民会将水源、河岸带同水神联系起来，赋予这些区域神圣性，认为"农林业和水坝建设项目所导致的环境退化"对这些神圣空间造成了负面影响。^④ 同样地，来自西非的埃内吉（Eneji）及其同事揭示了土著宗教在尼日利亚，尤其是在克里斯河州所发挥的作用。他们认为，土著宗教通过"保护神灵的居所，防止其被公开或被隐蔽地进入、利用和开发，从而在无形中促进了对自然资源的保护和管理"^⑤。在东非，西思雅（Shisia）等人发现，"居住于拉莫吉山（Ramogi Hill）的卢奥（Luo）认为，地球是一个能够自我调节的、复杂的超级有机体，它的生态系统过程（ecosystem process）相互关联，而人作为这个系统的一部分，并非孤立的存在。"^⑥

---

① K. Behrens, "Exploring African Holism with Respect to the Environment", *Environmental Values*, Vol. 19, pp. 470-471.

② W. Kelbessa, "The Rehabilitation of Indigenous Environmental Ethics in Africa", *Diogenes*, Vol. 52, pp. 17-34, quoted in K. Behrens, "Exploring African Holism with Respect to the Environment", *Environmental Values*, Vol. 19, pp. 471.

③ See T. Joffroy, *Traditional Conservation Practices in Africa*, International Centre for the Study of the Preservation and Restoration of Cultura Property Press. 以了解更多来自整个非洲大陆的例子。

④ USDA Forest Service Proceedings. 2003., "Ecological Implications of Water Spirit Beliefs in Southern Africa: The Need to Protect Knowledge, Nature, and Resource Rights", Last Accessed 17 October, 2024, https://www.fs.usda.gov/rm/pubs/rmrs_p027/rmrs_p027_148_154.pdf.

⑤ CVO Eneji et al., "Traditional African Religion in Natural Resources Conservation and Management in Cross River State, Nigeria", *Environment and Natural Resources Research*, Vol. 2, pp. 45-53.

⑥ EW Shisia et al., "Linkages Between Sustainable Biodiversity and Cultural Values: A Case Study of Ramogi Hill Forest and Its Environment", *Journal of Economics and Sustainable Development*, Vol. 9, pp. 82-93.

上述讨论的判例，特别是奥吉克族诉肯尼亚政府一案中，奥吉克原有居民主张的通过维持与环境和谐共处的传统生活方式以实现对森林区域的可持续利用，构成了在不诉诸破坏性采掘主义（destructive extractivism）的路径下达成发展目标的典范。另一范例则发生在位于南非的索洛本尼（Xolobeni）社区，在该社区涉及的一个由南非宪法法院审理的开创性案件中，社区居民选择了可持续旅游业，并将其视为一种既具有文化适宜性，又不失环境友好性的发展形式。① 在此案中，该社区坚持将"保护自然美景和生态多样性的旅游业和生态旅游业"作为推动该地区发展的基石，而非通过允许一家澳大利亚公司在当地开采富钛沙的方式来实现发展。② 南非宪法法院特别提到了印多若斯案和奥吉克案中有关被咨询权的内容。③ 法院最后得出结论，"因此，本案原告有权决定土地的处置方式"，且未经其"充分知情和同意"，不得在土地上进行任何开发活动。④

非洲伦理对于重塑发展权的概念具有重要意义，其原因主要包括以下几点。首先，非洲伦理强调尊重自然环境，乌班图人与奥罗莫人将自然环境视为"人"或"存在"，甚至是灵魂、祖先与神明的神圣栖息地。这一观念彻底颠覆了西方主导的自然环境为人类所控制和拥有的观点，进而引发了对"发展"这一概念的重新界定。显然，将非洲环境伦理的原则融入发展，将衍生出一种更加偏向生态中心主义的方法，而这种方法也必然会对普遍可接受的发展的含义、形式以及手段施加限制。其次，这些古老的思想与现代地球系统科学以及复杂系统的最新理解高度契合，相较于工业时代的剥削性发展模式更具前瞻性。卢奥人的世界观以及地球界限模型都将环境视作一个错综复杂且相互关联的系统，这为上述观点提供了有力的佐证。鉴于过去与未来之间存在的紧密联系，我们应当重视前工业化时代

---

① *The Constitutional Court of South Africa*, *Baleni and Others v. Minister of Mineral Resources and Others*, 2019.

② *The Constitutional Court of South Africa*, *Baleni and Others v. Minister of Mineral Resources and Others*, 2019, para 12.

③ *The Constitutional Court of South Africa*, *Baleni and Others v. Minister of Mineral Resources and Others*, 2019, para 82.

④ *The Constitutional Court of South Africa*, *Baleni and Others v. Minister of Mineral Resources and Others*, 2019, paras 83–84.

对人与自然和谐共处以及美好生活本质的深刻见解，并汲取其中可能获得的灵感和启示。

从本节可以清晰地看出，在非洲大陆，将发展视为人类与环境共同繁荣的理念并非源自外部，而是深受非洲世界观、伦理以及宗教的强烈支持。卡姆加（Kamga）提倡借助本土知识体系来阐释和理解人权，他指出，"如果能够依靠本土知识体系来补充法律体系上的不足，从而促进人权尤其是发展权的落实，那么就应该允许当地社区依靠这些知识"，因为公认的标准在人权政策的合法化方面往往能够起到关键性的作用。① 尽管在将非洲环境伦理原则融入 21 世纪法律体系的具体路径上，尚需开展更深入的研究和探索，本文在结论部分提出了一些初步的构想。

结 论

本文认为，在发展权和健康环境权之间建立起二元对立从根本上而言是错误的，因为环境健康在促进人类福祉和发展的可能性中发挥着核心作用。本文论证了《非洲宪章》及其经由非洲委员会和非洲法院作出的解释，为重新解读发展确立了重要原则，这些原则促使我们重新审视发展的内涵，强调发展不应仅基于经济考量，还应聚焦健康且普遍良好的环境中的人类福祉。同时，本文还主张在解读发展权时，应对非洲环境伦理中的一些关键要素予以认可，因为这些要素不仅支持以人为本的发展方式，还要求在发展的过程中必须充分尊重和关注环境，将其视为值得尊重的生命系统，而非仅仅作为财富的来源。

目前，仍有两大问题亟待解答：一是这一重新解读对非洲国家未来履行发展权方面义务的重要性何在？二是重新解读后的发展观将对今后非洲人权体系可能受理的案件产生何种影响？

奥贡尼兰案详细阐述了各国在实现普遍良好的环境这一权利时所应当履行的义务，这有力地反映了基于对发展权的全面理解而产生的各项义

---

① SAD Kamga, "Realizing the Right to Development: Some Reflections", *History Compass*, Vol. 16, p. 5.

务。因此，各国在规划发展项目时，有责任确保其不会对环境造成永久性破坏，包括但不限于过度排放温室气体、破坏关键生物多样性以及其他形式的环境损害。同时，各国也有义务充分考虑受影响社区居民的真实意愿，确保他们能够有效进行参与和协商。此外，即便发展项目得到了受影响社区的欢迎，国家仍有额外义务确保不批准任何破坏环境的发展活动。因此，各国在发展项目的初期规划阶段就应当开展广泛的环境影响评估，以确保项目不会对环境造成负面影响。同时，在项目实施期间需持续开展科学监测，项目完成后应及时进行环境修复。① 虽然委员会强调的这些原则主要聚焦享有普遍良好的环境权，但它们同样适用于经修正后的发展观。为了保护环境，国家还应当明确划分出禁止用于项目开发的土地。此外，各国还有义务推行旨在实现全面可持续发展的总体发展政策，这也是国家为了落实发展权所应尽的义务之一。

就前文提到的古门案而言，国家肩负着逐步实现发展权的义务。② 从全面发展的角度来看，这一义务不仅要求国家逐步确保在其领土范围内为不同地区的发展项目提供资金，还应当逐步确保会将对环境造成破坏的项目替换为具有长期可持续性且不会侵犯人们环境权的发展项目。③ 此外，即使原告在非洲委员会面前未曾控诉某项权利遭受了侵犯，委员会仍有权在审查相关事实后，就侵权行为作出裁定。这是委员会在将发展权和环境权关联到一起时，应当一贯运用的一项权力。另外，在更全面地理解了健康环境权的基础上，委员会和法院或可采取另一种回应方式，即通过建议或裁定的方式来提供救济措施。正如上述案例中提到的，在奥贡尼兰案和印多若斯案中，虽然社区在参与发展过程的权利获得了认可，但实际上，

---

① 这一观点得到了国家报告准则的证实；See African Commission on Human and Peoples' Rights, State Reporting Guidelines and Principles on Articles 21 and 24 of the African Charter related to Extractive Industries, Environment and Human Rights, 2017, art 27.

② African Commission on Human and Peoples' Rights, Communication 266/2003：*Kevin Mgwanga Gumne et al. v. Cameroon* (*Gumne*), 2009, para 206.

③ See, e. g., East African Court of Justice, *African Network for Animal Welfare* (*ANAW*) v. *The Attorney General of the United Republic of Tanzania*, Ref. No. 9 of 2010, Judgment, 2014, para 86. 东非法院裁定坦桑尼亚不得修建横穿塞伦盖蒂公园的道路，且只能实施不会对环境造成破坏的项目，例如在这个生态脆弱的公园附近进行建设。

受影响的社区仍无法要求停止破坏环境的项目，也无法促成环境的恢复。因此，司法机构和准司法机构应当提供更强有力的救济措施，不应局限于保障受影响民众的咨询权和获得发展利益的权利，还应当明令停止这些会对环境造成损害的项目，并遵循包容性过程（一个涉及所有相关方参与和贡献的过程，以确保所有人的需求和利益得到充分考虑）来甄选具有环境可持续性的发展项目。

不言而喻，发展权的解释路径须根据当下的具体情境与案件的具体状况灵活调整。然而，非洲国家在落实发展权，以及非洲人权机构在解释发展权时，应当始终坚持以下几点原则：首先，必须以符合当地环境伦理的方式来彰显对自然环境的深切尊重；其次，认识到破坏环境的项目会对人类福祉造成长期负面影响，进而拓宽对发展权的界定，使之涵盖人类福祉、环境可持续性和环境保护；再次，应强调《非洲宪章》所保护的各项人民权利之间的内在联系，尤其是发展权与环境权之间的相互关联性；最后，应逐步摒弃那些破坏环境的发展模式、项目以及政策，促进环境和社会的可持续发展。

《人工智能伦理问题建议书》及其
对我国科技伦理治理的启示[*]

朱力宇　胡晓凡^{**}

摘　要：联合国教科文组织的《人工智能伦理问题建议书》是第一部规范人工智能科学伦理的全球性国际文书，提出了人工智能伦理要始终以保护人权、人的自由及尊严为核心价值。本文通过对其制定的背景、过程、内容、意义和作用以及亮点的介绍，探究其确立的伦理规范对我国科技伦理治理的启示。研究发现，《人工智能伦理问题建议书》以软法的形式，结合人工智能动态发展的特点，有效地在国际层面整合有关观点，提出人工智能在教育、科学、文化等领域发展的价值观、原则及政策行动，形成了动态且具包容性的人工智能伦理问题框架。我国科技伦理治理的政策实施和立法可借鉴《人工智能伦理问题建议书》进一步细化，实现科技

　＊　本文是在笔者为中国人权研究会、奥地利奥中友好协会于 2022 年 5 月 10 日举办的"2022·中欧人权研讨会"所提交论文的基础上修改而成的。论文英文版已经于 2023 年 2 月载入奥地利 Bacopa Verlag 出版社的 *Science, Technology and Human Rights—Collected Papers of 2022 China-Europe Seminar on Human Rights* 一书。本文亦是教育部中国联合国教科文组织全国委员会《联合国教科文组织的公约与建议委员会工作机制和我国关于人权来函的应对策略研究》系列课题（2022—2024 年度）的阶段性研究成果，相关前期的中文研究成果已在《人权研究》2022 年第 4 期以《联合国教科文组织〈人工智能伦理问题建议书〉的借鉴启示及其中国贡献——以人权保障为视角》为题发表，特此说明。

　＊＊　朱力宇，中国人民大学法学院教授，人权研究中心学术委员会秘书长，教育部中国联合国教科文组织全国委员会咨询专家；胡晓凡，中国政法大学外国语学院讲师，美国范德堡大学法律博士（J.D.）。

伦理的硬法软法协同治理，促进我国的科技伦理治理体系不断发展与完善。

关键词：联合国教科文组织；《人工智能伦理问题建议书》；人权；人工智能；科技伦理

引 言

2023年10月，习近平主席在第三届"一带一路"国际合作高峰论坛开幕式主旨演讲中提出《全球人工智能治理倡议》，体现出国内和国际对人工智能伦理治理，以及构建科技伦理审查及监督制度的关切。① 2024年7月，中共第二十届中央委员会第三次会议全体通过《中共中央关于进一步全面深化改革　推进中国式现代化的决定》，该决定明确要构建支持全面创新体制机制，深化科技评价体系改革，加强科技伦理治理。②

发展科技要扬长避短，发展其长处，正视其短处。为此，需要制定相应的政策并进行立法。但是，人工智能、云计算等科技快速发展，各国在相关领域的具体实施政策和立法却差距甚大。这些年，已有一些国家和区域性国际组织出台了有关人工智能的规范准则③，但是还缺乏一部在全球范围内规定人工智能发展伦理框架的规范性文书。

2021年，《人工智能伦理问题建议书》（Recommendation on the Ethics of Artificial Intelligence，下文简称《建议书》）的颁布填补了上述国际空

---

① 参见《中央网信办发布全球人工智能治理倡议》，央视网，https://news.cctv.com/2023/10/18/ARTI0i6fesDCp36dd0TmMJCu231018，最后访问时间：2023年10月18日。

② 参见《中共中央关于进一步全面深化改革、推进中国式现代化的决定》，新华社，http://www.qizhiwang.org.cn/n1/2024/0721/c422351-40282041.html，最后访问时间：2024年7月21日。

③ 如德国在2002年颁布的《联邦数据保护法》；美国政府2016年发布的《国家人工智能研发战略计划》；英国政府2017年发布的《发展英国人工智能产业》报告；等等。如欧盟2015年发布的《欧盟人工智能》政策性文件；2018年颁布的《通用数据保护条例》（GDPR）；2019年4月发布的《欧洲人工智能伦理准则》；等等。

白。《建议书》由联合国教科文组织（UNESCO）批准通过。联合国教科文组织是制定科学伦理框架以及协调国际社会各方进行磋商的权威机构，它运用自己的长期经验，充分发挥其全球性、多元化的优势，会集众多国家、国际组织和公共及私营领域众多利益攸关方起草并通过了《建议书》。《建议书》体现了人工智能伦理与人权的紧密关联，能够有效指导各国围绕联合国教科文组织中心领域制定与人工智能相关的政策和法律，鼓励个人、团体、社群、机构和私营部门公司将伦理规范嵌入人工智能系统生命周期的各个阶段，更有效地保护人权。

本文将简要介绍和梳理《建议书》的制定背景、过程，适用范围和主要内容，总结联合国教科文组织《人工智能伦理问题初步研究》（以下简称《初步研究》）①和《建议书》确立的人工智能伦理价值观和原则的重要意义、作用及若干亮点，继而根据《建议书》得出若干启示，围绕贯彻落实我国科技伦理的治理进行探讨。

一 《建议书》的制定背景、过程和适用范围

（一）《建议书》制定的背景

1. 联合国教科文组织关于生物和科技伦理的研究

联合国教科文组织对生物伦理和科技伦理进行了多方面的思考，在国际标准制定与合作中发挥了重要作用，20多年来，其就科技伦理问题提出了许多规范性建议，例如《世界人类基因组与人权宣言》（1997年）、《世界生物伦理与人权宣言》（2005年）、《与气候变化有关的伦理原则宣言》（2017年）、《关于科学和科学研究人员的建议书》（2017年）等②。

---

① 这也是因为笔者的《联合国教科文组织〈人工智能伦理问题建议书〉的借鉴启示及其中国贡献——以人权保障为视角》一文发表时，受篇幅字数的限制，未能够对《初步研究》进行分析。

② 参见《关于拟订人工智能伦理问题准则性文书之适宜性的技术和法律方面的初步研究》，206 EX/42，https://unesdoc.unesco.org/ark:/48223/pf0000367422_chi，最后访问时间：2019年3月27日。

2. 国内外学者关于人工智能伦理的一些研究

《建议书》出台以前，国内学者已就人工智能带来的伦理问题及其对具体政策和法律实施的挑战展开了研究，回应这些挑战越来越成为探讨的前沿和热点。目前，国内学界一些已有的研究围绕不同视角展开，均涉及人权问题。本文仅择其主要者简述如下。

首先，是伦理与人权的关系。伦理是人权的道德基础，是关于道德规范与人际关系的评价。人权首先是道德意义上的权利，也就是说，"人权是一种在道德上具有强烈正当性的权利，或者说，是一种在道德上具有高度优先性的权利诉求"①。有学者指出，随着启蒙时代的"自然权利论"和康德的"理性权利观"作为人权论证的主要方式被提出，人权与伦理学之间实现了逻辑和理论的自洽，人权价值被广泛接受为基准性道德价值，形成了"一种认可每个人价值、尊严和权利的伦理"②。根据这些研究可知，一定的伦理形成了相应政策和法律选择背后的价值观，而包括人工智能在内的科技伦理是指运用道德规范和一定的价值观来约束科技的发展和使用。

其次，是人工智能如何影响基本人权，如生命权、健康权、经济权利、政治权利、文化权利和发展权利等。人权的抽象性导致其在约束科技发展中存在一定的局限性，人工智能的发展也带来了人权伦理的困境、冲突和挑战。例如：人权的人格主体向人工智能扩展的可能性③，算法决策的歧视和对歧视的救济④，个人隐私权、表达自由权利、人性尊严的保障⑤，科学技术的享受权⑥，侵犯发展中国家人民的健康权⑦，

---

① 朱力宇、叶传星主编《人权法》，中国人民大学出版社 2017 年版，第 12 页。

② 参见谌章明《人权与伦理学：科技、尊严与跨文化视野——"第五届人权与伦理学论坛"述要》，《哲学动态》2016 年第 3 期。

③ 参见赵骏、李婉贞《人工智能对国际法的挑战及其应对》，《浙江大学学报》（人文社会科学版）2020 年第 2 期。

④ 参见马长山《人工智能的社会风险及其法律规制》，《法律科学（西北政法大学学报）》2018 年第 6 期。

⑤ 参见陈景辉《人工智能的法律挑战：应该从哪里开始？》，《比较法研究》2018 年第 5 期。

⑥ 参见黄爱教《走向伦理和解的科技与人权》，《人权》2017 年第 2 期。

⑦ 参见齐延平《生物科技对人权的新挑战》，《人权》2013 年第 3 期。

等等。

再次，是探求"科技和人权走向伦理和解"的建构路径，即寻求伦理与法律的结合点以解决科技发展中的人权困境。这些观点包括：立法活动中，将伦理学中的道德因素转化为实然法，促进算法的可解释性；① 司法裁判中避免对人工智能形成依赖，侧重立法中对人工智能的开发与运行程序的事前审查；② 在人权视角下过滤算法可能会依据的歧视性和敏感性词语，使决策符合伦理；③ 不能忽视多方合作制定人工智能法律与伦理规则的重要性。④

最后，国外学者提出的一些观点在我国也有较大影响力。例如，Jobin 定义了以下人工智能伦理原则：透明度（transparency）、公正与公平（justice and fairness）、不伤害（non-maleficence）、责任（responsibility）、隐私（privacy），利他（beneficence）、自由与自治（freedom and autonomy）、信任（trust）、可持续（sustainability）、尊严（dignity）和团结（solidarity）。⑤ 上述原则均直接或间接与人权保障相关。

但是，上述研究的缺憾之一是未与人工智能相关的国际规则紧密相连，无法从全球层面提出人工智能伦理困境的解决方法。简言之，这是缺乏国际性和全球性视角，尚未形成解决人工智能伦理问题总括性的、行之有效的全球标准而导致的。因此，在飞速发展的科技时代，亟须从全球视角整合各方观点，制定国际社会能够达成共识以保障人工智能的发展遵循伦理规范的准则。《建议书》在很大范围和程度上弥补了这一缺憾，也提供了人工智能伦理研究的具体指南。

（二）《建议书》采用的人工智能定义及其与伦理和人权的关系

2019 年 2 月通过的《初步研究》，在《建议书》出台之前就对"人工

---

① 参见孙那《人工智能的法律伦理建构》，《江西社会科学》2019 年第 2 期。
② 参见王利明《人工智能对民法的挑战》，《中国城市报》2017 年 9 月 11 日，第 22 版。
③ 参见高文杰《人工智能的人权逻辑阐释及其伦理秩序建构》，《郑州师范教育》2020 年第 4 期。
④ 参见郑戈《人工智能与法律的未来》，《探索与争鸣》2017 年第 10 期。
⑤ See Jobin A. et al., "The Global Landscape of AI Ethics Guidelines", *Nature Machine Intelligence*, Vol. 1, 2019, pp. 389-399.

智能"的概念进行了界定，并且考察了联合国教科文组织职能范围内的人工智能伦理问题，继而确定了将要拟订的准则性文书，即《建议书》的性质、内容、通用原则和关注的重点领域。①

1. 《初步研究》对人工智能的定义及其与伦理关系的论述

《初步研究》指出，人工智能在最宽泛的层面上可以分为"理论型"或"科学型"，以及"实用型"或"技术型"两大类别。"理论型"或"科学型"人工智能是指"使用人工智能的概念和模型帮助回答与人类和其他生物相关的问题"，涉及形而上学或精神层面的问题，本身具有十分严肃的伦理内涵；"实用型"或"技术型"人工智能则以工程学为导向，创造机器或程序，使其独立执行本需依靠人类的行动。② 《建议书》是根据《初步研究》关于人工智能"理论型"或"科学型"定义的类别来提出其伦理框架的，本文也主要根据这一"理论型"或"科学型"的人工智能定义来进行阐释论证。③

2. 《初步研究》对人工智能伦理与人权关系的论述

由于人工智能伦理框架与人权有紧密的关联，所以联合国教科文组织从多学科、普遍性和整体性的角度出发，在《初步研究》中指出了两个可供借鉴的现有人权框架和倡议。

第一个是《日内瓦原则宣言》提出的倡议。该宣言于 2003 年在信息社会世界峰会上提出，强调"信息和通信技术的使用应符合相关的国际法规，尊重人权和他人的基本自由（包括个人隐私）"④。此外，此

---

① 参见《人工智能伦理问题初步研究》，206 EX/42 Annex, https://unesdoc. unesco. org/ark:/48223/pf0000369455_chi，最后访问时间：2019 年 2 月 26 日。需要强调的是，包括本文在内的对《建议书》的解读，还要依据《初步研究》，例如关于人工智能及其伦理的定义。

② 参见《人工智能伦理问题初步研究》，206 EX/42 Annex, https://unesdoc. unesco. org/ark:/48223/pf0000369455_chi，最后访问时间：2019 年 2 月 26 日。

③ 笔者的另一文也是如此。参见朱力宇，胡晓凡《联合国教科文组织〈人工智能伦理问题建议书〉的借鉴启示及其中国贡献——以人权保障为视角》《人权研究》2022 年第 4 期。

④ World Summit on the Information Society（WSIS）, *Declaration of Principles. Building the Information Society: A Global Challenge in the New Millenium*, accessed on April 20, 2022, http://www. itu. int/net/wsis/docs/geneva/official/dop. html, para. 58.

次峰会还要求政府、私营部门、民间团体等所有利益攸关方进行有效合作。① 联合国教科文组织采用了这种多利益攸关方的方法，负责实施"获取信息和知识"（C3）、"电子学习"（C7）、"文化多样性"（C8）、"媒体"（C9）和"信息社会的伦理问题"（C10）等行动方针。

第二个是 2015 年联合国教科文组织大会第三十八届会议批准的"互联网普遍性框架"和相关的 R. O. A. M. 原则②，其涵盖了人权、开放性、可获取性和多利益攸关方参与等内容③。此外，教科文组织全民信息计划政府间理事会第十八届会议还审议批准了由全民信息计划信息伦理工作组制定的《信息社会伦理守则》。

《建议书》提出的人工智能伦理以上述两个框架和倡议为基础，结合人工智能技术动态发展的特点，提出了人工智能伦理的原则和基本价值观，并针对数据保护、禁止大规模监控、伦理影响评估以及环境保护等人工智能适用的不同政策领域提出了具体的建议。

（三）《建议书》的适用范围

总体而言，《建议书》述及的是与人工智能领域有关且属于联合国教科文组织职责范围之内的伦理问题。具体而言，《建议书》以整体全面多元且不断发展的文化框架为基础，可以指导社会负责任地应对人工智能技术对人类、社会、环境和生态系统产生的已知影响和未知影响，并且将人工智能伦理作为一种系统性规范加以考量，从而为是否使用人工智能技术提供参考。简言之，《建议书》以人的尊严、福祉和防止损害为导向，并立足于科技伦理。

因此，与联合国通过的其他国际规范性文书一样，《建议书》的适用

---

① WSIS, *Tunis Agenda for the Information Society*, accessed on April 20, 2022, http://www.itu.int/net/wsis/docs2/tunis/off/6rev1.html, paras. 51, 52.

② UNESCO, "Outcome Document of the 'Connecting the Dots: Options for Future Action' Conference", https://unesdoc.unesco.org/ark:/48223/pf0000234090, accessed on April 20, 2022.

③ UNESCO, "Keystones to Foster Inclusive Knowledge Societies: Access to Information and Knowledge, Freedom of Expression, Privacy and Ethics on a Global Internet", https://unesdoc.unesco.org/ark:/48223/pf0000232563, accessed on April 24, 2022.

范围并非地域性的，而是全球的人工智能领域，是联合国教科文组织职责范围内的伦理问题。也就是说，其是仅适用于从属于伦理、科技伦理下位概念和领域的人工智能伦理的文书。①

二　《建议书》的主要内容

《建议书》旨在促进和平利用人工智能系统②，是基于全球现有的人工智能伦理框架提出的一部全球公认的准则性文书。《建议书》围绕人工智能伦理的价值观和原则，通过规范人工智能具体实践领域的政策进行落实，同时着重强调包容、性别平等以及环境和生态系统保护等问题。③ 由此可见，人工智能伦理与人权具有十分紧密的关系。

（一）《建议书》中体现的人权价值观

《建议书》在"尊重、保护和促进人权和基本自由以及人的尊严"这一主题之中，分层次提出了与人权相关的人工智能伦理价值观，这些价值观均与人权保护紧密相关。

首先，《建议书》重申了与人权保障有关的基本价值观，即人的尊严构成人权和基本自由这一普遍、不可分割、不可剥夺、相互依存又彼此相关的体系的基础。人的尊严系指"承认每个人固有和平等的价值，无论种族、肤色、血统、性别、年龄、语言、宗教、政治见解、民族、族裔、社会出身、与生俱来的经济或社会条件、残障情况或其他状况如何"④。因此，尊重、保护和促进包括国际人权法在内的国际法确立的人的尊严和权

---

① 强调这一点，是因为本文在第四部分还要与中共中央办公厅、国务院办公厅联合印发的《关于加强科技伦理治理的意见》相联系和结合来研究人工智能伦理的有关问题。

② 参见《人工智能伦理问题建议书》，SHS/BIO/REC-AIETHICS/2021，https://unesdoc.unesco.org/ark:/48223/pf0000380455_chi，最后访问时间：2021年11月24日。

③ 参见《人工智能伦理问题建议书》，SHS/BIO/REC-AIETHICS/2021，https://unesdoc.unesco.org/ark:/48223/pf0000380455_chi，最后访问时间：2021年11月24日。

④ 参见《人工智能伦理问题建议书》，SHS/BIO/REC-AIETHICS/2021，https://unesdoc.unesco.org/ark:/48223/pf0000380455_chi，最后访问时间：2021年11月24日。

利，在人工智能系统的整个生命周期内都至关重要。为了保障人的尊严和权利，《建议书》构建了人工智能系统生命全周期的人权保护，明确了人不应受到人工智能的损害或被迫处于从属地位，且使用人工智能的重要目的是改善人类的生活质量。① 最后，人工智能还应帮助保障特殊群体，既包括弱势群体，也包括处境脆弱的群体的人权。②

此外，《建议书》还明确规定：保护和促进环境和生态系统蓬勃发展；依照国际人权法尊重、保护和促进多样性与包容性，其中包括非歧视、宗教信仰自由和言论自由；人工智能自主决策不得破坏社会的和平、包容、正义与公平。

（二）《建议书》确立的原则

《建议书》基于上述价值观确立了一系列原则，其中包括相称性和不损害、公平和非歧视、隐私权和数据保护、透明度和可解释性、责任和问责以及多利益攸关方与适应性治理和协作等。可以说，《建议书》确立的这些原则，都直接或间接与人权保障和法治相关。

由于篇幅所限，本文仅以责任和问责原则，以及多利益攸关方原则为例加以阐释。人工智能产品与服务的开发、生产、销售和使用会涉及多个主体，在整个生命周期的各个环节都会涉及伦理责任。这对责任的认定、分配和承担构成挑战。此外，当人工智能产品用于行政和司法决策等领域，会对个人权利和社会公平正义产生重大影响。《建议书》聚焦基于人工智能系统做出的决定和行动，指出相关的伦理责任最终都应由人工智能行为者根据其在人工智能系统生命周期中的作用来承担。③ 在责任认定方面，《建议书》提出覆盖人工智能全周期的监督、影响评估、审计和尽职调查机制，确保人工智能系统可审计和可追溯。在问责标准方面，《建议

① 参见《人工智能伦理问题建议书》，SHS/BIO/REC-AIETHICS/2021，https://unesdoc.unesco.org/ark:/48223/pf0000380455_chi，最后访问时间：2021年11月24日。
② 参见《人工智能伦理问题建议书》，SHS/BIO/REC-AIETHICS/2021，https://unesdoc.unesco.org/ark:/48223/pf0000380455_chi，最后访问时间：2021年11月24日。
③ 参见《人工智能伦理问题建议书》，SHS/BIO/REC-AIETHICS/2021，https://unesdoc.unesco.org/ark:/48223/pf0000380455_chi，最后访问时间：2021年11月24日。

书》指出应按照人权规范和标准以及生态和环境保护准则进行追踪和审计，确保人工智能系统的运行符合人权规范，保护生态系统的福祉。本文认为，这一原则为各国人工智能伦理立法融入人权问责标准提供了较为明确的指导，并且强调在人工智能生命全周期进行追溯和监测，提升了责任认定和责任分配的准确性。

《建议书》的多利益攸关方原则提出，在依据国际法尊重隐私权以及其他人权规范和标准的基础上对人工智能利用的数据进行监管时，必须重视不同利益攸关方在人工智能系统整个生命周期的参与。该原则明确了利益攸关方的种类，除了政府、技术界和研究人员，还包括民间社会、学术界、媒体、教育机构、政策制定者、私营部门公司、人权机构、反歧视检测机构及青年和儿童团体等。[①] 多利益攸关方进行治理与协作的具体行为标准，应兼顾技术的变化和新利益攸关方的出现，采用开放式标准和互操作性原则，以促进协作。

（三）《建议书》涵盖的政策行动领域

在人工智能伦理的实践层面，《建议书》基于上述价值观和原则，就一些具体的政策领域，包括伦理影响评估、数据政策、环境和生态系统、性别、文化、教育、健康、社会福利、发展与国际合作等提出建议和指导。相关领域的建议有助于指导会员国出台并实施相应的政策或机制，并确保各利益攸关方遵守和落实。例如，可以鼓励所有利益攸关方根据包括联合国《工商企业与人权指导原则》在内的准则制定人权、法治、民主以及伦理影响评估和尽职调查工具。[②] 值得指出的是，《建议书》专门提出的关于工商企业与人权的上述例证，即企业社会责任的研究，目前在中国已经逐渐成为一个热点。

同样由于篇幅所限，本文仅以伦理影响评估为例。《建议书》提出，

---

① 参见《人工智能伦理问题建议书》，SHS/BIO/REC-AIETHICS/2021，https://unesdoc. unesco. org/ark:/48223/pf0000380455_chi，最后访问时间：2021 年 11 月 24 日。
② 参见《人工智能伦理问题建议书》，SHS/BIO/REC-AIETHICS/2021，https://unesdoc. unesco. org/ark:/48223/pf0000380455_chi，最后访问时间：2021 年 11 月 24 日。

会员国应针对人工智能系统出台伦理影响评估框架，并出台预防、减轻和监测风险的措施以及其他保障机制。此种影响评估应根据《建议书》提出的价值观和原则，确定人工智能对人权和基本自由（特别是但不限于边缘化和弱势群体或处境脆弱群体的权利）、劳工权利、环境和生态系统、伦理以及社会产生的影响，并促进公民的参与。① 具体来讲有三点。一是在数据保护方面，需要确保人工智能的透明度、行动力和对个人数据的控制来保证个体的权益。二是禁止使用人工智能系统进行侵犯人权和基本自由的活动，例如大规模监控。制定监管框架的最终责任和问责必须始终由人类承担，人工智能技术本身不应获得法律人格。三是要通过伦理影响评估，帮助开发和部署人工智能系统的国家和公司评估该系统对个人、社会及环境的影响。这一工具将有助于提高各国机构应对人工智能不利影响的能力，并确保伦理规范在实践中得到遵守。②

可见，《建议书》关注的重点是如何规避人工智能的负面影响，而且要特别关注的是保障某些特殊群体的人权。

三 《建议书》的主要亮点

《建议书》主要有两个亮点。亮点之一是其形式，《建议书》在序言中首先提出要铭记《世界人权宣言》（1948年）、《残疾人权利公约》（2006年）等11个国际人权规范③以及其他一切相关国际文书、建议书和宣言；随后提出又注意到《联合国发展权利宣言》（1986年）、《世界生物伦理与

---

① 参见《人工智能伦理问题建议书》，SHS/BIO/REC-AIETHICS/2021，https://unesdoc.unesco.org/ark:/48223/pf0000380455_chi，最后访问时间：2021年11月24日。
② 参见《教科文组织会员国通过首份人工智能伦理全球协议》，https://zh.unesco.org/news/jiao-ke-wen-zu-zhi-hui-yuan-guo-tong-guo-shou-fen-ren-gong-zhi-neng-lun-li-quan-qiu-xie-yi，最后访问时间：2023年11月25日。
③ 其他9个国际人权规范是《关于难民地位的公约》（1951年）、《就业和职业歧视公约》（1958年）、《消除一切形式种族歧视国际公约》（1965年）、《公民及政治权利国际公约》（1966年）、《经济社会文化权利国际公约》（1966年）、《消除对妇女一切形式歧视公约》（1979年）、《儿童权利公约》（1989年）、《反对教育歧视公约》（1960年）、《保护和促进文化表现形式多样性公约》（2005年）。其中的后两个公约是联合国教科文组织制定的。

人权宣言》（2005 年）等 13 个国际文书、建议书和宣言。① 《建议书》与前述国际文书、建议和宣言一脉相承，从本质上继承并发展了这些国际文件确立的人权精神和人权理论，同时也使人们注意到其采取的形式的特点和优越性，而且其提及的上述国际文书、建议、宣言都是有国际法约束力的。

《建议书》的制定体现出联合国教科文组织积极履行制定宣言、建议书或公约的职能。② 从内容上，《建议书》明确倡议各国在人工智能伦理的价值观和原则的指导下，在实践中紧密关注并践行联合国教科文组织所关注的重点领域的人工智能伦理治理。③ 联合国教科文组织的工作组通过初步研究发现，自 2018 年以来，有关人工智能伦理问题原则的宣言数量日益增多。同时，工作组结合世界科学知识与技术伦理委员会（COMEST）的工作经验，认为相较于上述日渐增多的其他区域性和国际性宣言，制定人工智能伦理问题宣言只能促使会员国就一般性、抽象性的原则达成一致意见，无法将各方所提价值观整合为更具体的指导原则，因此无法达到理想的效果。综合考虑国际社会的政治环境和经济背景，以及其他国际组织（如经合组织）人工智能专家制定的战略，教科文组织决定制定人工智能伦理问题建议书，聚焦文化、教育、科学和传播等领域的人工智能伦理问题，提出具有创新性且实操性强的建议，增强会员国对上述领域人工智能

---

① 其他 11 个文件是《当代人对后代人的责任宣言》（1997 年）、《联合国土著人民权利宣言》（2007 年）、2014 年联合国大会关于信息社会世界峰会审查的决议（A/RES/70/125）（2015 年）、联合国大会关于《变革我们的世界：2030 年可持续发展议程》的决议（A/RES/70/1）（2015 年）、《关于保存和获取包括数字遗产在内的文献遗产的建议书》（2015 年）、《与气候变化有关的伦理原则宣言》（2017 年）、《关于科学和科学研究人员的建议书》（2017 年）、《互联网普遍性指标》（2018 年获得教科文组织国际传播发展计划认可，包括立足人权、开放、人人可及和多利益攸关方参与原则，该原则于 2015 年获得教科文组织大会认可）、联合国人权理事会关于"数字时代的隐私权"的决议（A/HRC/RES/42/15）（2019 年），以及联合国人权理事会关于"新兴数字技术与人权"的决议（A/HRC/RES/41/11）（2019 年）。

② 依据《组织法第 IV 条第 4 款所述向会员国提出建议书和国际公约之程序规则》的规定，联合国教科文大会有权制定宣言、建议书或公约。See Rules of Procedure Concerning Recommendations to Member States and International Conventions Covered by the Terms of Article IV, paragraph 4, of the Constitution, http://portal. unesco. org/en/ev. php-URL _ ID = 21681&URL_ DO = DO_ TOPIC&URL_ SECTION = 201. html, accessed on April 24, 2022.

③ 参见朱力宇、胡晓凡《联合国教科文组织〈人工智能伦理问题建议书〉的借鉴启示及其中国贡献——以人权保障为视角》，《人权研究》2022 年第 4 期。

问题的干预。① 此外，由于人工智能具有快速且非线性发展的特点，所以需要制定可根据人工智能发展进行灵活调整，并符合国际人权标准的具体伦理框架。相较于形式固定且具有法律约束力的公约以及较为概括抽象的宣言，制定建议书更加符合该要求。

亮点之二是《建议书》的软法性质。联合国教科文组织采取建议书而非宣言的形式来规范人工智能伦理主要是考虑建议书虽然不具有约束力，属于国际法中"最软的软法"，但是全球迫切需要寻求一致的立场，解决快速发展的人工智能可能产生的伦理问题，建议书的形式比同样是软法的宣言形式更灵活、具体、具有可操作性，因而也更易于为各国所接受。② 与前一亮点相联系，软法虽然不具有法律约束力，但被视为生命科技领域国际规范形成的最佳形式选择。③ 通过联合国教科文组织等跨文化国际组织整合倡议，可以为人工智能伦理规则在将来发展为习惯国际法或法律一般原则奠定基础。④ 但《建议书》中某些条款实际上也具有强制性和义务性。例如，它重申了人权法的强制性，并强调了国际法义务，在一般性条款中规定《建议书》的实施不得妨碍国际法和人权义务。当然，相较于国内法，国际法在整体上仍然还是软法。在国内人工智能伦理立法的过程中，可以参照《建议书》将某些具有软法性质的建议转化为具有"硬法"性质的法律，为未来将人工智能伦理规则由鼓励性转向制度性奠定基础。⑤

四　《建议书》对我国科技伦理治理的启示

（一）人工智能伦理与科技伦理

目前，中国在科技伦理治理领域面临的重大挑战之一，是仍缺乏一套

---

① 参见《人工智能伦理问题初步研究》，206 EX/42 Annex，https://unesdoc.unesco.org/ark:/48223/pf0000369455_chi，最后访问时间：2019 年 2 月 26 日。

② 参见朱力宇、胡晓凡《联合国教科文组织〈人工智能伦理问题建议书〉的借鉴启示及其中国贡献——以人权保障为视角》，《人权研究》2022 年第 4 期。

③ 参见郝静《生命伦理问题的国际软法规制》，《理论与现代化》2015 年第 2 期。

④ 参见《人工智能伦理问题初步研究》，206 EX/42 Annex，https://unesdoc.unesco.org/ark:/48223/pf0000369455_chi，最后访问时间：2019 年 2 月 26 日。

⑤ 所以，下文将根据《建议书》的有关内容，结合罗豪才教授的软法理论，从其对我国科技伦理治理的启示方面，作出一些评析。

成熟的体系来规制科学技术，包括人工智能发展和应用的潜在风险。① 如前所述，由于人工智能在科技领域极易产生伦理问题，我国一直在推动加强人工智能伦理的法律法规和政策标准的研究工作，并且已出台《网络安全法》《国家信息化发展战略纲要》等法律和规范性文件，对某些人工智能侵犯隐私权的伦理问题进行了规制。但是就人工智能伦理和科技伦理的整体领域而言，具体的政策、立法和规范仍然缺乏。

党的十八大以来，中央组建了国家科技伦理委员会，促进科技伦理治理积极发展。2017年，国务院发布《新一代人工智能发展规划》，明确提出人工智能立法的"三步走"战略。② 该规划为我国人工智能伦理的立法和政策的出台设立了目标。2021年12月，中央全面深化改革委员会第二十三次会议提出建立科技伦理审查和监督制度，明确要提高科技伦理治理的法治水平，加强科技伦理理论的研究。③ 2022年3月，中共中央办公厅、国务院办公厅联合印发了《关于加强科技伦理治理的意见》（下文简称《治理意见》）。《治理意见》在总体要求、明确科技伦理原则、健全科技伦理治理体制、加强科技伦理治理制度保障、强化科技伦理审查和监管、深入开展科技伦理教育和宣传等方面做出了具体部署，为科技伦理规范的具体标准提供了有价值的政策性参考依据。④ 2023年9月，科技部、教育部、工业和信息化部等部门共同颁布了《科技伦理审查办法（试行）》，该办法明确科技伦理治理应坚持促进创新与防范风险相统一，遵循增进人类福祉、尊重生命权利、坚持公平公正、保持公开透明等科技伦理治理原则，并提出设立科技伦理（审查）委员会，明确了科技伦理审查的重点内容与公平、公正、透明、可靠、可控

① 参见金叶子《中办国办发文加强科技伦理立法研究 压实管理主体责任》，《第一财经日报》2022年3月22日，第A02版。
② 参见石育斌、赵海清《人工智能、数字化的立法现状及未来展望》，上海市锦天城律师事务所网站，https://www.allbrightlaw.com/CN/10475/89bec284b38f8c0f.aspx，最后访问时间：2023年7月30日。
③ 参见《加强科技伦理治理务求"系统性"推进》，《经济参考报》官网，http://www.jjckb.cn/2021-12/27/c_1310395858.htm，最后访问时间：2023年12月27日。
④ 参见《科技向善 造福人类——解读〈关于加强科技伦理治理的意见〉》，新华网，http://www.news.cn/politics/zywj/2022-03/31/c_1128521515.htm，最后访问时间：2023年3月31日。《中共中央办公厅 国务院办公厅印发〈关于加强科技伦理治理的意见〉》，新华社，http://www.gov.cn/zhengce/2022-03/20/content_5680105.htm，最后访问时间：2023年3月20日。

等审查标准。此外，该办法还明确了审查程序以及科技伦理审查监管的主体和责任。① 下文将根据《建议书》的启示，对《治理意见》的实施进行探讨。

人工智能伦理是从属于科技伦理的下位概念，也属于后者治理的领域和范畴。《治理意见》明确提出，"十四五"期间重点加强生命科学、医学、人工智能等领域的科技伦理立法研究。② 所以，《治理意见》中的科技伦理及其治理，在整体上可以涵盖人工智能伦理，而在局部上，《建议书》则可以为细化并落实《治理意见》提供价值观和原则，并以人工智能伦理治理为突破口和重点，就具体措施的确定和贯彻实施提供启示和借鉴。

所以，未来我国在人工智能伦理领域具体政策的制定、实施和立法，应借鉴《建议书》的意见，遵循人工智能伦理的国际法律原则和价值观，以及国家层面的政策制定要求。多边主义以及人工智能具有的特点要求一国在制定相关法律时遵循规范性的全球框架协议，开展国际合作。我国作为联合国教科文组织的重要成员国，应该率先借鉴和实施《建议书》提出的价值、原则、基本政策和具体建议，完善科技伦理治理立法和具体的政策规定，以体现我国负责任的大国形象。

针对具体领域的行动，《治理意见》结合我国的国情，增加了深入科技伦理理论研究、压实创新主体科技伦理管理主体责任、加强科技伦理教育、推动科技伦理培训机制化发展的意见。③ 这也呼应了《建议书》提出的具体政策行动领域，有助于向全球展示我国的科技伦理治理观念和实践成果。所以，在今后的国内立法中，可以根据《建议书》的价值观、原则和具体领域的政策行动完善相应的科技伦理规范，保障治理的有效执行。

（二）细化科技伦理审查的评估标准

目前，《科技伦理审查办法（试行）》第 15 条规定的科技伦理审查

---

① 《科技伦理审查办法（试行）》第三章、第四章。
② 《治理意见》第 4 条第（三）段。
③ 《治理意见》第 3 条第（二）段，第 4 条第（四）段。

内容和标准较为原则化，且与人权保护的关系仍需进一步厘清。例如，在实践中如何界定科技活动的社会价值，如何对接我国个人信息保护规定与国际原则，如何判断数据收集、存储、加工、使用等方案是否得当等，都可以通过参照《建议书》中的内容，融入人权要素，细化相应的审查评价标准。例如，目前的科技伦理审查内容包括对个人隐私侵害、违反平等权等情形的审查，但未提及侵犯其他基本人权和自由的类别，例如表达自由、宗教信仰自由等。此外，其也未区分人工智能可能造成的特殊伦理问题，例如算法的运用加深了已有的歧视和偏见，同时产生新的歧视情形，应体现如何在治理过程中区分上述两种情形。在数据保护方面，除《科技伦理审查办法（试行）》第15条第5款规定的国家数据安全审查，还应在伦理风险评估方案中考察人工智能的应用是否会造成大规模监控和社会评分等侵害人权的行为。再如，科技伦理审查应考量人工智能等科技的运用对不同利益攸关方的影响，并纳入科技伦理审查的内容。只有做好这一前期准备，才能为利益攸关方后续参与科技伦理治理奠定基础。

（三）推动制定科技伦理治理的问责标准

《科技伦理审查办法（试行）》第47、48条分别规定了科技活动的承担单位，以及科技伦理（审查）委员会违反审查办法的追责情形，但并未明确科技产品或服务的开发者、生产者、销售者和使用者分别应承担何种责任。应制定覆盖科技产品的研发、生产、销售和使用等各个环节的监督和尽职调查机制，确保责任可追溯。在问责标准方面，也应强调人权并将其细化加入条款内容当中，目前的规定仅限于违反程序准则，即科技活动承担单位造假获得科技伦理审查批准，未获科技伦理审查批准或超出批准范围擅自开展科技活动等。应在科技伦理审查办法中引入人权规范和标准以及环境保护和保障人类健康的准则，针对人工智能等对社会正义产生较大伦理挑战的技术运用，还应该结合现有的《人工智能法（学者建议稿）》，提升人工智能产品用于自动化行政、司法决策中的伦理审查标准和责任认定标准。

值得注意的是，《治理意见》和《科技伦理审查办法（试行）》都属于软法。在科技伦理审查制度发展之初，采用软法的形式可以最大程度减少分歧，达成科技伦理治理原则的共识。但由于缺乏强制力，可能无法有效进行问责，也无法督促企业等主体落实针对人工智能等科技的运用开展的伦理影响评估。所以，应推动软法向硬法的转化，逐步出台强制性法律，明确人工智能等科技的伦理问责标准和机制，保障科技伦理主体切实遵循相关义务，避免人权、环境权等遭受不利影响。

（四）加强人工智能伦理和科技伦理领域的国际合作

《治理意见》提出了"坚持开放发展理念，建立多方协同合作机制进行科技伦理治理，贡献中国智慧和中国方案"这一总体的治理要求①，这与联合国教科文组织《建议书》中的第四个政策领域即"发展与国际合作"是完全一致的。我国可以借鉴《建议书》的相关建议，努力促进人工智能研究和创新方面的国际合作，鼓励在人工智能领域开展技术交流和磋商，通过向中低收入国家提供资金、技术、知识等，弥合地缘技术差距。在国际司法方面，我国法院也应加强对国际法和未来的科技伦理法律的解释，并争取将我国的司法经验加以推广。

近年来，中国在联合国教科文组织中的影响力日益增大。2014 年 3 月，习近平主席和夫人彭丽媛访问了联合国教科文组织总部。在联合国教科文组织的历史上产生了巨大的影响。② 不仅如此，随着中国成为世界第二大经济体，从 2019 年起，中国所缴联合国教科文组织的会费已经排世界第 1 位，占会员国所缴会费总数的近 6%。当然，这也与美国退出联合国教科文组织有关。③ 可以说中国在尊重和保障人权等方面的巨大发展和

---

① 《治理意见》第 1 条第（二）段。

② 在联合国教科文组织的历史上，安理会的五个常任理事国中，除了联合国教科文组织总部所在国法国，中国是唯一由国家元首访问该组织并发表演说的国家。在习近平主席发表演说之外，联合国教科文组织还授予习近平主席的夫人彭丽媛"联合国促进女童和妇女教育特使"的荣誉称号。

③ 联合国教科文组织的会费是根据一国的 GDP 总量、人均 GDP 和发展程度乘以一定的系数确定的。曾经缴纳联合国教科文组织会费最多的美国，在其退出联合国教科文组织前，一度拒绝缴纳会费。2017 年 12 月，美国又一次宣布决定退出联合国教科文组织；从而使中国所缴教科文组织的会费排名世界第一。2023 年 7 月，美国又正式恢复成为联合国教科文组织成员国。但是其所拖欠的会费，并未全部补缴。

进步，得到了国际社会的广泛认可。

国际人权规范是各国处理科技伦理问题的根本价值判断标准。人工智能技术以认知能力为基础，且处于动态的发展变化中，为科技时代带来了更深层次的伦理困境，各国和有关组织从国际层面探寻解决困境的方法势在必行。所以，通过借鉴《建议书》，切实贯彻执行《治理意见》，努力使我国的科技伦理治理观念和实践成为全球范围内的模板。

结　语

《治理意见》提出，科技伦理体系的构建以习近平新时代中国特色社会主义思想为指导，科技活动应坚持以人民为中心，尊重生命权利（包括生命安全、心理健康、人格尊严、个人隐私等），坚持公平公正，坚持公开透明等伦理原则。《建议书》注重人的尊严和人权保护，确立了性别平等、社会正义与发展、身心健康、多样性、互联性、包容性、环境和生态系统保护等准则。由此可见，《建议书》的基本价值观和原则与《治理意见》的指导思想和伦理原则是基本吻合的。

《建议书》明确了人工智能伦理的根本价值判断标准是使人工智能技术立足于基本人权和自由，并兼顾创新和发展。作为第一部规范人工智能科学伦理的国际性规范文书，《建议书》采取软法的形式，在各国共同目标的基础上构建了人工智能伦理框架，有力维护了多边主义。我国积极响应联合国教科文组织的建议，遵循并实施《建议书》中规定的基本价值观、原则及政策行动，出台多个国家层面的科技伦理治理指导文件，推动科技伦理和人工智能伦理的治理，并以积极、开放和包容的态度在全球范围内开展合作，向世界展现了负责任的大国形象。未来，我国可以借鉴《建议书》中的内容，细化科技伦理审查中的人权要素，加强多利益攸关方合作，细化问责标准，进一步完善科技伦理影响的评估和监督机制，实现科技伦理治理的硬法与软法协同立法，促进我国的科技伦理治理体系不断发展与完善。

数字化供应链中的人权尽责：
挑战与应对[*]

唐颖侠[**]

摘　要：人权尽责是《联合国工商企业与人权指导原则》中第二支柱公司尊重人权责任的核心概念，要求所有行业的企业对其自身行为或者供应链中的商业关系进行人权风险的评估和识别，并消除或缓解对人权的不利影响。近年来，欧美发达国家强制性人权尽责立法兴起，强化了企业的人权尽责义务。同时，大数据和人工智能时代的供应链呈现数字化的特点，传统的人权尽责方法在数字化供应链的背景下面临诸多挑战。本文试图归纳人权尽责在数字化背景下的障碍，并从现有人权法与数据法中探索适应数字化供应链的人权尽责方法。

关键词：数字化供应链；人权尽责；工商企业与人权

一　问题的提出

近几年来，互联网、大数据、云计算、人工智能、区块链等科技不断地创新，越来越多地与经济和社会发展的各个方面融合在了一起，其发展速度之快、辐射之广、影响之深远，已经开始对全球要素资源进行重新配置，改变世界经济格局和竞争格局。中国目前正处在数字化转型的重要阶

---

　　*　本文系 2021 年度南开大学文科发展基金一般项目"国际法视域下气候变化诉讼比较研究"（项目编号：ZB21BZ0201）以及 2019 年国家社科基金一般项目"人权法视角下国家适应气候变化的治理策略研究"（项目编号：19BFX207）的成果。

　　**　唐颖侠，国家人权教育与培训基地南开大学人权研究中心副主任、南开大学法学院副教授。

段，《国民经济和社会发展第十四个五年规划和2035年远景目标纲要》对"加速数字化发展，构建数字中国"专门论述，并指出"以数字化转型整体驱动生产方式、生活方式和治理方式变革"。中国的工业数字化改造已经取得了显著的进展。数据显示，截至2021年11月，全国规模以上工业企业中，关键工序的数字化率已达到55%，而数字化研发设计工具的普及率更是高达74.4%。同时，工业互联网平台作为工业数字化转型的重要支撑，其影响力和覆盖面正在不断扩大。目前，具有影响力的工业互联网平台数量已经超过100个，连接的工业设备数量更是超过了7600万台（套）。这些平台的建设和应用极大地促进了产品和服务的数字化升级，降低了生产成本，并催生了新的商业模式。①

基于大数据、人工智能、区块链、物联网等新兴科技而发展起来的数字化供应链，代表着未来世界的发展方向。科学和技术的发展，一方面提高了人类的福利，另一方面，也对人权提出了新的挑战。习近平总书记讲："很多技术都是'双刃剑'，一方面可以造福社会、造福人民，另一方面也可以被一些人用来损害社会公共利益和民众利益。"② 目前，以5G、人工智能、区块链、大数据等信息技术为代表的新一轮科技革命与产业变革正在加快，并已成为推动我国经济和社会发展的重要力量。数字技术的广泛应用，在不断改变人们生活和交往方式的同时，也深刻影响人们的行为、思考方式以及价值观念和道德观念，带来了潜在风险。③ 例如，个人信息和数据泄露带来个人隐私保护风险、算法推荐加剧"信息茧房"④、人工

① 《"十四五"国家信息化规划》，中国政府网，https://www.gov.cn/xinwen/2021-12/28/5664873/files/1760823a103e4d75ac681564fe481af4.pdf，最后访问时间：2022年5月29日。
② 习近平：《在网络安全和信息化工作座谈会上的讲话》，《人民日报》2016年4月26日，第2版。
③ 《〈"十四五"国家信息化规划〉专家谈：加强数字化发展治理，推进数字中国建设》，中国政府网，https://www.gov.cn/xinwen/2022-03/23/content_5680843.htm?eqid=e7e7d98b00032cda00000003647328d5，最后访问时间：2022年5月29日。
④ 〔美〕桑斯坦：《信息乌托邦：众人如何生产知识》，毕竞悦译，法律出版社2008年版。桑斯坦认为，信息茧房以"个人日报"的形式呈现：随着网络技术的发展和信息的急剧增加，人们可以自由选择自己想关注的话题，根据自己的喜好定制报纸和杂志，每个人都可以为自己创造一份"个人日报"。当个体被局限在自我建构的信息环境中时，生活必然会程序化、模式化。桑斯坦指出，在信息传播过程中，公众由于自身的信息需求而被困在"茧室"里。

智能技术带来伦理安全风险，等等。目前，关于数字技术对人权造成的可能影响，已有很多学术研究文献，联合国、欧盟以及部分国家也制定了一些政策文件。① 这些研究集中于算法对人权所造成的危害，例如，在隐私权、表达自由、公平审判、工作、教育、社会保障等方面的侵害，以及侵犯种族、性别、年龄等方面的歧视。现有研究多侧重于从技术角度来应对算法歧视及算法责任，在国际人权法框架下对算法歧视与责任的研究尚处于初级阶段②，而从工商企业与人权的视角研究数字化供应链中的人权尽责则更加少见。

以《联合国工商企业与人权指导原则》（以下简称《指导原则》）为核心的工商企业与人权的国际法规则，构建了"保护、尊重、补救"的框架体系。《指导原则》在 2011 年被联合国人权理事会核可后，受到各国的普遍遵行，逐步演化为该领域的国际软法规范。其中人权尽责是第二支柱企业尊重人权的核心内容。然而，既有工商企业与人权的国际人权法对人权尽责的规则是基于矿产、纺织、食品加工等传统领域的经验，在人工智能与大数据等数字技术的背景下，企业人权尽责将面临何种挑战以及如何

---

① See Council of Europe Committee of Experts on Internet Intermediaries （MSI-NET），"Algorithms and Human Rights：Study on the Human Rights Dimensions of Automated Data Processing Techniques and Possible Regulatory Implications"（March 2018）Study DGI（2017）12；UN Human Rights Council，"Report of the Office of the UN High Commissioner for Human Rights on The Right to Privacy in the Digital Age"（August 2018）UN Doc A/HRC/39/29，paras 1，15；F. Raso et al.，"Artificial Intelligence & Human Rights：Opportunities & Risks"（Berkman Klein Center for Internet & Society at Harvard University，September 2018）；M. Latonero，"Governing Artificial Intelligence：Upholding Human Rights & Dignity"（Data & Society，October 2018）；P. Molnar and L. Gill，"Bots at the Gate：A Human Rights Analysis of Automated Decision-Making in Canada's Immigration and Refugee System"（University of Toronto International Human Rights Program and The Citizen Lab，September 2018）；UN Human Rights Council，"Report of the Special Rapporteur on the Promotion and Protection of the Right to Freedom of Opinion and Expression on A Human Rights Approach to Platform Content Regulation"（April 2018）UN Doc A/HRC/38/35；UN Human Rights Council，"Report of the Independent Expert on the Enjoyment of All Human Rights by Older Persons on Robots and Rights：The Impact of Automation on the Human Rights of Older Persons"（July 2017）UN Doc A/HRC/36/48；D. Allison Hope，"Artificial Intelligence：A Rights Based Blueprint for Business，Paper 2：Beyond the Technology Industry"（Business for Social Responsibility，August 2018）.

② McGregor L. et al.，"International Human Rights Law as a Framework for Algorithmic Accountability"，*International and Comparative Law Quarterly*，（2019）68，pp. 309-343.

应对是值得关注的问题。本文试图探讨在数字化浪潮席卷全球的背景下，供应链的数字化对人权尽责构成哪些新的挑战，以《指导原则》为核心的工商企业与人权领域的既有规则是否足以应对这一科技革命带来的挑战，又将如何构建适应数字化供应链的人权尽责方法。

二　工商企业与人权语境下企业人权尽责的法律框架

（一）国际软法中的人权尽责

人权尽责是企业尊重人权责任的基石，也是《指导原则》最具影响力的贡献。《指导原则》虽然在若干条款中提到了人权尽责，却没有对这个概念作出清楚的界定。在《尊重人权的公司责任：解释性指南》中，联合国人权高级专员办事处对这一概念予以说明："《指导原则》规定，人权尽责是一项不断进行的管理进程，在这一进程中，理性而谨慎的公司应当按照自身的具体条件（如所属行业、业务背景、规模以及类似因素），来尊重人权。"[①]

人权尽责需要企业查明、防止和减轻它们的消极的人权影响，并明确其处理方式。《指导原则》关于人权尽责的规定，为企业提供了一种实用的办法：企业应对人权影响进行评估，确定其业务活动或供应链中存在的人权风险，然后采取适当的管理措施，避免和减少风险和损失，并通过公司的内部措施以及司法和非司法手段，对不可避免的损失进行补偿。这样，企业就能实现对人权的尊重与尽责。

人权尽责有三大特征。首先，是外在的风险管理过程。"风险"在很多企业中都是指企业所面对的财务、市场、经营、信誉等方面的风险。在激烈的竞争中，企业不但要考虑自己在市场上的位置，更要考虑自己的形象与长远发展。所以，企业往往会把注意力集中在自己身上。然而，人权尽责所涉及的风险指的是商业可能对人、环境和社会造成的负面影响，或

---

① Office of the United Nations High Commissioner for Human Rights, *Corporate Responsibility to Respect Human Rights: an Explanatory Guide*, hr/pub/12/02, 2012, p. 6.

者与之直接有关。换句话说，它是通过一种以外部为导向的方法来处理风险。其次，人权尽责具有预防功能。"尽责管理旨在避免对人、环境和社会产生负面影响，并设法防止与经营、产品或服务有关的商业关系所产生的负面影响。如果不良影响无法避免，尽责管理应允许公司减少其负面影响，防止其再度出现，如果有的话，对其进行纠正。"① 最后，尽责管理并非一成不变，而是处于持续、快速响应和持续变动之中。企业要以不断改进系统和流程来避免和消除不良影响为目的。通过尽责的管理程序，能够充分应对环境的变化（例如，政府的管制框架的改变、行业内的新风险的出现、新产品的开发和合作等）所导致的风险状态的改变。

（二）国家层面的强制性人权尽责立法趋势

人权尽责的标准逐步融入各种法律体系，"制定并影响公司经营模式与决定的机构竞相采纳人权尽责标准，已经构成了一个强有力的高压网络，各种行动者置身其中，迫使或鼓励公司尊重人权"②。强制性人权义务是指运用法律手段，迫使公司在发现、防止、减缓和解释其对人权的消极影响时，采取主动行动。③ 以"软法"倡导、自我约束机制为基础的私有自治路径转变为以强制约束为基础的国家管制介入，体现了企业在人权问题上的权利义务。这种趋势与《指导原则》的制定不谋而合，彰显了工商企业与人权议题"软法"硬化的发展趋势。

虽然现行的和处于起草阶段的强制性人权问责立法表面上看似零散，实际上其内在的原则与制度逻辑是一脉相承的，并且有越来越"强"的倾

---

① Organization for Economic Cooperation and Development, *OECD Guide to Responsible Management of Responsible Business Practices*, https://mneguidelines. oecd. org/OECD-Due-Diligence-Guidance-for-RBC-Chinese. pdf, last visited on May 29th 2022.

② See United Nations Human Rights Council, *10 - year Stocktaking of the Guiding Principles on Business and Human Rights*: *Report of the Working Group on Human Rights and Transnational Corporations and Other Business Enterprises*, A/HRC/47/, 2021.

③ United Nations Human Rights Office of the High Commissioner, UN Human Rights "Issues Paper" on Legislative Proposals for Mandatory Human Rights Due Diligence by Companies, https://www. ohchr. org/sites/default/files/Documents/Issues/Business/MandatoryHR_Due_Diligence_Issues_Paper. pdf, last visited on October 7th 2024.

向。第一，该法调整的范围逐渐扩大，从一个单独的问题，如强迫劳工、使用童工或冲突矿物，扩展到多个行业、多个领域，甚至在一些国内立法中也涉及应尽的义务。第二，企业应尽的责任范围日益扩大，从单纯地要求信息披露发展到全面履行人权尽责。第三，从传统的行政处罚向新的民事责任延伸，表明法律责任形式的多样化。第四，尽管两个法案对不同的公司进行管制，但是它们都是针对大企业，而没有把中小型企业包括在内。我们无法期待强制人权尽责的法律能够一次性消除企业所产生的种种消极人权效应，期待过高必然招致失望，但是，在强化企业人权责任追究方面，这是一项关键步骤，有助于结束企业逍遥法外的局面。这种立法倾向，体现出企业和人权问题从以国际准则为基础和自上而下的管理方式，逐渐向国家强制性立法和国际条约程序相互呼应、相互影响的发展过程。

强制性人权尽责的国内法不仅是对《指导原则》这一国际"软法"的本土化转化与执行，更代表了深远的社会和法律趋势。这种转变并非孤立事件，而是与全球范围内关于工商企业与人权问题的对话息息相关。随着这类立法在各国内部扎根并不断完善，它对国际层面的人权条约及其发展也起到了推动作用。同时，通过在国内法与国际法，包括区域性法律框架中形成的融合与联动，这些法律措施为维护和促进人权尽责提供了更为坚实的基础。在区域层面上，美洲人权委员会发布了《工商企业与人权：美洲标准》①，该标准建议其成员国制定强制性的人权尽责措施，以确保企业在商业活动中尊重和保护人权。此举进一步强化了《指导原则》在美洲区域内的影响力，并为其他区域的立法提供了借鉴和启发。在国家层面，联合国人权理事会于2014年设立了一个政府间工作组，其任务是制定一项具有法律约束力的国际文书，要求缔约国实施强制性人权尽责措施。② 可见，在国际法、区域法和国内法中强制性要求企业人权尽责已成

---

① Comisión Interamericana de Derechos Humanos, Informe Empresay Derechos Humanos: Estándares Interamericanos, OEA/Ser. L/V/II, https://www.oas.org/en/iachr/expression/reports/ENGIA2019.pdf, last visited on October 7ᵗʰ 2024.

② 目前，拟议条约的第三版草案已经发布，其中，第6条所规定的预防原则明确了强制性人权尽责立法的要求。详见人权高专办网站，https://www.ohchr.org/en/hr-bodies/hrc/wg-trans-corp/igwg-on-tnc，最后访问时间：2022年5月29日。

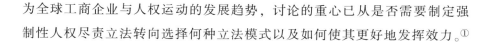

为全球工商企业与人权运动的发展趋势，讨论的重心已从是否需要制定强制性人权尽责立法转向选择何种立法模式以及如何使其更好地发挥效力。①

三　数字化供应链对企业人权尽责的挑战

（一）数字化供应链的特点

物联网、大数据、人工智能等现代技术的出现驱动着数字经济发展，数字化供应链已成为未来的发展趋势。国务院办公厅发布的《关于积极推进供应链创新与应用的指导意见》（国办发〔2017〕84号）明确指出："供应链是以客户需求为导向，以提高质量和效率为目标，以整合资源为手段，实现产品设计、采购、生产、销售、服务等全过程高效协同的组织形态。"传统的供应链可以简单概括为从制造商到最终用户的业务流程中涉及的所有个人、组织及其活动之间的网链结构。数字化供应链就是传统的供应链流程借助数字化技术（物联网、区块链、机器学习、人工智能、预测分析等）来进行，包括需求计划、资产管理、仓库管理、运输和物流管理、采购、订单履行等环节。数字化供应链是网络化、协同化、生态化的。

传统供应链大多采用链式结构，一条完整的传统供应链中，原料供应、制造、仓储、配送、市场等众多相关企业被一根"线"连接在一起，一旦其中一环出现问题，整个供应链就会进入停滞状态。数字化供应链采用的是网状结构，每个节点都有多个企业相互连接，原料、生产、物流、仓储、销售等环节都有多个企业与其他节点连接，当某个企业出现问题，节点中的其他企业能够立刻接替它的位置，重新连通整个数字化供应链。

2005年11月17日，在突尼斯举行的信息社会世界峰会上，国际电信联盟（ITU）发布了《ITU互联网报告2005：物联网》，正式提出了"物联网"的概念。在制造业中，工业物联网（IIoT）平台集成了网络物理系统和数据分析服务。这些平台通常用于两个主要目的：①收集非生产数据以改善工业运营；②搜集与产品有关的资料，延长产品的使用寿命。不管

---

① 唐颖侠：《强制性人权尽责立法的考量因素与类型化研究》，《人权研究》2022年第1期。

是什么用途，它们都允许生产商从供应链中的第三方获取数据，同时，也可以对与产品有关的数据进行实时访问。在传统的商业模式下，大量的数据被分散在不同的供应商、分销商、零售商、服务商之间，而且往往是互不相容的。[①] 算法是人工智能的三个重要基石（算法、运算和数据）之一，是数字供应链的核心。区块链为建立可靠的数字供应链提供了支持。区块链作为一种分布式记账方式，可以利用其本身的技术特征，加强互信、增加透明度、降低商业生态系统之间的摩擦，实现降低成本、提高效率、缩短交易结算时间、提升现金流量，从而重构产业。

在数字化供应链的庞大生态系统中，参与其中的组织和个人正面临前所未有的人权风险。与传统的实物资产相比，数据资产的性质使其具有更高的非竞争性特征，这意味着一个数据可以被多个实体同时访问和利用，而且这些副本可能分布在不同的司法管辖区域内。这种分散性使得数据资产的管理变得异常复杂，因为它涉及跨越国界的数据流动和不同法律体系下的数据保护问题。由于工厂及生产设备等制造资产的地理位置分布广泛，导致原本连接紧密、依赖单一地点的传统制造价值链发生了变化。这种变化催生了新的网络物理供应链，它不仅包含全球范围内的制造业活动，还将各种信息技术和物流服务整合进了供应链之中。在这个网络中，从原材料采购到最终产品交付，每一个环节都可能受到来自不同地理位置的参与者的影响，这对供应链的透明度和可追溯性提出了更高的要求。

（二）对企业人权尽责的挑战

数字化供应链的参与者越来越意识到它们有责任尊重和为侵犯人权行为提供补救措施。[②] 在《指导原则》的框架内，这一责任主要通过要求进行人权尽职调查来履行。然而，在数字化供应链的背景下，人权尽责可能

---

① Ivo Emanuilov, Katerina Yordanova, "Business and Human Rights in Industry 4.0: A Blueprint for Collaborative Human Rights due Diligence in the Factories of the Future", *Journal of Responsible Technology*, 10（2022）, p. 3.

② Robert McCorquodale and others, "Human Rights Due Diligence in Law and Practice: Good Practices and Challenges for Business Enterprises", *Business and Human Rights Journal*, 2（2017）, p. 195, p. 210.

变得更具挑战性。

1. 由第三方数据风险带来新的人权风险

数字化供应链中的数据流动存在两方面的风险。一方面，在企业内部进行数据操作，使信息系统、企业工作人员能够获得敏感资料；另一方面，在数据向外流动的同时，也为供应商及其他合作伙伴提供了访问权限。在供应链中，如果被他人通过网络盗取信息进行攻击，则会引发第三方的数据风险①，从而引发相关的人权风险。这种风险既有数据泄露导致的个人隐私受到侵害的危险，也有数据滥用引发的新的侵权行为。脸书（Facebook）就曾因使用其平台在缅甸造成更大的混乱而受到批评。② 实际上，脸书已经委托商业社会责任组织对其在缅甸开展业务进行了人权影响评估（HRIA），并于2018年10月公开发布了评估报告。③ 该报告宣称，整个人权影响评估进程都是按照《指导原则》开展的，其中包括缅甸的直接利害关系人的意见，并对这些权利持有者所产生的影响进行了分析。但是，这份报告并未顾及数字化所产生的新的人权危险，而且没有根据人工智能产品和业务模式进行人权尽责，因此出现了误判。④ 脸书在缅甸的业务沦为传播仇恨言论和暴力信息的平台，甚至被批评与卢旺达种族灭绝期间无线电广播被用来煽动大屠杀的方式如出一辙。

---

① 由第三方供应商引发的案例并不在少数。2013年，零售巨头Target因第三方暖通空调供应商导致数亿用户信息泄露，预计损失成本2.92亿美元。2014年，美国最大的家居装饰建材零售商德宝Homedepot因黑客利用第三方供应商网络入侵网络并植入恶意程序导致数据泄露，预计损失成本1.98亿美元。2017年7月，由于第三方供应商系统EC安全配置不当，超过1400万Verizon用户的个人数据被泄露。2017年，美国征信巨头Equifax 1.45亿客户的记录被泄露，股价暴跌30%；包括首席执行官在内的许多高管离职，这影响到每一个与Equifax有互动的公司；维萨卡和万事达卡率先宣布，它们的数据可能在Equifax事件中被盗。

② 商务社会责任国际协会（BSR）是一个由专家组成的非营利组织，提供包括人权影响评估报告和可持续发展报告在内的咨询服务，https://www.bsr.org/en/，最后访问时间：2024年10月17日。

③ Business for Social Responsibility（BSR），"Human Rights Impact Assessment: Facebook in Myanmar", *Business for Social Responsibility*, https://about.fb.com/wp-content/uploads/2018/11/bsr-facebook-myanmar-hria_ final.pdf, last visited on October 18th 2024.

④ Mark Latonero & Aaina Agarwal, "Human Rights Impact Assessments for AI: Learning from Facebook's Failure in Myanmar", https://www.hks.harvard.edu/sites/default/files/2023-11/2021_13_facebook-failure-in-myanmar_ 0.pdf, last visited on October 18th 2024.

数字化供应链给传统的供应链管理带来了巨大的变革。由于企业对数据的控制机制不够完善，如何有效地防范第三方风险成为我国供应链数字化转型中最为薄弱的一环。第三方数据风险引发的人权风险加大了企业人权尽责中的风险辨识难度。

2. 商业关系具有不可预测性

在云计算、大数据、物联网、区块链等新兴科技的推动下，数字化供应链不仅改变了实体与网络空间的地理分布，而且使"事前"的权利义务履行变得更加复杂。在传统的供应链中，生产商之间的商业联系是非常清晰的，并且往往是通过长期的合约形式建立起来的。从理论上讲，事前的人权尽责在某种程度上是可以预见的。然而，随着企业不断向数字化供应链转型，传统意义上由单一制造商控制的物理边界开始受到冲击。一个制造商不再能够完全掌控其生产链中的每个环节。由于物理边界被打破，制造商无法确切地了解到那些为它们提供特定部件或服务的具体供应商。与此同时，数据资产成为企业运营中不可或缺的一部分。这些数据资产往往涉及多个交易平台和处理流程，而相关操作常常不具备统一的追踪机制。这给数据的追踪和保护工作增加了极高的复杂性和难度。因此，在数字化时代下，确保数据安全、防止数据泄露变得尤为重要。

3. 多参与方导致责任确定难

即使在传统供应链中也存在"多手"问题①，而数字化供应链独特的设计和运营特征使得责任方的确定更具挑战性。传统供应关系划分复杂但界限层次分明，企业供应链上游，有产品或服务的供应商等；企业供应链下游，有用户、分销商等；企业合作伙伴，有市场、商业、战略合作人等；企业上层，有政府监管机关、监管机构等。在传统供应链中，供应关系或外包模式清晰，人权尽责的风险的追溯有据可查。数字化发展为供应链带来新的角色，即第三方数字合作伙伴。传统供应关系是组织可通过供

① Dennis F. Thompson，"Responsibility for Failures of Government：The Problem of Many Hands"，*The American Review of Public Administration*，44（2014），p. 259；See A. Nollkaemper，"The Problem of Many Hands in International Law"，*Amsterdam Law School Legal Studies Research Paper*，（2015）.

应商提供基础设施，自行或通过外包商来进行生产或开发等，但这些都建立在自主可控的大环境下。如今，数字化供应链正在改变这种简单依赖的供应关系，它们将逐渐淡化供求角色与边界的划分，这些将自身核心业务深度嵌入或捆绑的关系伙伴，被称为"第三方数字合作伙伴"。它们共同构成产业链，同样地，也共同面临和承担风险。比如云服务的应用，让组织将自己的核心生产环境或重要信息迁移到供应商提供的软件平台或基础设施上。云服务模式让供应商的接入也从企业边缘地带转变为与企业核心业务的捆绑，从根本上改变了传统的供应关系。

《指导原则》中人权尽责的设计不能很好地转化运用到多参与者环境中。协作式智能制造是指各参与方在价值链、数据链上进行横向集成的过程。这不仅是指通过制造工厂与制造设备之间的数字化互联，而且是指通过自动化运营与合作，将第三方供应商与服务供应商集成到供应链中。因为无人能完全理解人机交互过程，所以目前还不明确哪些人可以或者应当对这些行为进行监管，从而保证符合人权法律，降低整个供应链的风险。

4. 取证技术障碍导致获得救济难

对人权的有效尽责依赖于对供应链的端到端视图。在数字供应链环境中，应用技术取证能够有效地识别出减少风险的关键证据。但现有的取证方法难以满足协同智能制造的需求。在协同智能制造的过程中，涉及商业机密的信息以及可操纵的科技设备分散在很多人工制品中，如现场设备、协同机器人等，这类装置可能被分散在不同地域的参与者的掌控中，从而极大地妨碍了获取救济的途径。

四　构建适应数字化供应链的人权尽责方法

《指导原则》为塑造数字经济的国家行动提供了权威和务实的基石。[①]以国际公认的人权规范为国家行动的基础，旨在不受歧视地保护每个人的基本尊严和权利，这应该是预防和解决与技术相关的人权风险的任何努力

---

① OHCHR，"Bridging Governance Gaps in the Age of Technology: Key Characteristics of the State Duty to Protect"，*A B-Tech Foundational Paper*，（2021），p. 5.

的重点。此外，确保数字技术以及开发这些技术的公司成为一股向善的力量至关重要；消除对人权的负面影响是数字技术充分发挥其积极潜力的必要先决条件。

（一）明晰国家在数字化供应链中保护人权的义务

《指导原则》"保护、尊重和补救"框架的第一大支柱，确认了国家根据国际法应承担的防止第三方（包括商业企业）侵害人权的义务，为国家的做法指明了方向。企业内部也包括数字化的供应链。这三大支柱相互关联，相辅相成。国家有义务通过一系列灵活的措施，包括国家法律、规章、指导方针、自愿标准以及政府采购奖励办法，来预防与企业有关的人权伤害。

国家互联网信息办公室、工业和信息化部、公安部、国家市场监督管理总局联合下发的《互联网信息服务算法推荐管理规定》（以下简称《规定》）首次对"生成合成、个性化推送、排序筛选、检索过滤、调度决策"五种算法进行了明确的定义。在大数据经济的背景下，算法已成为个体信息处理主体对数据进行采集、处理、推送和配置的核心能力。算法如果不规范，就会对国家利益、公共利益、个人利益造成极大的危害。《规定》的内容体现了以权利为本的途径。

第一，《规定》在信息服务规范上，始终坚持弘扬主旋律，引导主流价值观。在中国，对人权的尊重与保护是一种主流价值观念。《规定》第6条第2款采用否定的方式指出，算法推荐服务商不能使用算法推荐服务侵害其他用户的正当权利。《规定》第7条要求对算法机制、模型、数据以及应用效果等进行定期审查、评估和核实，不能设定违法或有违伦理的算法模型，如诱导用户沉迷、过度消费等。《规定》第12条规定了鼓励算法推荐服务者优化检索、分类、筛选、推送、显示等规则的透明性和解释性。

第二，针对用户权利，《规定》对算法推荐服务商提出了新的要求。一是对算法信息的知情权，即将算法推荐的相关信息告知用户，并对其服务的基本原理、目标意图及主要运作方式进行披露。二是算法选择，即为用户提供不以自身个性为目标的选择，或方便关闭算法推荐服务。如果用户决定终止该服务，则应及时终止该服务。算法推荐服务提供商可以根据用户的个性特点，为其选择或移除用户标记。三是针对面向未成年人、老年人、劳动者和消费者等群体的算法推荐服务商，提出了相应的规制措施。不能通过算法推荐服务来引诱未成年人沉迷于互联网，要为老年人提供更好的选择。应该对平台的订单分配、报酬的构成和支付、工作时间、奖励和惩罚等进行优化。不能基于顾客的喜好、交易习惯等特点，就交易价格等进行不正当的区别对待。要对数字边缘化、易受伤害的具体群体提供特别保护。

第三，针对算法实施过程中可能引发的外在风险，《规定》给出了相关的应对措施。针对未成年人、老年人、劳动者以及大数据杀熟四种情形，分别设定了对应的行为规范（第 19～21 条），以应对适用性风险。《规定》还以权利路径为基础，赋予个体对算法行为进行反决定的权利，以达到从下至上的方式对算法进行治理。《规定》第 17 条第 1 款指出，算法推荐服务提供商应当向用户提供不针对其个人特征的选项，或向用户提供便捷的关闭算法推荐服务的选项。如果用户决定关闭该服务，则应立即停止提供相关服务。对比《个人信息保护法》第 24 条第 2 款，《规定》对用户的算法程序拒绝权作了更清晰的界定。同时，《规定》第 17 条第 2 款指出："算法推荐服务提供商应当向用户提供选择或者删除用于算法推荐服务的针对其个人特征的用户标签的功能。"算法的相对方可能并非让算法用户停止向其推荐，而是阻止对某一种服务的推定。给予算法的相对方有权移除标记，可以更加全面地满足使用者的需求。①

（二）厘清数字化供应链中的国企关系

《指导原则》第 4～6 条要求在国家和企业行为者之间存在密切联系的情况下，国家应采取额外措施确保人权得到保护，涵盖了一系列政策领

---

① 《加强算法风险全流程治理，创设算法规范"中国方案"》，中国新闻网，https://www.chinanews.com.cn/gn/2022/03-01/9688769.shtml，最后访问时间：2022 年 5 月 29 日。

域，包括对国有企业的管理、国家向公司提供的财政和其他支持、私有化可能影响人权享受的服务和公共采购。其基本逻辑是，即使在国家作为经济或商业行为者运作的情况下，国家单独是国际人权法的主要义务承担者，各国不能将这些职责外包出去，而必须采取措施来履行这些职责。《指导原则》第4条规定，"各国应采取额外措施，防止由国家拥有或控制的商业企业侵犯人权，或从国家机构（如出口信贷机构和官方投资保险或担保机构）获得大量支持和服务，包括在适当情况下要求人权尽职调查"。例如国有电信公司。《指导原则》第5条规定，"各国在与工商企业签订合同或为其立法提供可能影响享有人权的服务时，应进行充分监督，以履行其国际人权义务"。这意味着将公共服务外包或私有化时，其人权义务不能外包。这可能涉及提供公共卫生的计划、使用监视技术来促进公共安全，在边境以及国防和国家安全环境中部署的技术，以及市政努力发展"智慧城市"的影响等情况。《指导原则》第6条规定："各国应促进与其进行商业交易的工商企业尊重人权。"

作为国民经济发展的中坚力量，国有企业转型将对数字产品、服务、技术、金融等方面的巨大需求，创造超万亿元级的数字化市场。目前，中国的国有企业已在推进智能制造、培育新模式新业态以及产业链供应链创新方面取得了很多成绩，为数字化转型工作奠定良好开局。如中央企业关键工序数控化率达到51.5%，中央企业建成高水平工业互联网平台54个。[①] 2020年8月21日，国务院国资委发布《关于加快推进国有企业数字化转型工作的通知》（以下简称《通知》）[②]，就推动国有企业数字化转型作出全面部署，努力打造制造、能源、建筑、服务四类行业标杆。值得注意的是，《通知》在实施策略中提出建立相匹配的治理体系并推进管理模式持续变革的要求，据此将国有企业数字化供应链开展人权尽责作为治

---

① 《〈关于加快推进国有企业数字化转型工作的通知〉系列解读之一：总体篇》，国务院国有资产监督管理委员会官网，http://www.sasac.gov.cn/n2588030/n2588934/c15661737/content.html，最后访问时间：2022年5月29日。
② 《关于加快推进国有企业数字化转型工作的通知》，国务院国有资产监督管理委员会官网，http://www.sasac.gov.cn/n2588020/n2588072/n2591148/n2591150/c15517908/content.html，最后访问时间：2022年5月29日。

理体系的组成部分进行推广。

（三）在数字化供应链中适用人权尽责

"区分、排序和分类"的人工智能技术本质上是"歧视系统"。[①] 在数字化供应链中，需要考虑运营方式，产品类型，设计目的是什么，服务主体以及利益相关方有哪些。并非所有以人工智能为基础的业务模型都将损害平等权与歧视权，但那些通过利用和出售此类手段而获得利润的企业必须未雨绸缪，以免出现不公平的后果。

1. 数字化供应链人权尽责的特点

第一，人权尽责是一项量体裁衣的进程，因而在运用到数字供应链的背景时，应当考虑到根据公司的大小、地点、所发展的产品种类、在价值链上的地位、产品引起的损害种类、服务主体等各因素。

第二，人权尽责也要以风险为基础，也就是说，公司在履行应尽职责时所采取的行动应当与负面影响的可能性和严重性相适应。如果影响的严重程度和潜在风险较大，比如正在研发的产品可能造成危害，则应扩大调查范围。

第三，在人权问题上应采取灵活、坚持循序渐进、磋商和透明的态度。希望公司能开始并持续履行其应有的职责；谁也不指望一夕之间就能制定出一套对人权无害的运作系统和供应链。公司必须在它们的首要任务上做出困难的抉择并逐渐改善。这是一个磋商和透明的实践过程，为了保证工作取得成效，在人权尽责管理的每个步骤都要征求利害关系方的意见。由于强制性人权应尽职责的法律不断完善，企业也会预期向公众公布它们履行应尽职责的情况。这并不是互相排斥的，而是可以并行的。

2. 国家对数字化供应链中人权尽责立法的考量要素

第一，应当将人工智能法案和算法规则等数字化有关的法律融入人权影响评价中。应当在数字化供应链的各个阶段，从概念设计到应用执行之

---

① West, S. M. et al., "Discriminating Systems: Gender, Race and Power in AI", *AI Now Institute*, (2019), p. 6.

后，采用不同的办法开展人权影响评价，并可包含反复地、不断地对影响进行评价的流程。要做到这一点，就必须划拨充足的资源和能力，以保证对其进行适当的分类和评价。

第二，界定各种准则和范畴，以明确人权影响评估的范围。法律应该清楚地指出需要开展人权影响评估的事件或情形。在人权影响评估中，应当把减轻损害和对处于社会边缘地位的弱势人群的负面人权影响作为重点，采用全面的办法，并对人工智能制度对一系列人权（包括集体权利、经济权利、社会权利和环境权利）所产生的影响进行评价。另外，在考虑到地理位置、语言、人口分布、社会政治以及时间等因素的基础上，对审议范围进行评估。

第三，提高包容度。在这一进程中，必须考虑到少数族裔、种族、妇女、同性恋群体、残疾人等弱势群体的利益，并考虑受到影响的和被排斥的社区代表的利益。

第四，采取整体性的研究思路。将人权影响评估与其他问责制，如对数据保护的影响进行评估，人权和环境尽责和合格评估，计算审计，透明度登记，并将重点放在对个人、社区、社会和环境可能造成的实际损害上。

3. 企业在数字化供应链中实现人权尽责的具体方法

第一，制定有关公司的人权政策。在数字化供应链中，企业应当制定并公布自己的人权政策，使其符合《指导原则》，其中包括保证不会对人权造成伤害，以及为处理伤害而开展的供应链尽责工作。在这一步骤中，企业应该在与供应商以及其他商业联系中融入它们对人权的期待。公司应该清楚地告诉供应商和客户，技术的一些用途或者非预期的效果是不能被接受的，并且会影响到双方的业务关系。此外，还应该从股东的视角评估以及根据企业在处理风险过程中获得的经验教训，不断地进行更新。在2018年3月，谷歌宣布和美国国防部签约，将利用被称作"Maven Project"的人工智能来对军事无人机的录像进行分析。对此，谷歌4000多名雇员联名上书，要求谷歌撤销Maven Project，并制定、推广实施一份清晰的方针，保证谷歌和它的合作伙伴均不会发展战争科技。由于员工们的抗议，谷歌于 2018 年 6 月上旬宣布，它们将终止 Maven 项目。① 此后，谷歌在其网站上突出显示了其 AI 原则。这些原则是人工智能应该：①对社会有益，②避免创造或加强不公平的偏见，③安全地构建和测试，④对人负责，⑤纳入隐私设计原则，⑥坚持科学卓越的高标准，⑦可用于符合这些原则的使用。② 这并没有规定企业一定要避开诸如国防等高风险活动。因此，企业应当努力制定符合自己风险偏好的战略，加强尽责管理，以便发现、防止或减少人权风险，并将现实或潜在的损害与其严重性相对应。在此背景下，透明度和利害关系人参与的原则显得特别重要。

第二，对供应链中各参与方的作用和职责进行确认。与传统的供应链相比，数字化供应链中的技术开发者、供应商以及终端使用者有着明显的交互和交叉。为此，应对所有供应链参与方进行全面的定义，找出最有可能出现和最为引人关注的人权风险区域，从而为进一步评估人权风险提供最初的优先次序。①科技研发人员。尽管尽责管理应该覆盖整个产品寿命周期的各个阶段，但是在数字化供应链中，最有可能发生的是产品研发阶段。利用"人权设计战略"，可在研发的各个阶段有效地防范和降低科技发展中可能存在的风险。②供应商。产品研发完成后，厂商将把它卖给终端使用者，让他们来执行并使用这项技术。供方有义务对销售点的产品所涉及的风险开展尽责管理。供方须提供可信的资料，说明接受方的人权记录或侵权记录。③终端用户。任何一个人都可以是终端使用者。由于很多人工智能技术被授权给终端用户，开发者可以对其进行监测，这就为开发者与终端用户在人权方面做出了应有的努力。比如，开发者和厂商可能会对终端用户进行授权续订。③

---

① Coldewey, David, "Google's new 'AI principles' Forbid its Use in Weapons and Human Rights Violations", TechCrunch, https://techcrunch.com/2018/06/07/googles-new-ai-principles-forbid-its-use-in-weapons-and-human-rights-violations/?_guc_consent_skip = 1615197 403, last visited on June 7th 2018.

② Google's AI Principles, https://ai.google/responsibilities/, last visited on Octover 17th 2024.

③ Human rights due Diligence Through Responsible AI, https://www.oecd-ilibrary.org/sites/ba682899-en/1/3/3/index.html? itemId =/content/publication/ba682899-en&_csp_ = 02d27 ef0d7308d76a010fd2a9882228f&itemIGO = oecd&itemContentType = book, last visited on October 17th 2024.

第三，在生命周期的各个环节中预防或减轻风险。在初步定义和风险评价的基础上，公司应该对已识别的后果进行阻止、防止或减缓。这包括制定并执行适当的计划。预期将处理一切影响，尤其是最严重的问题。在这个进程中，利害关系方应该有实际的参与。在产品研发过程中，可在设计阶段采取防止或减轻不良影响的措施；在商品卖出去以后，风险可能会出现在购买或者销售的过程中。企业已能够通过签订契约、程序保护和强有力的投诉机制，减少可能对人权造成的负面影响。

第四，为了扫除人权救济的障碍，有必要通过建立一个协调的平台来提高数字化供应链的透明度。这个平台将企业的研发生产、材料库存管理、供应商、承运商等所产生的资料进行整合，将供应链各环节的有关人员都连接起来，涵盖整个供应链的所有使用者，将生产和流通过程中的所有影响因素透明化，这样就能够对特定的权利产生的消极影响进行锁定，减轻数字化供应链网络特征带来的救济的分散性和复杂性。

结　论

虽然数字化供应链面临企业内部和外部数据传输的双重风险，商业关系具有不可预测性，难以确定责任方和取证方面的技术障碍，但以《指导原则》为核心的国际人权法律体系，为各国及企业应对人权风险，提供了一种切实可行的、具有权威性和实用性的基础。为此，首先我们需要明确数字化供应链下的国家人权保障责任，厘清数字化供应链中国有企业之间的关系，并考量不同国家在数字化供应链上人权尽责的法律规制。其次，构建数字化供应链人权保障体系，明确各参与主体的职责，并在全生命周期各环节采取相应的风险预防与减轻措施，以实现数字化供应链治理中因网络结构而产生的治理壁垒。在数字化转型的进程中，还应当注意到人权方面的风险，并主动探讨如何在数字化供应链上实现人权尽责管理的路径。

数字鸿沟的法律治理[*]

雷济菁[**]

摘　要： 数字鸿沟是人们融入数字时代不可回避的挑战，它带来了"社会分化""信息泄露""算法歧视"等现实问题，阻碍了数字经济的发展，影响了人的全面发展、社会公平、和谐稳定。在研究分析数字鸿沟的理论渊源、现实影响、治理现状、域外治理模式等问题基础上，提出我国数字鸿沟法律治理的对策，即兼顾"正义与效率、发展与保护、权利与义务、中心与边缘"的理念、坚持"以人为本、数字正义、数字人权"的原则、采取"政府、市场、个体"等多元共治模式、实行"立法、执法、司法"共同推进的策略、健全完善数字鸿沟治理的法律制度，从而保障数字人权、促进数字正义。

关键词： 数字鸿沟；法律治理；数字人权；数字正义

一　数字鸿沟的概述

数字鸿沟，近些年来一直受到世界各国的高度重视。界定数字鸿沟的概念，梳理其理论起源、演化进程、表现维度，梳理其影响、分析其成因，是了解数字鸿沟的基础，也是研究法律治理路径的前提。

---

[*]　本文系教育部重大课题攻关项目"坚持建设中国特色社会主义法治体系，深入推进全面依法治国实践研究"（项目编号：2022JZDZ002）研究成果。

[**]　雷济菁，湖北省黄冈市黄州区人大常委会机关信息中心，华中科技大学人权法律研究院特聘研究员。

（一）数字鸿沟的概念与本质

1. 数字鸿沟的概念

从理论根源上分析，"数字鸿沟"有其特殊的历史背景，是不同的国家、地区、人群之间形成的一种新的鸿沟。数字鸿沟的概念，直接影响其理论研究内容。目前，学界对其的定义源于现象描述，因此"数字鸿沟"存在概念不统一、使用混乱的问题。故笔者从厘定数字鸿沟的概念着手，分析其本质及变化规律，为研究数字鸿沟治理进行铺垫。

经过对国内外关于研究数字鸿沟问题的文献梳理，结合国内的现状，不难发现，数字鸿沟主要存在于个体对互联网的获取、接入和使用等方面的差距而产生的信息落差。

2001年，经济合作与发展组织（Organization for Economic Co-operation and Development，OECD）在《理解数字鸿沟》的报告中，将数字鸿沟定义为"不同社会经济水平的个人、家庭、企业和地区获取信息通信技术和利用互联网进行各种不同活动的机会的差距"。

本文将以此定义为基准，揭示数字鸿沟的不平等本质。

2. 数字鸿沟的不平等本质

数字鸿沟是因个体在数字设备接入、数字技术使用和数字能力培养等方面的差别，从而导致信息的富裕者与信息的贫困者之间产生信息落差，并进一步衍生为参与政治、经济、文化、教育等社会生活方面机会的差异，冲击社会公平和权利保障，加剧社会贫富分化。在本质上，数字鸿沟是信息化发展中的社会不平等现象，是信息时代的平等权利保障、社会公正的问题。中国科学院自然科学史研究所副研究员张志会认为："技术进步带来的不平等现象是客观存在的，且几乎是不可避免的，尽管人们颇感无奈，但这种不平等可能会越来越加剧。"[①]

数字鸿沟伴随信息技术发展而产生，而且将随着互联网、人工智能技术的发展而进一步加剧，是数字时代的全球性社会问题，不会自动消失，

---

① 参见韩天琪《科技背后的数字鸿沟》，科学网，https://blog.sciencenet.cn/blog-1208826-859876.html，最后访问时间：2024年9月24日。

也不可能消灭。但通过国家、企业、个体等多元主体的协同治理，运用法律政策、技术、文化等治理路径，实现跨越、弥合、缩小数字鸿沟的效果。

（二）数字鸿沟的溯源、演化与类型

本文在厘定数字鸿沟定义、揭示数字鸿沟的不平等本质后，进而梳理数字鸿沟的渊源、维度，剖析其影响和成因，全面分析研究数字鸿沟的基础性问题。

1. 数字鸿沟的理论溯源

"数字鸿沟"一词最早出现在 20 世纪 90 年代中晚期，但追溯其历史，我们可以看到在 1970 年，就涌现出针对大众媒介信息以及获取信息的公平问题研究的热潮，从宏观的社会结构层面提出了"知识沟理论"。随后，又从个体层面对"知识沟理论"进行了修正，引起学界的研究和思考。之后的"信息沟""数字鸿沟"都是随着时代发展从最初的"知识沟"演变而来的新形式。不同于传统的"知识沟"重视研究印刷媒介的传播效果，"信息沟"着眼于新传播技术发展的角度，而"数字鸿沟"则是数字时代中"知识沟"的最新表现形式。

（1）"知识沟理论"

"知识沟理论"是关于大众传媒与信息社会中的阶层分化说，重点关注大众媒介对于知识获取的影响，简而言之，互联网访问和利用的不同所引起的社会问题，以及对人们生存和发展的具体影响。"知识沟理论"认为，教育文化水平、经济地位等因素的不同，会导致个体间接收知识的机会差异。具有高等文化程度的人，一般有更多的机会接触媒体，且能通过信息媒介等工具不断获取信息、优化和处理信息，进一步增强了信息的优势作用。经济条件优越的人获取信息的速度往往要比经济条件较弱的人更快，随着信息的不断传播，他们的知识差距也会逐步拉大。

后来，美国学者松伯格扩展了"知识沟理论"，提出了速度差异。他并不否认社会人群接收信息的普遍可能性，而是强调知识的增长在高教育水平人群中相对较快。松伯格相信，大众传媒的信息传递活动，让不同经济条件的人都能增长知识，但是经济条件优越者比经济贫困者获取知识量更多、获取速度更快。导致两者间的知识沟逐渐扩大。①

然而，传播学者艾蒂玛和克莱因在此扩展的基础上，却提出截然相反的看法，即"上限效果"的理论假设。他们相信，个人对于某一知识的探索是有极限的，当知识积累到一定程度时，其增长速度就会减缓，直到达到饱和状态为止。社会经济条件优越的人，知识"上限"也会更高，而经济条件较差的人，虽然知识增长速度很慢，但总有一天，也会超过前者。该理论认为大众媒介的传播活动虽一开始使得"知识沟"呈现扩大趋势，但后续发展中，会使"知识沟"不断变小，并直至消失。②

但是，无论是基于传统知识沟理论的扩展，抑或是持反对观点的"上限效果"假设，都能说明存在获取信息机会、速度、先后的不平等，将会在社会中产生信息落差。如果放任这种现象，将会导致贫富分化等数字不平等的深层后果。

（2）"信息沟理论"

随着电视、计算机的出现，"知识沟"所涉及的媒介信息与知识增长的差异研究转移到与互联网接触、使用的新领域。1974 年，美国传播学家卡茨曼提出了"信息沟理论"，该理论强调了新媒介技术对信息传播的作用。③ 主要从社会的宏观视角，说明了为什么不同的群体在信息社会中获得的信息具有差别，以及如何防止和解决因信息问题导致的社会分化问题。为解决现实社会中信息差距等问题提供了借鉴和指导意义。

卡茨曼认为，新技术的运用将加速每一个社会成员的信息流动，增加社会整体的信息总量。但新科技为社会全体成员带来的好处却是不平等的，信息获取能力的差异将直接影响获取信息的数量。具体而言，一是因为信息会首先传播给获取信息能力强或是已积攒较多信息量的群体；二是获

---

① 参见纪秋发《中国数字鸿沟——基于互联网接入、普及与使用的分析》，社会科学文献出版社 2010 年版，第 79~86 页。

② 参见纪秋发《中国数字鸿沟——基于互联网接入、普及与使用的分析》，社会科学文献出版社 2010 年版，第 79~87 页。

③ 参见刘芸《基于经济视角的国际数字鸿沟研究》，博士学位论文，厦门大学经济系，2006 年，第 21~24 页。

取信息必须对新媒介技术具有相当的了解掌握，这对处于获取能力较弱的群体是非常不利的；三是新技术应用需经济资源支撑，这些外部条件受到原社会资源分配方式的制约。另外，信息技术使用水平的高低会直接影响主观积极性，信息能力强者会更乐于使用新媒介技术，更加处于优势地位。①

关于未来发展，信息沟理论认为，随着新兴技术的不断更新换代，可能表现为"旧有信息鸿沟"还未填平，"新的信息鸿沟"再次涌现。该观点否定了"上限效果"的假说的结果，认为现实中不可能出现顶点值的饱和状态，知识量和信息量的差距只会不断扩大，引起"信息沟"的逐步扩大。

该理论强调了新媒介技术对信息传播的作用，引发社会成员在新技术中受益程度不同，通过分析信息时代不同人群掌握信息的原因，以及差异扩大化的社会分化问题。为解决现实社会中信息差距等问题提供了借鉴和指导意义。

综上，可以看出，"知识沟理论"侧重于获得信息知识与拥有信息的差别，"信息沟理论"注重的是媒体传播中的利益差异。尽管角度不同，但都表明了信息、信息技术对人类和社会发展的普遍重要性和个体的差异性。对于"知识沟理论"和"信息沟理论"的认识，有助于研究数字鸿沟问题的产生，分析数字时代中诸多不平等现象及原因，对于探索其法律治理路径具有重大意义。

2. 数字鸿沟的演化分析

关于数字鸿沟的历史演化，现有的研究把这个问题分为三个阶段，分别是接入沟、使用沟和知识沟。本节将结合现有的文献资料，对数字鸿沟问题的阶段进行梳理、逐次介绍。

（1）第一代数字鸿沟

第一代数字鸿沟，又称为接入沟，指信息拥有者和信息贫困者在接入信息技术方面的鸿沟，属于根本层面上的鸿沟，且可以被量化。②

---

① 参见刘芸《基于经济视角的国际数字鸿沟研究》，博士学位论文，厦门大学经济系，2006 年，第 21~24 页。

② 参见韦路、张明新《第三道数字鸿沟：互联网上的知识沟》，《新闻与传播研究》2006 年第 4 期。

在数字时代，计算机或者互联网的接入形成了两极化现象。这是由于就目前的技术发展而言，信息传递的载体仍然为计算机和网络，为完成信息的沟通交流，需要一定数量信息基础设施。但现实是许多经济欠发达国家和地区，没有充足的资金支撑引进基础设备，或者是虽然购入设备，但受资金所限，数量上难以形成一定的网络连接规模，无法实现网络的大面积覆盖。且互联网的接入，除了需要具有基础设施外，还需要提供上网费等服务费用，让原本经济条件不发达的国家或个人更加贫困。由于信息使用者是否接入信息设备，受到初始经济条件、环境条件等综合因素的影响，所以目前许多国家仍然致力于改善物质基础，把缩小第一道数字鸿沟作为政策目标。

（2）第二代数字鸿沟

第二代数字鸿沟，即使用沟，指互联网的使用差异。这一时期的数字鸿沟发展成为多维度、多层面的鸿沟。

数字时代的一个显著标志便是高新技术的更新换代，以及数字技术与社会生活的高度融合。正因如此，即使有了通信基本设备，许多贫困者仍然处在信息时代的边缘，原因在于缺乏基本的计算机技能，无法应用信息技术，进而无从寻求能改善自身处境的信息，无缘获取数字红利。由此可见，在信息时代由于数字化技术的广泛运用，第二代数字鸿沟体现出信息技术应用层面的重要性，也进一步拉大了数字技能强者和弱者间的鸿沟，对于使用能力欠缺或者能力较弱的个体，意味着丧失了更多的生存和发展的机会。而且机会的欠缺会导致该弱势群体加剧生存障碍，从使用障碍到机会障碍、最后到数字生存的参与障碍，三者环环相扣，扩大了社会的贫富分化。

（3）第三代数字鸿沟

第三代数字鸿沟，又称为知识沟，指信息资源和知识获取的差距。超越了信息技术的接入和使用层面的鸿沟，更加重视信息资源和知识层面的鸿沟。

新媒体的使用和利用方式的不同，带来了许多不公平的社会影响，对人们的生存和发展都是十分不利的，信息技术上的贫困，将使人们在社会生活中陷入贫困状态。而互联网知识获取的多寡是影响数字技术的关键，这意味着接入沟和使用沟会转化为知识沟，而人们知识获取的不平等，最终影响了自己的社会生活。虽然知识的鸿沟没有接入的鸿沟、使用的鸿沟表现得直观明显，但仍然是不容忽视的深层影响。[①]

从上述分析可以得知，这三个层次的数字鸿沟是相互关联，且呈递进关系，接入鸿沟是基础，使用鸿沟是过程，知识鸿沟是结果。

3. 数字鸿沟的类型分析

数字鸿沟可以理解为是一种发展的失衡，不仅表现在不同经济发展程度国家之间，而且表现在不同的地区、不同的人群之间。

（1）国家间的数字鸿沟

根据国际电信联盟（International Telecommunication Union，ITU）最新的《衡量数字发展：事实和数据》报告，截至 2021 年 11 月 30 日，世界上有 29 亿人从未使用过互联网。在 29 亿人中，发展中国家人口约占96%。[②] 即使是"互联网用户"的 49 亿人中，也有数亿人处于低速联网状态，或是通过共享设备上网机会少。

该数据显示出，全球范围内互联网的连接能力仍然严重不平等。数字鸿沟在发达国家和发展中国家依旧明显。虽然上网机会的多寡将会使国家间的数字鸿沟越拉越大，而这一不平衡会使经济发展差距进一步扩大，但是各国之间的差距并不仅存在于互联网接入的层面，还存在于教育水平、数字技术、社会的经济发展水平、信息基础设施数量等多个方面。

综合而言，发达国家与发展中国家初始经济条件不同，在数字经济发展的过程中，发达国家通过聚合、处理信息等手段获得了经济利益，而发展中国家由于先天的技术落后，并不具备利用数字红利创造财富的能力，发展中国家初期的经济劣势在数字鸿沟背景下被进一步放大，成为"数字贫困""数字边缘化"的国家，最终加剧了国家间的贫富差距。

[①] 参见余露《跨越数字鸿沟 共享数字福利——基于身份认同的差异进路》，《科学·经济·社会》2021 年第 3 期。

[②] 参见《29 亿人仍处于离线状态》，国际电信联盟，https://www.itu.int/zh/mediacentre/Pages/PR-2021-11-29-FactsFigures.aspx，最后访问时间：2022 年 10 月 20 日。

（2）城乡间的数字鸿沟

根据 ITU 在 2021 年发布的一份城市和乡村地区互联网用户比例的报告显示，在全球范围内，城市居民使用互联网的可能性是农村居民的两倍。在非洲地区，城乡地区的差距更大，在最不发达国家，城市居民使用互联网的可能性几乎是农村居民的四倍，城市居民为 47%，而乡村地区仅 13%。①

该数据表明，除国家间的数字鸿沟外，国家内部的城乡区域之间也存在着数字鸿沟，且情况更为严重。城乡数字鸿沟即城市和乡村居民之间的鸿沟。具体表现为以下几方面。一是城乡之间的宽带网络覆盖的巨大差距。地区间的信息基础设施决定了互联网覆盖量，而互联网的覆盖普及直接影响了当地的城市化的进程，城市化程度较高的地区使用信息技术的频率和程度也会相应增高，自然与城市化发展缓慢的地区形成了鸿沟。二是城乡之间技术使用能力的差异。信息技术的使用能力与互联网的覆盖普及息息相关，即网络普及范围越广，熟练使用信息技术的人群则会越多，而城市和乡村的居民在信息技术使用能力上存在着较大差异，这种使用信息技术的能力高低在数字生存中会体现得更为明显，尤其是面对新兴的数字技术，无形中拉大了数字鸿沟。三是城乡的观念差异。② 正如费孝通在《乡土中国》中所指出的，农村人接触文字机会少，是农村文盲率高的原因之一，且在农村生活中，面对面的接触多，需要交流传递的信息少，文字对于他们而言不是一种完善而必要的交流工具。③ 互联网作为信息传递工具，其优势在于实现远距离沟通无障碍，显然在乡村地区并非必需品。

长此以往，在网络普及、技术使用以及主观意识等三个现实层面的差异，将地区间发展差距拉大，加剧了城乡间的数字鸿沟。

（3）群体或个人间的数字鸿沟

数字鸿沟存在于不同种族、年龄、性别、教育程度等群体或个人之

---

① 参见《29 亿人仍处于离线状态》，国际电信联盟，https://www.itu.int/zh/mediacentre/Pages/PR-2021-11-29-FactsFigures.aspx，最后访问时间 2022 年 10 月 20 日。
② 参见石迪《社会网络视野下少数民族村民的移动媒介使用及影响研究》，博士学位论文，厦门大学传播学系，2018 年，第 226~235 页。
③ 参见费孝通《乡土中国》，北京联合出版公司 2021 年版，第 8~21 页。

间，可以概括为信息富有者和信息贫困者之间的信息差异所引发的鸿沟，这是关于数字鸿沟问题最全面、具体、直接的体现。

数字时代中，信息成为个人生存的关键资源，信息贫困成为新型贫困，而信息贫困者存在知识障碍、参与障碍和机会障碍，长期处在智能化、数字化隔离的状态下，成为社会的新型弱势人群、边缘人群。他们无法平等参与数字时代的社会经济发展活动，无法平等分享以知识和信息为依托的最终成果，所以跨越数字鸿沟，需要为社会弱势人群提供更加充分参与信息社会发展的数字机遇。

综上，通过从宏观和微观层面，结合两组关于数字网络的报告数据，分别从国家、城乡、个体三个维度，梳理不同数字鸿沟类型及其表现方式。虽然本节将数字鸿沟划分为三种类型，但是在研究过程中，笔者发现，这三种角度实际属于关联关系，因为个体的差异导致城乡鸿沟，又因为城乡等区域发展的不平衡，进一步引发了国家间的数字差距。

（三）数字鸿沟的现实影响及其成因

从数字鸿沟的发展过程来看，其实质是"数字不平等"，即通过数字领域内的各层面差距，叠加形成新的不平等，加深了传统的不平等，形成恶性循环。本文在分析数字鸿沟现实影响后，剖析其形成原因，为研究跨越数字鸿沟对策增强针对性、实效性。

1. 数字鸿沟的现实影响

随着数字技术的创新发展、互联网的接入应用，人们对数字技术的依赖性逐渐增强。而数字鸿沟带来的不利影响也逐步增加。数字时代的新生产要素——数据与算法，它在社会生活的方方面面都得到了广泛地应用，它所带来的问题不仅仅是信息安全，还会加剧社会分化，甚至还很可能会产生极化社会结构——断崖性等差的社会风险。而且，人工智能技术的革新并不仅有提供服务、创造价值的一面，事实上，数字技术存在着不容忽视的异化风险。[①]

---

① 参见马长山《人工智能的社会风险及其法律规制》，《法律科学（西北政法大学学报）》2018年第6期。

（1）社会分化问题

数字鸿沟将不平等带入社会领域。已经形成了数字时代下最严重的社会鸿沟。具体表现在以下两个方面。

一是数字弱势群体。在数字社会背景下，产生了一种新兴的特殊弱势群体，即数字弱势群体，如妇女、低收入人群、农民、老年人、残障人士等。他们从最初的数字设施接入、到数字技能使用、再到数字素养等各个环节，都体现了与数字强势群体的差异化。但在大数据时代，这种差异关乎个人的生存和发展，关乎个体的经济发展、政治和文化生活的参与机会。毫无疑问，数字鸿沟带给了数字弱势群体极大的社会生存挑战，使他们陷入困境，处于越来越弱势和边缘的地位。在极端情况下，甚至危及个体的生命健康权利。

二是贫富分化问题。数字鸿沟加剧了社会中已经存在的不平等。使得贫者愈贫、富者愈富。首先，数字素养和技能的缺乏造成了人群间的差距。就现阶段发展而言，信息技术主要依靠主体来利用、发展，所以主体的数字技术能力，将决定了利用信息技术的广度和深度。数字弱势群体与数字强势群体在数字技能和素养方面的差距，成为加剧其劣势地位的根本原因。其次，信息不对称阻碍了个人的发展和进步。信息是数字时代的国家和个人发展的重要资源，信息差距极易引发新的不平等，这种不平等现象会在现实诸多问题中体现出来，比如个人求职、寻医问药、商业交易等问题。简言之，对于信息富有者来说，信息为其创造机会、创造财富；对于信息贫困者来说，信息贫困不仅是经济贫困的结果，更是经济贫困的原因。

（2）数据安全隐患

数字时代下的未来社会是一个网络风险社会。一方面，科技的蓬勃发展使得信息传递变得更加方便快捷。另一方面，人们的数据信息也在被大量的收集和处理，个人数据等隐私信息面临被泄露和滥用的风险。事实上，在网络中已经形成了一条条数据产业链，有稳定的负责收集、提供数据的信息提供者，并由信息需求者购买、任意的支配使用，而需求者处理数据的行为，则会直接影响着被使用者的权利，并将产生诸多的法律问题。

一是用户数据信息的非法使用问题。在大数据背景下，个人信息具有特定开放性、多方共享性、交换利用性，与个人隐私不同，并不是仅仅具有精神性的人格属性，个人数据已经有了相当的使用利益。[①] 正是互联网和信息的特性，给违法犯罪活动滋生了温床，但数字技术的向前发展无需阻止，需要严格规制的是后续的信息非法使用行为。探索保护个人信息权利方式，制止侵害个人数据信息权利等违法犯罪行为，切实保障个体对信息的自主支配权。

二是用户数据信息的不正当处理乱象。如今市场上的大部分应用软件都需要授权后才可以使用，用户让渡了个人信息，但对平台的后续操作却一无所知。事实上将给用户带来以下的风险，首先是平台过度收集信息，在用户注册时对于非必要的信息也笼统地收集，为侵权留下隐患；其次是注册初期平台未作相关的风险提示，以至于用户不明就里的"主动"给出了个人信息；最后是平台为了降低成本，追求利益最大化，缺乏隐私保护，如未对所收集的用户信息资料进行加密处理等。如何监管互联网行业，规范其收集和处理用户信息的行为，是保护个人信息数据的关键问题。

（3）算法滥用现象

算法是数字社会发展的技术依托，是对个人信息数据处理的重要手段。通过算法技术，社会的差异性正在以一种深化、延展甚至变异的形式存在于数字领域。也许最初人们在发挥意识能动性、具有明确的目的来创造智能技术，但如今人们的行为却受到数字技术的塑造、改变和影响。其所引发的风险也会对数字主体的权益保障产生冲击和挑战。

一是算法歧视。数字鸿沟叠加社会领域的不平等，在数字领域通过隐性的方式体现出来，算法歧视就是一个证明。算法是一种人为因素下的算法模型设计、数据输入偏差，或算法运行、优化过程中产生的突发性偏见分别或排列组合所诱发的结果。[②] 算法存在着天然的歧视性，并不像人们所认为的那样公正客观。一方面，算法设计的初衷在于追求效率及利益最大化，本身就忽视了社会所一贯倡导的平等价值。另一方

[①] 参见李川《个人信息犯罪的规制困境与对策完善——从大数据环境下滥用信息问题切入》，《中国刑事法杂志》2019 年第 5 期。

[②] 参见李牧翰《数字时代下算法滥用法律治理之完善》，《云南社会科学》2021 年第 3 期。

面，数字经济社会中，数据主体所拥有的数据质量取决于其社会地位，所以每个人初始数据都是独一无二的、具有鲜明的个性特征。再加上，算法在应用中强调个别规则，即对数据信息进行个别化处理，最终导致了根据个人数据特征进行差异化、歧视化的评价结果，加剧数据社会中的实质不平等。

二是算法自动关联风险。在数字化生存中，算法与人们的日常生活已经高度融合，不断打破和模糊公共信息和私人信息的边界，数据主体的隐私信息遭受着被暴露的风险。一方面，在网络环境中，大多数信息主体在自身的数据信息支配过程中处于劣势。算法的自动关联技术可以通过整理用户数据，轻易地探知数据主体的偏好、习惯等，网络服务者将进一步根据这些信息，推送具有个性化甚至歧视化的产品和服务。另一方面，即使个人信息已经过匿名化等加密处理，算法技术仍可以通过对用户的部分数据进行深度挖掘，利用其自动关联性，通过智能推算、整合等手段，模拟出较为准确的数据画像。从而绕开了加密的保护，产生泄露数据主体敏感信息的风险。

三是算法自动决策的风险。数字时代，数据蕴含着重要的经济价值，但算法的自动决策却让数据主体的自治空间严重受限，给其经济发展带来不利影响。首先，算法设计者带着私利最大化的目的，把许多商业资本追求、价值偏好和不公平因素都放到算法"黑箱"之中，其行为实质上是一种不公正的社会资源分配。其次，算法的自动决策基于数据的统计，对数据主体的社会属性进行算法选择、处理，且仅关注数据间的相关性，并非必然的因果关系，导致了算法结果的片面性和偶然性，这对于数据主体而言是不公平的。[①] 最后，算法自动决策带有强制性，设计者通过算法技术筛选、处理和分析数据后，在匹配数字用户的过程中，实际上属于对数据主体的个人自治权利的一次剥夺。

2. 数字鸿沟的产生原因

数字鸿沟是一个复合多维的现象，给社会各个方面造成了程度不一的

---

① 参见崔靖梓《算法歧视挑战下平等权保护的危机与应对》，《法律科学（西北政法大学学报）》2019年第3期。

现实影响。透过其现状，挖掘形成原因，可以发现，数字鸿沟源于科技进步和智慧社会建设所引发的不可逆的社会结构和关系变革。但随着信息技术的不断发展和进步，数字鸿沟成因也产生了诸多变化。导致当前的数字鸿沟问题的因素主要是来自经济、技术、社会、制度等方面。

（1）经济因素

经济方面的差异，是导致数字鸿沟的根本原因。

对于国家而言，经济发展水平是保障一个国家能够拥有足够的资金投入信息基础设施建设，促进技术的前期生产及后期研发的重要物质条件。对于不发达的国家，因经济条件的限制，基础设施条件受到严重影响。因国家间的经济差距，对信息基础设施建设和研发投入差异，国家间产生数字鸿沟。

对个人而言，不同群体经济能力的差异，决定着人们购买、更新科技设备方面的条件不同，承担网络基础设施、宽带费用的能力不同，形成获取数字资源丰富程度的差异。通常处于经济劣势的个人，难以负担互联网的接入和使用成本，从而阻碍获取信息的机会和能力，影响所获取的信息数量和质量，造成数据资源的匮乏。数据资源的不足，亦会反过来影响获取数字经济、享受数字红利的不足。经济因素的差异，加大了信息时代的数字财富差距，加剧了经济分层，拉大了贫富差距。①

（2）技术因素

技术差距是造成数字鸿沟的另一重要因素。

对于国家而言，发达国家与发展中国家信息技术的差异尤其突出。首先是拥有信息技术上的差异。在信息技术方面，发达国家往往掌握着占主导地位的核心科技，往往处于支配地位，后期工作中又可以汇集优势资源着手开发活动，进行技术创新发展，令自己长期保持领先的技术水平。其次是，信息技术主导地位的差异。拥有核心技术的发达国家，自然拥有着议价权，这意味着技术市场由发达国家所主导，而欠发达的国家只能被动接受，正是在这些因素的影响下，欠发达国家的技术研究和创新受到多重

---

① 参见徐芳、马丽《国外数字鸿沟研究综述》，《情报学报》2020年第11期。

阻碍，技术差距最终演化为国家之间的数字鸿沟。最后是，宣传普及程度上差异。虽然全球联系日益紧密，但不同的国家、地区对技术普及的重视、宣传程度不一，导致不同国家、不同地区的人们获取技术的渠道、获取方式存在差异，拉开国家间技术鸿沟。

对于个人而言，数字时代对个体技术能力带来了极大挑战。首先是，不同主体知识层次的差异。不同主体在知识层次、文化水平等因素上的差异，导致对掌握新技术的快慢、难易程度的不同，带来数字素养、数字能力的差异，形成技术鸿沟。其次是，技术升级加深了技术鸿沟。从早期电话、传真等基础技术到互联网等新兴技术，技术的升级会对主体的技能要求不断增加，在原有技术差异基础上又带来新的技术差异，直接拉大了技术鸿沟。最后是，兴趣的差异。由于个体在关注、使用信息技术的动机、兴趣不同，导致掌握技术的动力、内生力不同，也加大了技术鸿沟。

（3）社会因素

除经济因素、技术因素外，在数字时代的浪潮中，导致数字鸿沟的主要原因还有体现融合性的社会因素。

对于国际社会而言，不同国家之间的价值理念、文化传承的不同，带来的种族、民族的思维理念、生活方式的差异，对信息技术接受、需求程度不同，导致了利用数字资源动员和参与公共事务活动方面的差异。

对于个人而言，主要包括年龄、性别、教育等社会因素。首先是思维理念。妇女、农民、老年人、残障人士等群体受文化水平的局限性，对接受、应用新技术的主动性、积极性明显不足，对数字时代生活方式的适应性差，仍沿用原有的生活、行为方式，在数字时代逐渐被边缘化，成为数字时代的新型弱势群体。信息有者与无者的差异，在固有的社会分层的结构上加速、加深了社会分层。其次是，年龄因素。数字鸿沟已然成为老年人群体的突出问题，老年人由于其自身的生理条件，习惯偏好、知识储备等综合原因，成为新型的数字弱势群体。[①] 最后是，性别因素。由于性别问题导致社会资源分配不公，进而影响了女性在数字时代的生存和发展。

---

① 参见刘芸《基于经济视角的国际数字鸿沟研究》，博士学位论文，厦门大学经济系，2006年，第30~31页。

（4）制度因素

制度是维护社会发展的工具，是数字鸿沟的制约因素。

对于国家而言，对信息技术领域的制度安排的差异，是形成国际数字鸿沟的原因。一方面，良好的制度是不可或缺的，它为促进数字经济平稳发展起到不可替代的支撑保障作用。信息技术领域的治理涉及多方主体，政府是否发挥了其监管作用、互联网公司作为市场主体的行为是否规范、个人是否享受到了公平合理的数字红利，这些方面都需要制度进行保障。另一方面，不合理的制度设置阻碍科学技术的发展。面对技术创新发展带来的新情况新问题，如何平衡各方利益十分重要，过度的制度干预将阻碍技术的创新进步，放任不管将会引发诸多社会问题，最终也将影响科技行业的发展。

对于个人而言，个体获取数字资源、数字发展机会是否平等，数字权利是否得到充分保障，在一定程度上取决于本国对弥合数字鸿沟的制度安排。政府的制度保障、政策引导、资金扶持，有利于弥合数字鸿沟。反之，缺乏对弱势群体的制度关爱、政策鼓励、兜底保障，数字鸿沟因没有克制力量而滋长。

二　数字鸿沟法律治理困境及其他治理路径分析

近年来，我国高度重视数字领域的治理，出台了相关数字治理的法规制度，采取了伦理性、技术性治理的措施，推动了数字经济的发展，也为治理数字鸿沟起到了重要作用。作为治国之重器的法律，显露出对数字鸿沟的法律供给不足等问题，亟需进一步的探索和完善。

（一）数字鸿沟法律治理的现实困境分析

本节从分析我国数字鸿沟法律治理的现状入手，继而阐明法律治理的不足，分析存在不足的原因，为研究法律治理策略进行把脉问诊。

1. 数字鸿沟法律治理的现状

随着数字技术和产业的蓬勃发展，海量数据涌现和汇聚，信息保护、数据权利等社会问题日益严峻。在这种情况下，国家出台了一系列方针政策，着力推进数字领域的相关立法实践，致力推动数字经济发展，积极应对数字鸿沟的风险和挑战。总体来看，国内的数字鸿沟法律治理呈现出政策引导和法治保障的双重治理模式。

（1）在公平发展和平等权利的保障方面

宪法是权利最高准则的载体，其功能是对公民的权利进行确认和保护，同时也是对社会生活中权利理念、权利制度的具体体现。对于数字鸿沟中所反映出来的公平发展权利等问题，宪法在"以人为本""公平""平等"的价值观下，强调保障人的基本权利，尤其是保障老年人、残疾人、妇女等弱势群体的权利和利益，促进主体平等、权利平等、机会平等，促进社会公平正义。

（2）在信息主体权利的保护方面

从《民法典》的角度出发，把隐私权和个人信息保护，纳入个人的人格权的保护范围，并对信息主体的权利、信息处理者的义务进行了规制，例如，明确了"自然人的隐私权、同意权，以及提出异议和要求调整"等其他权利，以及明确了"处理信息应当遵守合法的原则、适当的和必要的处理要求，以及安全保障的义务"。此外，《个人信息保护法》规定了处理信息者的权利和义务，是保障个体在法律面前平等享有信息权利的指引规范，也是弥合数字鸿沟的法律保障。

（3）在特殊群体权益的保障方面

《老年人权益保障法》《残疾人权益保护法》《未成年人权益保护法》等法律法规对保护特殊群体权益作出了原则性规定。对未成年群体的个人信息、隐私权、网络空间的合法权益，对老年群体共同享有社会发展成果的权利，对残疾人群体的权利，均明确了制度保障。同时，国务院办公厅制定了《关于切实解决老年人运用智能技术困难的实施方案》，以帮助老年人融入数字生活。随后，多个相关部门制定了规范性文件，提出帮助老年群体解决出行、医疗等数字生活的一系列具体措施，有效推动解决数字时代老年人出行、就医、消费、办事困难。这些保障特殊群体权益的法律法规、规章制度，对弥合弱势群体数字鸿沟起着法治保障作用。

（4）在数据安全的保护方面

在 1997 年《刑法》中，就将非法获取计算机信息系统数据、非法控制计算机信息系统的行为纳入刑法保护之中，并在《刑法修正案（七）》和《刑法修正案（九）》不断进行完善。《刑法》第 253 条、第 285 条、第 286 条，对侵犯公民个人信息、侵入计算机信息系统、破坏计算机信息系统的行为，纳入刑法中予以规制。在新出台的《数据安全法》中，通过专项立法规定了数据安全制度和保护义务，构建了民事、行政和刑事的严密法律责任体系。数据安全的法律规制，既是数字弱势群体合法权益的法律保障，也是从安全维度推动数字鸿沟的法律治理。

（5）在算法歧视的规制方面

相关规定在《电子商务法》、《反垄断法》、《价格法》、《消费者权益保护法》和《个人信息保护法》中均有涉及。《电子商务法》中明确对商务经营者在提供服务时，要求提供不针对个性特征的选项，这是我国第一次对算法技术下的"个性化推荐"作出的法律规制。《消费者权益保护法》中明确了消费者的公平交易权。《反垄断法》中对差别交易价格待遇进行了规制。《价格法》中规定禁止价格歧视。《个人信息保护法》中对差别交易待遇进行规制的同时，明确个人有权拒绝自动决策作出的决定。

这些关于"公平交易"的法律规制，既是数字时代维护消费者合法权益的法律保障，也是反算法歧视的规制规范，还是克制技术巨头攫取消费者利益和消除数字鸿沟、缩小贫富分化、促进社会公平的法律治理规范。

（6）在信息基础建设的方面

信息基础设施建设是弥合数字鸿沟的起点，也是解决"接入沟"最直接的手段。当前保护信息基础设施的法律制度，主要表现在保护关键信息基础设施安全、网络安全等方面，同时公安部还制定了具体落实的指导意见等。此外，"十四五"规划对新型基础设施建设作出专门部署，积极打造网络化、智能化、服务化、协同化的融合基础设施。提供安全的、有保障的基础设施和新型基础设施，为弥合数字鸿沟提供坚实的基础设施支持保障。

2. 数字鸿沟法律治理的不足

目前，我国积极应对数字鸿沟挑战，展开了包括普及基础设施建设、适老化无障碍技术创新、法律制度规制等路径的系统治理，有效有力地预防、缩小了数字鸿沟，但在数字鸿沟法律治理方面，仍存在法规体系不完善、配套制度不健全等不足。

（1）数字鸿沟法律治理条文较为散杂

我国对"个人信息保护、数据安全"有专门的立法，但对治理数字鸿沟没有专门的立法，关于数字鸿沟法律治理规定，散见于《民法典》《个人信息保护法》《未成年人保护法》《老年人权益保障法》等诸多法规制度中，不利于数字鸿沟治理的普法、执法、司法活动。

（2）数字鸿沟法律治理部分条文含混

关于数字鸿沟治理的诸多法律条款规定较为抽象、不具体，导致理解不一、认定难、处理难。如《消费者权益保护法》规定的"消费者享有公平交易权"，有学者指出，算法歧视侵犯公平交易权；另有学者则认为，买卖双方均属自愿，并非强迫交易，虽然价格有差异，但只要不高于市场价，就应该是一个合理的价格，没有侵犯公平交易权。① 该法第 8 条规定"消费者有权享有对商品价格的知情权"，对此条文，一些学者认为，这样的掩盖价格差别等于掩盖了商品的真实价值，是对消费者知情权的侵害；还有学者提出，平台商家借口"价格是按照市场规律调整的，正常波动"，很难被认定为侵犯消费者的知情权。② 该法第 20 条规定"经营者提供商品或服务应当明码标价"，对此条文，有学者提出，对不同的消费者设定不同的价格，则反映了价格信息的不透明，违背了明码标价的原则；还有学者指出，商品价格在平台上已经出现，那就是明码标价，而消费者所支付的价格，就是平台给出的价格。③ 这些条文语义的含混，导致运用《消费者权益保障法》维权的实用性不大。

---

① 参见于洋《论电商平台的差异化定价行为》，《市场周刊》2021 年第 11 期。
② 参见于洋《论电商平台的差异化定价行为》，《市场周刊》2021 年第 11 期。
③ 参见邹开亮、刘佳明《大数据"杀熟"的法律规制困境与出路——仅从〈消费者权益保护法〉的角度考量》，《价格理论与实践》2018 年第 8 期。

又如，《反垄断法》第 17 条规定，要以"没有正当理由"为基础条件，而对"没有正当理由"情形没有作出规定，平台经营者可借各种理由开脱，导致是否具有正当理由难以认定。

再如，《民法典》第 1032 条的规定中，对侵犯隐私权的准则模糊不明确，难以规制算法自动关联处理的个人隐私信息问题，个人隐私信息随时存在被数据控制者披露、利用的风险。

（3）数字鸿沟法律治理的配套制度及标准不足

我国已有相关法律法规、规章涉及数字鸿沟治理，但部分法律规范仅限于原则性规定而无具体化规范的内容，还存在缺乏与之相应的配套制度、行业标准作支撑，难以保障治理效能。如，落实《个人信息保护法》中关于"应当保证决策透明度的结果公平、公正"的规定，就需要互联网平台企业建立算法合规管理制度，明确算法决策参数设置、算法审查规范、算法风险评估等行业标准。又如落实《个人信息保护法》关于处理满十四周岁未成年个人信息，就需要制定专门的针对未成年人的个人信息处理规则。如果缺少配套制度的持续跟进完善，没有法律规则的明晰化、具体化，将不利于行政执法和司法适用，难以保障法律治理效能。

（4）个体数字素养和技能培育程度不够

在现有的互联网领域的法律，抑或教育领域的立法，普及和提高民众数字知识和技能教育的法律规定较少。但是，个体的数字素养与技能是主体能否融入数字时代的重要因素，是弥合个体数字鸿沟的关键措施。数字技能的贫困将会导致无法获取和即时更新信息，最终导致被排除在信息时代之外的结果。而且由于技能的短板，极有可能造成数字贫困人群排斥和抵触互联网，丧失对信息技术的探索兴趣，更加不利于学习新兴的网络技术知识，也不利于缩小数字鸿沟。

3. 数字鸿沟法律治理不足的成因

党的十八大以来，党中央高度重视数字鸿沟的法律治理，在《法治中国建设规划（2020—2025 年）》中提出，要加强信息技术领域的法律制度建设，推进《个人信息保护法》等法律的颁布实施，对保护个人信息、规制"大数据杀熟"发挥了一定作用，但因现有的信息技术领域的相关立法不是以数字鸿沟为调整对象，法制的供给与信息技术高速发展、广泛应用带来的数字鸿沟治理需求不相适应。经研究分析，数字鸿沟法律治理不足的主要成因有法律创制的天然滞后性、实践探索积累不够，以及理论研究的不足等。

（1）法律创制的天然滞后性

针对数字鸿沟治理不足的问题，有着法律创制具有天然的滞后性的原因。相对在农业时代、工业时代，人们在物理空间口从事活动，我国围绕物理空间法律治理建构了系统完备的法律体系。随着互联网、人工智能的快速发展，人类的生产和生活空间，由单一的物理空间转向物理空间和网络空间的二元空间，加速推进了人们在网络空间的学习、生活、工作方式。法律的制定、变更既有适应社会生活变化的需要，也具有滞后于变化的社会生活的特性。网络空间领域带来社会治理的新问题、新矛盾，法律制度供给不足，尤其针对数字鸿沟的规制不足，有着法律创制具有天然的滞后性的原因。

（2）法律治理的实践积累不足

针对数字鸿沟治理不足，还有实践积累不够的原因。针对社会问题的法律治理，立法机关进行立法活动，既要深入开展调研论证，也要广泛听取各方意见，而且还要相关行业机构制定自律规范、行政管理部门制定部门规章，司法机关开展司法实践探索，由这些自律规范、部门规章、司法实践，充当先行先试的探索角色，为立法提供规制测试、收集案例样本和积累经验，对成熟的治理规则再上升为法律条文。当前，相关的数字鸿沟治理的行业规范、部门规章的数量少且还未成熟成型，针对数字鸿沟司法探索的相关案例资料还不多，无成熟的治理样本，立法条件还未成熟。

（3）法律治理的理论研究不多

针对数字鸿沟治理不足，除法律天然的滞后性、实践积累的不足外，还存在法律治理的理论研究不多等原因。当前，涉及数字鸿沟治理的相关理论研究，主要集中在老年人和残疾人群体的数字鸿沟治理、算法歧视治理等方面，数字鸿沟法律治理的理论研究还存在不系统、不全面、不深入的问题。

（二）数字鸿沟的其他治理路径分析

对于弥合数字鸿沟，让人人共享数字红利，推进数字时代社会公平，在构建规范的法规体系的同时，探索理性的伦理性规范，运用有力的技术治理手段，三者相互关联、发挥各自不同作用。

1. 伦理性治理

互联网、大数据、人工智能的高速发展，带来发展机遇的同时，也产生数字鸿沟的社会现象。伦理规制作为首要路径，以实现"公平正义"为治理目标。伦理性治理的思想根源是信息不平衡对社会正义的侵害，造成的社会分配正义失衡和社会不公正。[①] 当前，对数字鸿沟的伦理规制主要围绕两个方面展开。一是在制度设计中，坚持"弱者关怀"理念。重视数字弱势群体利益，强化"弱者权益保障"制度条款的设计，保障数字弱势群体能够拥有公平的机会、拥有相应的能力融入数字生活。如，国务院办公厅印发的《关于切实解决老年人运用智能技术困难的实施方案》，就是体现对老年群体的关怀、关爱的伦理。二是在算法模型设计中，融入"算法正义"理念。在算法模型设计环节，体现"以人为本、人性关怀"的要求，融入"合法、公正、自由、尊严、关爱"等"善"的元素，避免输出算法歧视的结果。如，上海市市场监督管理局制印发的《网络交易平台网络营销活动算法应用指引》规定，网络经营者利用算法开展营销活动，应当保证算法应用结果的公平、公正。这一规定体现了"算法正义"伦理要求。

2. 技术性治理

技术规制是弥补数字鸿沟的重要支撑。与伦理性治理相比，技术性治理具有更加直接针对性的特征，而伦理性治理则具有宏观性的特征。数字鸿沟技术规制的措施主要有以下几个方面。一是完善、优化信息基础设施建设。完善信息基础设施是解决接入沟的最直接措施，是化解数字鸿沟的最基础手段。近年来，大部分国家在提升信息基础建设方面取得了较好成效，中国在化解"接入沟"方面走在世界前列。国务院发布的"十四五"

---

① 参见宋保振《数字时代信息公平失衡的类型化规制》，《法治研究》2021 年第 6 期。

规划中，提出加强数字基础设施、信息网络基础设施建设的任务，同时还要求将"适老化、无障碍"的技术设计元素融入智能终端产品，提升智能产品、信息服务的普适性、便利度，构筑以人为本的友好的数字应用环境。二是提升信息社会服务水平。提升信息社会服务主要针对数字鸿沟的使用沟、知识沟的问题，采取提升政务的数字化水平、发展数字教育培训等措施，提升数字政府的服务水平，扩大信息供给，提升个体的数字使用素养和能力。如，互联网公司把弥合数字鸿沟的理念融入产品开发、制定技术标准等工作中。三是完善监管规则的技术标准。针对"算法模型、个性化推荐"等问题的法律治理规则，既要明确基本原则，还要明晰相关概念的内涵和外延、确定主体的权利义务内容，增强监管规则的技术性、科学性、操作性。如，《个人信息保护法》中，对个人信息范围、处理规则、权利义务作出明确的规定；《上海市网络交易平台网络营销活动算法应用指引（试行）》中，对算法的参数设置明确了参数条件和权重的要求，对算法应用明确提出了"七不得"的要求，从技术层面规制算法侵权，引导"技术向善"。

（三）数字鸿沟的治理路径关系分析

数字鸿沟的伦理性、技术性、法律性的治理路径，在治理逻辑上虽有不同，但三者有互补性。伦理性治理为技术性治理、法律性治理提供理念、原则的指引作用，体现在技术性治理、法律性治理的价值中。技术性治理是治理数字鸿沟的战略性支撑，更加注重事前控制和行为预防，为法律性治理提供手段工具。① 法律性治理为技术性治理起到引领和纠偏作用，即技术性治理手段要合乎法律规范的要求、体现法律的价值追求，对于技术性治理的"合法性、合理性"的引领、校正，起着引导"技术向善"的作用。同时，经实践检验的成熟技术性治理标准，可以通过立法程序，上升为法律性治理规范。

数字鸿沟治理，离不开伦理性、技术性、法律性的治理路径。从分析

---

① 参见郑智航《网络社会法律治理与技术治理的二元共治》，《中国法学》2018年第2期。

数字鸿沟三种治理路径及关系中可以看出，这些治理路径是相互融合、共同作用。技术性治理、法律性治理贯穿了伦理性治理的理念要求，技术性治理为法律性治理提供手段、工具支撑，法律性治理为技术性治理起着校正、纠偏作用。三者关系为笔者针对数字鸿沟法律规制的不足问题，研究法律性治理进路提供了思路、方法指引。

三　域外应对数字鸿沟的治理措施

数字鸿沟是数字时代的普遍性问题。由于受到各国不同的体制、经济、文化等背景因素的影响，各国具体的应对方式有所不同。本节将分析美国和欧洲两个地区应对数字鸿沟问题的模式，并就具体措施做了总结和归纳，以供参考。最终如何应对数字鸿沟的问题，还应该结合本国实情，研究考量。

（一）美国缩小数字鸿沟的对策

美国高度重视数字鸿沟的治理，政府出台了一系列举措。综合来看，可以概括为在政府、社会组织、企业的协同合作下填平数字鸿沟的模式。

1. 政府

首先，政府在思想上十分重视数字鸿沟问题，持续开展广泛、深入的研究分析活动。从 1999 年开始，美国商务部就专门针对数字鸿沟的问题进行深入研究。通过分析研究国内不同收入、不同种族、不同区域、不同教育水平的人群之间的数字化差异，整理形成相关的数据报告。通过逐年的统计数据，能够观察数字鸿沟的分布特点、发展规律、跟踪年度动态变化，为政府制定适合差异化人群的经济政策，为促进社会公平化发展提供前提条件。这项有价值的工作，不仅有助于美国自身对症下药，还为其他国家研究数字鸿沟问题提供了丰富的案例资料。

其次，政府在行动上积极开展数字鸿沟治理活动，采取理念引领与制定政策法规等系列措施。具体体现在两个方面。一方面，针对国内人口发布了一系列倡议、计划。自 1999 年始，美国政府一直在为填补数字鸿沟进行演讲，并制定了推进网络发展的国家行动，克林顿总统发起了跨越数字鸿沟的运动，开展了"从数字鸿沟到数字机遇"的市场之旅，访问了国内的信息发展落后地区。奥巴马政府提议的"美国宽带计划"，要求更新美国"信息高速公路"、普及宽带、打造 21 世纪的课堂和网络联通教室。① 这些行动以各种方式，向公众传递和强调互联网等数字技术的重要性，表明了弥合数字鸿沟的深远意义，并发动公众积极参与进来共同努力填平数字鸿沟。② 另一方面，注重提高国内信息化水平，推动互联网产业发展。从 1993 年开始至今，美国政府制定了相关的政策和法律，以促进经济的发展，并于 1993 年颁布了《农村电气信贷改组法》和《国家信息基础设施：行动纲领》；1994 年提出了"全球基础信息设施计划"，为促进全球信息发展、促进国际、政府和私营部门之间的合作；1996 年修订《通信法案》，为信息企业出台平等竞争和普遍服务等各项原则③；1997 年发布《全球电子商务政策框架》确定电子商务领域发展原则④；1999 年美国通讯委员会推出了鼓励因特网发展的"无管制"和"不过问"等政策；2000 年国会提出法案，用税收政策鼓励投资达到一定数额的互联网公司及给工人免费提供上网设备的雇主⑤；2009 年《美国复苏与再投资法案》，决定投入 72 亿美元用于农村宽带的扩展；2010 年美国商务部提出"数字国家"的概念，并在基础设施、互联网、移动网络等领域展开了深入的研究；2016 年美国商务部国际贸易局牵头实施启动了"数字专员"计划，旨在为美国公司扩大全球数字经济市场，为国内公司提供支持和帮助；2018 年通过《综合拨款法案》，为农村宽带计划再次拨款 6 亿美元。这些政策和法令鼓励了互联网的发展，推进了信息技术在落后地区的普及。⑥

---

① 参见王景文《国外缩小农村数字鸿沟的政策和措施》，《创新科技》2013 年第 8 期。
② 参见胡延平编著《跨越数字鸿沟：面对第二次现代化的危机与挑战》，社会科学文献出版社 2002 年版，第 99～112 页。
③ 参见付立宏《关于数字鸿沟的几个问题》，《图书情报知识》2003 年第 2 期。
④ 参见赵豪迈、白庆华《电子政务"数字鸿沟"分析与数字援助政策》，《情报杂志》2007 年第 3 期。
⑤ 参见杨瑞明《跨越数字鸿沟：美国的公共政策与公共利益》，《中国传播学会成立大会暨第九次全国传播学研讨会论文集》，2006 年，第 347～361 页。
⑥ 参见李成波、闫涵《美国弥合老年人数字鸿沟的策略及启示》，《青年记者》2020 年第 6 期。

在政府重视和政策法规并举的措施下，加速了互联网的普及，提高了信息技术水平，推动了美国信息化产业的迅速发展，也加快弥合了数字鸿沟的步伐。

2. 社会组织

社会组织参与弥合数字鸿沟的援助行动。在填平数字鸿沟的行动中，美国还有许多社会公益性质组织积极参与，它们通过援助资金和基础设施，提供技术人才支持等方式作出了积极贡献。典型的有如下。

"工作希望组织"通过与政府部门、社会团体合作的方式，援助地方性小企业。该组织为企业提供了技术培训计划、大量的计算机基础设施，以及技术人才顾问等资源，帮助小企业发展电子商务，在保留已有的工作岗位的基础上，给当地人民创造更多的新就业机会，改善了地区的经济状况，为缩小数字鸿沟作出了贡献。

本顿基金会、马可基金会、皮尤慈善基金会等非政府的公益性机构利用自身的力量，发起、资助了许多关于数字鸿沟的研究活动，以及信息技术的推广项目。这些基金会组织，立足于公民的发展、平等享有信息资源和社会公平等问题，向社会支援大量的信息技术，极力倡导发展技术教育的重要性，为新技术的公平享有和公共利益的最大化作出了贡献。[1] 同时，其也为推动跨越数字鸿沟运动发挥了重要的社会作用。

3. 企业

企业也参与弥合数字鸿沟的支持运动。最初，在政府的推动下，美国的高科技公司，特别是信息技术公司，都加入填平数字鸿沟的行动中来。主要的方式是提供资金援助和技术支持。比如：微软公司捐款 1230 万美元和价值 8800 万美元的软件，资助贫困家庭孩子学习互联网知识；惠普公司为学校和社区的网络基础设施提供资金支持；美国在线公司提供免费 ID 供低收入家庭使用；等等。[2]

---

① 参见杨启光等《缩小"数字鸿沟"促进教育公平：美国家庭连接项目》，《徐州工程学院学报（社会科学版）》2017 年第 4 期。

② 参见刘芸《基于经济视角的国际数字鸿沟研究》，博士学位论文，厦门大学经济系，2006 年，第 108~109 页。

美国政府、科技企业以及一些非营利性的组织联合起来，发起了一项"充电"运动。这项"充电"工程的主要实施方式有：资助学校、社区等公共场所计算机设备和网络技术服务，为儿童提供在线环境和技术能力的培养帮助，确保儿童能够获得技术、经验和资源；通过为美国公共图书馆的建设、宽带设施投入和信息技能训练提供资金支持，帮助公共图书馆建设宽带连接、更新网络技术①；设置援助项目，建立长期性的信息技术培训，帮助青少年掌握新的信息技术，提高社会竞争力②。

科技公司在自发援助以及参与政府和公益组织之间的合作项目中，不仅为弥合数字鸿沟提供资金和技术支持，同时也推动了公司发展。

总之，美国在发展数字经济的同时，也注重弥合数字鸿沟。通过政府、社会组织和企业的携手，将政策、法令与援助项目相结合，主要从推动互联网普及和加大技术能力培养的两个角度，缩小了地区间的数字资源差距，促进了数字化的全面发展，在跨越数字鸿沟上取得了显著效果。

（二）欧洲缩小数字鸿沟的对策

针对欧洲范围内普遍存在的数字鸿沟，欧洲各国提出促进信息技术的发展、普及和应用的政策，制定了许多消除数字鸿沟的具体措施。归纳了各国采取的对策，主要包括以下几个方面。

1. 确立发展战略

早在1991年，欧盟就公布了《竞争力白皮书》，指出"一个国家信息基础设施的发展和普及与经济条件具有密切关系"③。2000年，欧盟制定了"电子欧洲"计划，旨在欧洲建立信息社会，促进数字经济的发展。推进该项行动主要的方式是消除互联网接入障碍，争取让所有人都能使用互联网。在此背景下，欧洲各国也纷纷制定了信息发展规划，如法国制定的

---

① 参见闫慧等《数字包容研究进展：内涵、影响因素与公共政策》，《图书与情报》2018年第3期。
② 参见胡延平编著《跨越数字鸿沟：面对第二次现代化的危机与挑战》，社会科学文献出版社2002年版，第112~114页。
③ 参见董超《欧盟数字化战略特点及对我国的启示》，《中国经贸导刊（中）》2021年第9期。

"网络新行动计划"，都致力于加速数字化发展，弥合数字鸿沟。①

2. 发展电信业务

欧洲积极探索发展电信业务，具体而言有以下几个方面。一是针对电子商务的发展。首先，电子商务使得更多的企业和个人接入互联网，一方面起到缩小数字鸿沟的作用，另一方面促进网络交易的发展，为企业和个人带来经济利益。其次，发展电子商务，促进了信息基础设施的建设与应用。正是产生的这些效果，使欧洲国家感受到电子商务的价值，并制定促进电信业务发展的相关法律和政策。二是针对电子政务的推广。电子政务是政府通过网络提供公共服务的一种方式，也是公众进行商业交易的重要渠道。发展电子政务，需要满足互联网接入和信息技术应用的双重条件，促使公众更加关注信息技术的应用。电子政务的推广，为消弭数字鸿沟提供了设施基础和技术帮助。② 三是针对远程教育的开展。远程教育是将互联网等媒介融入教学过程的一种跨时空的全新方式。在欧洲成立远程教育学会的包括学校、机构和个人，其成员几乎覆盖了欧盟的各个国家。远程教育的发展，促进了欧洲社会教育的完善，以及多媒体技术的发展。同时，远程教育的开展，也缩小了人们在知识和技能上的差距，有助于缩小数字鸿沟。

3. 开展信息技术教育和培训

为填平数字鸿沟，就必须学习信息社会所需要的新技能。欧盟为加大信息技术教育的普及力度，提出了"电子教育"计划。该计划主要通过正规学校教育和社会培训两种方式，来解决技能不足的问题。展开而言有两方面。一方面是加强学校教育，推进教育信息化。例如，德国教育部与电信部共同提出万所学校联网建议，意大利教育部提出为学校提供网络软硬件的行动计划，等等。另一方面是开展社会培训。首先，欧洲许多国家开展了"数字扶贫"工作，比如，瑞典的"学校信息技术教育计划"及"老年网络计划"等。③ 其次，许多国家资助年轻人和失业人员培训技能，

---

① 参见林平《电子化欧洲行动计划》，《全球科技经济瞭望》2002 年第 5 期。
② 参见王景文《国外缩小农村数字鸿沟的政策和措施》，《创新科技》2013 年第 8 期。
③ 参见李章程《欧洲电子政务建设研究》，硕士学位论文，苏州大学历史系，2005 年，第 36 页。

促进其就业。通过学校教育和社会培训的方式，帮助社会公众掌握信息技术技能，更好地适应数字社会的发展。①

总的而言，正是通过发展信息产业，推进"电子欧洲"计划，加强信息技术在商务、政务、教育领域的应用，加强以学校、社会为阵地的技能培训等方式，促进落后地区实现快速发展。② 经过多年的努力，欧洲在弥合数字鸿沟方面取得了较大成果，也促进了欧洲各国的经济发展。

（三）美国和欧洲治理对策的总结与启示

美国和欧洲各国在应对数字鸿沟问题上，提出了许多政策措施，对于跨越数字鸿沟具有重要的借鉴意义。这主要表现为治理思路和具体措施两个方面。

首先是治理思路层面。一是规划发展战略。制定发展方式，毫无疑问是数字发展的首要环节，是应对各项风险与挑战的指导思路。对于在数字经济发展战略之中，尤其是面对数字鸿沟等复杂多变的社会问题，可以借鉴美国和欧洲的方式，在对数字鸿沟问题开展调查研究的基础上，制定一个长期的规划和战略安排，及时跟进动态变化，制定新的补充发展计划予以完善。③ 二是政策法律的跟进。政策和法律是数字环境中的关键性因素。一方面，企业信息化建设、群体之间的发展差异等引发的数字贫困问题，需要国家的鼓励政策予以引导，需要帮扶政策予以保障。另一方面，数字经济的发展，需要法律的规范，数字化时代的人民权利，需要法律的保障。数字鸿沟的问题，需要法律的治理。所以，积极完善政策和法律构建，是治理实践中必需环节。三是社会理念的转变。在制定战略以及政策、法律的实施过程中，应当向社会公众强调数字化理念的重要性。这一点在欧盟制定的关于互联网普及的计划，以及美国打造数字教室的计划中均有体现。对个人而言，数字化理念的普及，能够激发民众主动参与、主动学习数字技术的兴趣，让民众自发地消除信息技术的知识沟；对企业而

---

① 参见迪莉娅《欧盟数字鸿沟的治理》，《办公自动化》2007年第18期。
② 参见王景文《国外缩小农村数字鸿沟的政策和措施》，《创新科技》2013年第8期。
③ 参见熊光清《全球互联网治理中的数字鸿沟问题分析》，《国外理论动态》2016年第9期。

言，数字化理念的普及对于提高企业信息化应用能力和数字经济竞争力发挥关键作用，帮助企业更好地应对数字市场风险、更快地融入数字经济发展，从而更好地提升经济效益。

其次是具体措施层面。一是在发挥各方主体作用上，构建主体之间的联动模式。通过对美国和欧洲治理模式的总结，不难发现，两者具有相同的特征，即注重社会各方的联合治理。社会各个主体协同应对社会问题，通过发挥各自的优势，共同营造出良好的数字经济环境，推动国家政策的实施，促进信息化产业的快速发展。二是在基础设施和技术保障上，坚持普遍推广和特殊对待的相结合原则。一方面，在全社会范围内加强信息基础建设。政府通过加大信息领域的资金投入，以信息基础建设来支持信息产业发展，以信息资源合理分配来促进信息资源的共享，积极鼓励社会组织和企业投资建设信息基础设施，促进技术的广泛普及。同时，注重对数字贫困区域、特殊人群的扶持。尊重地区间的发展差异，结合实际制定精准的、长期的扶助政策，有计划地推进信息基础建设，积极提供数字化服务，尤其是重视数字弱势群体的用户体验，转变服务方式，使其加快融入数字环境，缩小地区间、个体间的数字鸿沟。[①] 三是在加强人才培养上，坚持培养专门人才与提升全民技术素养并重。其一是重视培养科研技术专门人才；其二是通过社会教育、家校联通教育方式，促进全民技术素养的提升，为跨越数字鸿沟提供基础技术和人才保障。

四　数字鸿沟法律治理的对策

当前，人类社会已经步入数字化、智能化时代，其中蕴含着大量的不确定因素，给国家治理、社会治理带来了风险与挑战。数字鸿沟问题是一个典型的社会发展问题，应当予以法律回应。数字鸿沟的法律治理是推进数字时代的人权保障事业发展和促进社会公平正义的重要举措，是建成"数字中国"的必由之路，是实现国家治理现代化的重要内容。本节从提

---

① 参见赵安琪、付少雄《欧盟数字化贫困治理战略、实践及启示》，《图书与情报》2019年第 2 期。

出数字鸿沟法律治理应遵循的基本理念、基本原则着手，进而提出构建多元共治模式和实行立法、执法、司法共同推进方式的数字鸿沟法律治理的对策。

（一）数字鸿沟法律治理的理念及原则

近代法是从罗马法的复兴中发展起来的，其基本理念是：法的价值是单一的，这使得人们认为现有的法律秩序所维护的价值系统是独一无二的。然而，"数字化社会的发展与变革打破了法律价值单一的枷锁，需要多重价值的共存，才能实现各种权利诉求与价值取向的协调与相容"①。同样，缩小数字鸿沟，离不开基本理念和基本原则的指引。

1. 数字鸿沟法律治理的基本理念

数字鸿沟的治理过程中体现出价值的多元性，具体表现为正义与效率、发展与保护、权利与义务以及中心与边缘之间的关系。在弥合数字鸿沟的过程中，则需要将这些基本理念充分兼容整合。

（1）正义与效率

数字鸿沟问题的法律治理，应坚持社会正义与技术效率的协调平衡。只有兼顾社会公平正义和数字技术效率，才能保障数字经济的健康发展、长远发展和创新发展。

一味地追求提升技术发展效率，过分强调经济利益的快速变现，势必忽视发展中所存在的诸多不公平、不稳定因素，为日后的发展埋下隐患。比如，虽然现在数字技术与人们生活业已高度融合，但社会中仍存在大量从未使用、不会使用数字技术的个体，人们在数字技能上参差不齐现象是数字鸿沟问题的一个突出表现。在这种背景下，只顾信息技术的不断升级换代，而将数字技能弱势群体抛下不管不顾，不仅违背了技术发展惠及全体人民的根本目的，同时也与数字经济持久发展的逻辑相背离。在数字社会的建设中，应当重视平衡和协调各方利益，维护社会的公平正义秩序，既要着眼于解决当下的现实数字难题，也要放眼于未来技术发展的安排。

---

① 吕忠梅：《沟通与协调之途——论公民环境权的民法保护》，中国人民大学出版社 2005年版，第 61 页。

将弥合数字鸿沟作为一个长期预防和治理的工作来展开，立足于实际情况，合理借鉴他国的经验做法，并根据本国实际情况，制定适合本国的、具有实效性的方案。只有坚持社会正义和技术效率并重，才能走出数字困境，增进全体人民的数字民生福祉。

（2）发展与保护

发展与保护一直以来存在着紧密的关系。促进发展，才能为享有各项权利提供物质、政治和精神基础。保障人权，是实现发展的重要原因和根本目的。而且发展本身就属于一项人权，应当受到重视和保护。数字经济时代，数据信息是数字产业赖以发展的基础，然而数据信息的不正当利用，可能会导致泄露隐私，给数据主体带来风险。可见，数据利用和信息保护存在隐性冲突，需要在发展数字经济和权利保护的过程中进行价值平衡。

仅注重数字经济的发展，而不对数字市场进行规范，容易造成诸如数字鸿沟等不平等现象，进而引发严重的侵权问题。单纯注重保护公民个人的信息数据权利，无法形成一个宽松的、自由发展的市场环境，便不利于数字经济的良性运行，对提升社会整体的公共利益产生不利影响。由此可见，发展与保护其实并不是完全对立的，这个问题的实质在于，公私利益间的博弈。为实现数字经济发展过程中多元利益的平衡，首先，应当以明确保护人民权利为核心原则，因为发展是为了人民。其次，再依据比例原则充分权衡利弊，在不损害人民权利的前提下，为数字经济发展提供有力支持，使发展的结果更好地为人权保护发挥基础性的作用，推动经济与社会两方面的价值实现。

（3）权利与义务

数字科技的迅速发展，给现有的秩序带来了许多风险，同时也为建立新的秩序提供了强大动力。其中最重要的任务就是建构适应数字时代的权利义务法律秩序，将数字发展纳入法律规范体系，从而保障数字经济的平稳健康发展。

在数字时代的背景下，保护数字人权的特殊之处在于，权利中增添了数字特征和属性，法律应当把权利的数字属性纳入保障范畴。所以，除了对传统权利进行保护之外，还应该通过立法让新型数字权利受到保护，形成以人为中心，根据人们发展而提供权利保障，用法律手段维护好公众权利。同时，法定的数字人权的实现，以义务主体的履行义务为保障。通过对义务人的划分、具体义务的分配、承担责任的明确，来建立义务责任机制。① 总之，通过对权利义务的划分，积极构建完善的权利义务体系，运用制度来推动实践发展、解决实践困境，不仅有利于弥合数字鸿沟，还会未雨绸缪，为应对未来数字发展过程中遇到的挑战发挥积极的作用。

（4）中心与边缘

中心和边缘的存在，催生了关于公平正义的问题。中心和边缘在经济水平上存在发展差距，在物资资源上分布不均衡。这些差异，让中心与边缘始终缺乏平等的发展基础和机会，反过来加强了中心性和边缘性，增加中心与边缘之间的数字鸿沟。

因此，数字鸿沟问题的治理，思想上必须重视平衡中心与边缘关系，积极促进中心以自身优势带动边缘发展，打造包容、互惠、共享发展成果的局面，改善边缘地带的数字化生存条件；重视调节普遍与特殊的关系，关注不同群体尤其是数字弱势群体的利益，弱势群体存在不能自由控制客观条件的先天不足，所以保障特殊的弱势群体的权利就显得十分重要，同时也是实现实质正义的正确手段；注重协调整体与局部的关系，坚持数字底线思维，帮助数字弱势群体，提高其数字生活质量，实现数字发展权的最大公约数。② 同时，在行动上还要极力融合中心和边缘的关系，结合实际发展状况，对数字边缘群体提供倾斜性的帮助，采取措施缩小数字差距，比如积极引进资金、人才和技术等，打破中心与边缘信息发展不平衡的局面，中心和边缘都需要积极努力创造良好的环境，数字边缘主体需要通过学习知识，提高自身的数字素养，缩小数字鸿沟，更加积极地融入数字化发展之中，实现共同发展。

2. 数字鸿沟法律治理的基本原则

数字鸿沟的法律治理，要在基本理念的指引下，坚持以人为本、数字

---

① 参见龚向和《人的"数字属性"及其法律保障》，《华东政法大学学报》2021年第3期。
② 参见唐勇、陈思融《论人类命运共同体的人权观》，《浙江工商大学学报》2020年第1期。

正义和数字人权的基本原则，才能实现弥合数字鸿沟，缩小贫富差距，让数字发展的红利惠及更多人民。

（1）以人为本原则

以人为本的原则，即以人民为中心，以人民为治理数字鸿沟的主体，是治理数字鸿沟的根本目的。弥合数字鸿沟应当始终坚持以人为本的基本原则，使得科学技术发展真正服务于人民，保证人民的全面可持续发展。以人为本的原则对于跨越数字鸿沟的价值意义有以下几个方面。

一是以保障人民权利为根本要求。进入数字时代以来，社会涌现出大量的诸如大数据杀熟、算法歧视等新型复杂问题，给人权保障带来新的挑战。在解决新问题时应始终坚持人民立场，积极通过数字法治实现数字生活空间中的人权，在当前的数字社会发展背景下，数据对个人的生存发展愈发重要，由此产生了一系列关于信息的新型权利，如数据权、访问权等。在建构法治体系、重塑权利义务关系时，回应人民对于信息权利保护的需求，构筑以人为本的数字时代法律秩序，将权利保护作为根本目的。①

二是以促进人的全面发展为最终目标。智能技术虽然给人们提供了许多便捷服务，且一些行业逐渐启用人工智能代替传统人力服务，但是我们仍应该充分认识到发展是为了人民，实现人的全面发展，才是大力发展数字经济的题中应有之义。这就要求主动破解数字经济发展中的难题，减轻数字鸿沟给人们的生存发展带来的不利影响，积极寻求将数字鸿沟转变为数字红利的途径，努力培育人民的数字素养，提升人民的数字技能，为实现人民的全面发展提供机遇、创造条件，为缩小贫富差距，实现全体人民的共同富裕筑牢基础。

（2）数字正义原则

公平正义是法治的生命线，也是当代社会的基本价值观。数字化时代中，数字鸿沟引发了社会主体之间的不平等现象，带来了社会资源分配的不公正现象，坚持数字正义原则成为缩小数字鸿沟、维护数字时代正义秩序的准绳。具体而言如下。

① 参见贾秀飞《技术赋能与治理变革：大数据时代政府治理现代化的内在逻辑及策略回应》，《理论月刊》2021年第6期。

一是主体间的信息差异问题。数据毫无疑问成为数字时代最宝贵的生产要素和资源，但是数字鸿沟恰恰反映了数据资源的不公平现象。突出表现为社会主体间信息不对等现象。对于普通公民而言，只是在日常生活中，参与简单的数据交换、使用等过程，但反观市场中的互联网企业，二者对于数据利用程度显然具有较大差异。信息行业"正在将你的生活转化成他人的商机"①，它们以数据信息为利益来源，以至于泄露隐私信息等问题屡见不鲜。数字经济市场的蓬勃发展，需要树立基本的道德准则，而坚持数字正义原则，正是在将公平正义的道德主张注入市场秩序之中，以期建立一个更加公平的信息资源环境。

二是主体间社会资源的差异问题。数字鸿沟并不只是因为信息技术的接入和使用上的不同而造成的信息不平等，还关系到一个更加广泛的社会不平等问题，这是由于各个主体之间不仅存在着经济差距，同时还存在知识、数字素养等非经济因素的差别。这些因素导致产生了数字弱势群体，该群体通常难以获得信息化发展机遇，缺少享受数字福利的机会，以至于逐渐被数字社会边缘化，成为信息时代的被遗忘对象。坚持数字正义原则弥合数字鸿沟，就是在数字时代为数字弱势群体，谋求发展权利的平等和发展结果的共享。将普惠、公平作为数字社会的发展目标，缩小主体间的数字鸿沟。

（3）数字人权原则

数字人权是指，将掌握运用数字科技权利作为人权予以保护。智能时代，数字技术可谓福利和风险并存，应当坚决防止滥用数字科技来侵害人民权利，坚持数字人权原则，就是以人权为尺度，作为判断科技进步的核心标准。即利用人权的力量和权威，通过对数字技术发展应用的道德制约与法律规范，从而为弥合数字鸿沟、实现信息共享、推进数字经济发展提供保障。具体而言如下。

一是提供数字化生存和发展条件。在数字社会坚持数字人权原则，就是坚持强调一切以人民为中心，以人为本的理念。通过调动多方主体的积

---

① 参见〔美〕皮埃罗·斯加鲁菲《智能的本质人工智能与机器人领域的 64 个大问题》，任莉、张建宇译，人民邮电出版社 2017 年版，第 170~171 页。

极性，促使国家职能部门发挥公共管理作用，促使公司企业等市场主体积极履行自身义务，给民众营造一个良好的数字环境，特别是针对数字贫困的民众，更要积极主动地精准扶贫，保证提供基本设施和接入网络，切实改善数字弱势群体的数字生存条件，为缩小数字鸿沟创造积极的外部环境。① 总之，将科学技术用于提高人民生活质量，丰富人们文娱活动，改善人们生存环境等方面，最大限度地让人们享受信息科技发展的成果。

二是消解数字时代的人权威胁。坚持数字人权原则，其出发点和落脚点都应放在防止和抑制数字时代的人权威胁，强化对公民的隐私权、信息权利、知识产权等方面的人权保障。数字环境中隐藏着大量的风险与威胁，对人权保护发起了挑战。如数字鸿沟、算法歧视、数据侵权等问题，它们直接涉及人们的人格、隐私、财产等权利。为应对数字时代的难题，需要坚持数字人权原则的指引，只有这样，才能建构起合理的数字秩序，处理好人与数据之间的关系，才能确保数字科技向善，促使数字科技在法治轨道上造福人民而非危害人民，才能使得数字经济发展为了人民，充分保障人民的权利和自由。

（二）数字鸿沟法律治理的共治模式

党的十九大报告中提出要"打造共建共治共享的社会治理格局"，实现从"共建共享"到"共建共治共享"的治理战略升级，其中新增的"共治"思想体现了新时代的新要求，将人民平等参与、公民自治等理念融入了社会治理的工作安排中。这就需要政府、企业、社会组织和个人积极参与解决数字鸿沟的社会问题，明确各方责任、发挥各方作用，构建多元主体协同共治模式，共同应对数字时代的挑战。

1. 政府责任

第一，从履行政府义务的角度，围绕"制定国家战略、加快信息基础建设和推进数字教育"三个方面发力，推进数字鸿沟治理。将数字鸿沟治理纳入经济社会发展规划的纲要中，进行系统规划，调动各方力量有计

---

① 参见黄浩然、陈鹏《构建数字命运共同体的内涵、意义及路径》，《理论建设》2021 年第 4 期。

划、有措施、有保障地加强数字鸿沟治理工作。首先，保障平等获取信息资源。健全和完善公共政策，除通过政务平台、电视等媒体外，采取网格化宣传等有针对性、实效性的措施，准确、及时传播事关民生福祉的法规政策、重大决策等信息，保障数字弱势群体尤其是生活在农村边远地区群体获取信息，缩小信息资源配置的区域性差距，弥合信息差距，公平实现公众的信息权利。其次，保障平等接入互联网。加大财政投入、动员社会资金捐助等方式，加强对公共教育场所、经济落后地区的信息基础设施建设和完善，消除经济贫困地区接入互联网的差异。最后，帮助提高数字技能。通过计算机的普及和互联网的接入，倡导、动员全社会力量，积极开展信息技术教育活动，提高国民数字素养，满足个体对于信息技术使用需求，消除数字弱势群体使用互联网的差异。

第二，在协同公民和市场主体的角度，建构普遍保障与特殊保障相结合的保障体系，完善适当干预和积极鼓励相贯通的市场治理体系，推进数字鸿沟的治理。首先是人民，对一般公众和社会弱势群体采取两种扶助方式。对于公众，政府应加大开放数据的力度，实现数据的民有和民享。对于数字弱势群体，应当坚持底线思维，对社会弱势群体加大政策扶持力度，以弥合数字鸿沟。其次是市场主体，坚持适当干预和积极鼓励并行。通过制定法律或者完善制度进行适当干预，规范市场各主体行为，引导数字市场的公平性。通过向企业提供税收优惠，鼓励企业开展信息化产品技术的创新研发，开发针对数字弱势群体的产品、软件。对弥补数字鸿沟作出贡献的企业，可以采用社会宣传或授予荣誉等方式进行奖励。

2. 市场责任

第一，从企业责任出发，分为对内加强行业自律及对外承担社会责任。企业是信息技术、数字经济发展中最活跃的因素。企业内部建立完善自律机制，坚持管理和发展并重，积极配合相关法律的合规审查，维护数字市场的良性发展环境。对内还需提升员工职业素养。互联网、大数据的从业者，除了提升数字技能外，还要强调职业纪律和重视道德规范，在工作中做到保护数据、不滥用数据、不泄露数据。对内还要积极开展自主创新活动。研发适应不同群体需求的信息技术产品，尤其是适老化产品技术，从而带动信息产业为弥合数字鸿沟作贡献。对外积极承担社会责任。利用自身资源反哺社会，开展信息技术的教育宣传，增强用户体验，推进服务升级。

第二，从社会组织责任出发，在数字鸿沟治理过程中，社会组织起到了连通和引导的重要作用。一方面，它作为社会治理的主体之一，通过加强自身能力，推动资源的整合和输出，提高社会服务水平和能力，让更多人享受到了信息技术的便利。另一方面，它作为政府与民众之间的纽带，既能够组织和发动公众主动参与到数字发展中，体验数字技术的便利，为公民数字权利的实现提供有效途径，又能对政策落实的具体情况以及民众的诉求等民情民意，向政府的有关部门反映，及时弥补治理的空白和短板。①

3. 个人责任

第一，在思想层面，强化法治观念和保护意识。首先，要增强法治观念。不论身处线上或线下、虚拟或实体的空间，都应该严格遵守宪法和法律的规定。权利与义务是社会关系的一体两面，在行使个人数字权利的同时，要遵守不侵犯他人数字人权的法律义务。在虚拟世界，也要谨慎行权，不得滥用权利，不能发表不当言论损害国家利益和民族情感。在信息数据传播过程中，除了严格遵守法律之外，还应尊重信息主体的信息自决权，不干涉信息主体行使被遗忘权和知识产权等合法权利。其次，要增强保护意识。随着数字时代的到来，大量新型权利出现，公众应提升信息数据权利的保护意识，提高自身的风险防范能力。最后，理性行使监督权。对互联网平台的运营服务，理性行使监督权、批评建议等权利，形成良性的互联网生态氛围。

第二，在行为层面，强化自我技能提升与反哺责任落实。积极参与数字发展建设，主动提升信息技能，增强数字素养。同时还肩负数字反哺的职责，特别是年轻一代，通过反哺家庭长辈的方式，协助长辈提高数字能力、提高辨识互联网信息真伪的能力，树立数据安全意识，增强数字信

---

① 参见陶文昭《全球数字鸿沟及其治理》，《中共福建省委党校学报》2006 年第 5 期。

心。从了解数字技能、到使用数字技术，再逐步摆脱数字弱势群体的标签，在数字化生存中抓住发展机遇，将数字鸿沟转变为数字红利。[①]

（三）数字鸿沟法律治理的共进策略

数字鸿沟问题是社会问题，也是法治应当回应的问题。用法治的力量弥合数字鸿沟、保障数字人权、促进数字公平。坚持以习近平总书记关于互联网治理的系列重要指示为指引，采取"立法、执法、司法"共同推进的策略，形成司法协同治理数字鸿沟的合力。

1. 完善立法

法律是治国之重器。在中央层面，强化立法的顶层设计。系统梳理弥合数字鸿沟的相关法律法规，全面了解数字鸿沟治理的法律规制现状，系统研究弥合数字鸿沟的法律困境，准确把握弥合数字鸿沟的重点问题，着力加强数字鸿沟治理机制和制度供给建设，构建弥合数字鸿沟的系统完备的法律规范体系。在立法层面上，当前，针对数字鸿沟带来社会不公、算法滥用、信息侵权等社会问题，重点加强"管控算法乱象、保护信息数据权利、提升数字素养以及促进社会公平"等方面的法规制度建设。未来，在立法条件成熟后，可以借鉴韩国的做法，制定专门的《数字鸿沟法》。

（1）强化算法歧视的法律规制

算法歧视影响对象范围广、涉及领域多、方式隐蔽，其可能引发诸多领域的差别对待，影响社会公平正义。管制算法歧视是数字鸿沟治理的重要内容，立足于我国当下的国情，借鉴谷歌、微软公司发布"反算法歧视方案和措施"，由国家网信部门制定反算法歧视的规章，建立互联网公司的行业标准、合规制度，配置相关主体的权利义务和问责机制来治理歧视问题。一是赋予个体免受算法决策支配的选择权。赋予用户有权不接受算法决策，有要求进行算法解释等权利。二是对算法设计者、使用者追加相应义务。针对算法设计者和使用者，设置事前预防、事中控制、事后矫正等反算法歧视的责任。如，增设平台企业使用信息的事前取得用户同意的

---

① 参见陆杰华、韦晓丹《老年数字鸿沟治理的分析框架、理念及其路径选择——基于数字鸿沟与知沟理论视角》，《人口研究》2021 年第 3 期。

义务。平台采用自动化决策推送信息、商业营销时，应当设置适时的弹窗页面，事前征得用户同意，不得单方随意进行个性推送。三是完善算法违规的问责机制。明晰算法侵权情形，建构民事、行政、刑事的责任体系，畅通权利受侵害的救济途径。①

（2）健全数据权利及其保护的法律制度

面对数据监控的全面扩张、数据画像的日益严峻等信息侵权问题，个人数据权利保护的法律实施至关重要。一是健全数据确权制度。对数据的概念种类、权利义务的主体、权利义务的范围、使用原则、安全保护等事项给予明确，用法律形式体现"我的数据我作主"的确权原则，改变用户被操控的被动处境。二是对互联网平台设置保障信息主体自主权的义务。当前，互联网平台以收集个人信息为提供服务的前置条件，个体用户要么是被迫"出局"不使用、要么是被动出让个人信息来换取使用服务，用户存在被动"勾选"同意的无奈感，没有实质的信息自主权。② 鉴于这一问题，用法律规制方式设置互联网行业的保障义务，要求互联网行业履行保障用户自主权益的义务，完善行业规范、技术标准等技术规制措施。如，对互联网平台提供的服务，赋予用户有"同意"出让个人信息或通过"付费"等合理方式的自主选择权，而不仅是"同意"出让信息的单一选项。让用户的信息自主权，从形式的知情同意转变为实质的自主决策。三是推进数据保护的相关配套制度出台，完善数据保护体系。《数据安全法》对于"数据处理"和"数据安全"的行为作出规定，但是对于数据权利具体如何保护等方面亟待明确，可以沿用 2021 年 12 月 31 日出台的《网络安全标准实践指南》对数据分类分级进行明确的做法，进一步完善配套的法规、规章和行业标准等措施，将《数据安全法》的内容具体化和清晰化。

（3）完善数字弱势群体权益保障的法律制度

当下，法律要对老年人、残疾人、未成年人等数字弱势群体的权益加

---

① 参见曹博《算法歧视的类型界分与规制范式重构》，《现代法学》2021 年第 4 期。
② 参见马长山《智慧社会背景下的"第四代人权"及其保障》，《中国法学》2019 年第 5 期。

强保障，健全"弱者关怀"的法律保障内容，确定政府、互联网平台、企业的法定义务，促进数字时代的社会公平。如，建立数字产品的"适老化、无障碍"改造的法制保障制度，完善数字弱势群体的信息基础设施、电信资费补助等数字扶贫政策，用法治手段保障全民使用数字技术的合法权益，保障数字弱势群体能够公平地享有数字红利。[①]

（4）加强数字教育法律制度建设

促进数字领域教育公平、机会公平和发展公平，教育是先导。用法治手段来保障数字教育普及全民，提高全民数字素养。在教育方式上，考虑将职业教育、成人教育、学校教育等整合实现国民教育，通过远程或者线下的模式，不仅使学生，还有其他的社会人员都能普遍接受数字技能教育，让信息技术教育在社会全覆盖推进。在社会弱势群体的数字教育保障上，应给予更多的法治关怀。如参照安徽省 2020 年 11 月制定的《安徽省老年教育条例》，制定保障老年人教育权利的地方性法规，用法治助力弱势群体跨越数字鸿沟，共享社会进步发展。

2. 强化执法

（1）完善网络空间治理行政执法监管机制

当前，我国公权力治理体系由区域治理与职能分工治理相结合而呈现条块化的特征，无法适应网络空间无边界性特点，且网络空间行政监管主体多元，涉及市场监管、卫生、信息通信、运输等多个部门。如《个人信息保护法》和《数据安全法》规定，对个人信息和网络数据安全由国家网信部门负责统筹协调工作，《电子商务法》的执法机关为市场监督管理职责部门，《价格法》监管部门为政府价格管理部门，等等。这种条块式、多元化的互联网监管格局，易导致职责分工不明、多头执法现象，需要加强顶层设计，统筹、整合执法监管资源，制定关于弥合数字鸿沟的实施方案，明确相关执法部门的职责分工、衔接模式，建立一个跨区域、跨部门的信息交换、监管互认和执法互助的数字执法平台，开创跨区域、跨行业的数字执法新模式，形成区域协助、职能优势互补的协同弥合数字鸿沟的

---

① 参见宁立标《论数字贫困的法律治理》，《南京社会科学》2020 年第 12 期。

执法机制。

（2）加大弥合数字鸿沟专项行政执法监管力度

开展弥合数字鸿沟的专项执法监管活动，推进弥合数字鸿沟的法规政策落实落地。尤其是要对网络服务平台过度收集、不当处理用户信息，以及算法歧视的行为，通过加大行政监管力度，强化网络领域内的数据监管和技术监管，严厉惩治信息侵权、数据滥用的违法行为，引导网络服务平台合法、合规经营，自律自觉履行消弭数字鸿沟的社会责任。

（3）健全行政相对人的信息保护管理制度

对于在执行公务过程中采集、储存、使用的个人信息，坚持信息"专用"并保护"敏感"信息，建立健全严格的信息管理制度。在行政执法数字化过程涉及多方主体参与数据处理，带来信息安全和隐私保护问题。比如患者在采取防护措施的情况下，恢复基本的生活、工作后，但出于种种原因，个人信息面临严重的泄露风险，加之网络、自媒体等平台热衷于收集甚至"人肉"患者个人信息，加剧了信息扩散，造成不良社会影响。通过设置严格信息管理制度避免产生过度收集、信息泄露、信息滥用的不良现象，避免公权力对个人隐私等私权利的侵害。

（4）落实网络领域"谁执法、谁普法"责任

积极开展网络普法，增强全民的法律意识和自我保护能力。第一，引导网民树立法治意识的理念。网络领域执法部门落实好普法的主体责任，用好用活用足网络，帮助网民树立法治思维，增强依法上网意识和行为自律，自觉抵制网络不法行为，净化网络生态空间。第二，丰富网络领域普法的载体和内容。通过丰富宣传渠道、创新宣传手段事前预防风险，加强对信息侵权、网络诈骗等典型案例的宣传，以案释法、以网治网引导网民增强信息权利的意识，提高信息安全的防范保护能力。第三，营造网络空间学法、用法、守法的良好氛围。网络领域执法部门可以通过组织在线普法精品课堂评选、开展网络法律知识竞赛等多种活动，鼓励公众参与学习、研究和应用互联网法律知识。

（5）完善信息安全保障的多元纠纷调处机制

充分发挥非诉方式在平衡信息主体权益、实现社会公平中的作用，完

善多元化的纠纷调处机制。完善相关信息安全监管机制，行业协会、社会组织之间的监管衔接机制，促进形成信息互通、调处互动、优势互补的纠纷调处机制。广泛引入专业调解资源，提高调处实效。引入行业调解、律师调解、商事调解等专业调解资源，助力对个人信息侵权、算法歧视等涉及专业性、技术性纠纷的化解。完善"线上"纠纷化解模式。推进"在线"纠纷化解平台的建设、应用，推进实现在线咨询、投诉、调解、救济的"一站式"调处模式，方便当事人"一网解纷"。[①]

3．推进司法

（1）积极推进数字治理的司法解释、指导性案例出台

在处理数字鸿沟时，必然会遇到新的问题，及时发布司法解释，指导司法实践。对原有法律条文含义不清的内容予以明晰，统一执法、司法的标准。对数字鸿沟治理中的新情况新现象，在刑法条文含义的范围内推进司法解释，丰富法律条文的适用范围。针对违规处理个人信息，严重侵犯国家、集体、个人利益行为，通过深入研究刑法条文，增强法律适用的准确性、统一性，推动上升为司法解释。如，平台企业采用算法歧视的手段，非法获利达一定数额，或造成严重社会影响的，可以从研究"非法经营罪"的条文着手，探索法律适用问题。针对数字领域内的违法犯罪，如网络诈骗、侵犯公民个人信息、传播网络谣言等违法犯罪行为，在依法严厉打击的同时，应加强对指导性案例的发布，为司法活动提供参考，以期精准打击数字违法犯罪。

（2）充分发挥公益诉讼保护信息主体权利的作用

相对数字侵权者而言，被侵害者在信息技术方面明显处于劣势，单一个体的自我维权难度大。针对信息保护的维权问题需做两方面的工作。一方面，要完善公益诉讼保护组织提起诉讼的法律机制。针对侵害众多个体的信息权利，以及造成严重社会影响的信息侵权行为，建立由消费者权益保护组织提起诉讼的司法机制，以及由人民检察院提起公益诉讼的制度，通过消费者权益保护组织、人民检察院提起公益诉讼的方式，从而有效保

---

① 参见蒙志敏《数字经济时代法律治理的困境与进路》，《哈尔滨师范大学社会科学学报》2020年第6期。

障被侵害者的合法权益。另一方面，需加强保护信息权利的专业能力建设。消费者权益保护组织、人民检察院可以通过招录、引进的数字法律人才，或者通过与科研院校开展合作等方式，培养数字法律的专业能力，提升维护信息权利的能力水平。

（3）丰富数字化治理的民主司法活动

近年来互联网领域的许多新兴问题、疑难问题，引起公众广泛关注和讨论。在具体司法实践层面，司法机关要主动回应人民的司法新期待，强化民主司法实践，主动搭建平台，邀请社会人士广泛参与司法，吸收群众正确的意见和建议，兼顾法理与情理，自觉接受社会监督、群众监督、媒体监督，通过引入更多私主体参与社会治理弥补单向监管的不足，使数字化治理获得人民群众的支持，营造弥合数字鸿沟的社会良好氛围。在民主司法的顶层设计层面，要建立全国性数字法律专业人才库，邀请其参与司法个案活动，为司法机关提供专业化的意见，增强民主司法效果。

（4）提高数字弱势群体法律援助服务水平

司法保护是维护社会公平正义的最后一道防线，要把维护数字弱势群体权利落实到司法活动的全过程、各环节，发挥法律援助制度的作用，提高辩护质量，有力维护个体尤其是数字弱势群体的合法权益。在国家顶层设计层面，建立数字法律人才培育规划，作出保障数字弱势群体法律服务水平的制度安排。在加强具有数字技能的法律人才培育工作层面，培养适应数字时代的"数字+法律"的复合人才，完善高等学校及中小学校的专业学科和课堂设计，加强数字法律人才培养，加大应对互联网新型法律问题的人才供给。在数字法律人才评价标准上，采用全国（或全省）统一考核方式，实行颁发资格证书制，保障数字法律人才的专业能力。在法律援助服务层面，推进律师事务所的数字化转型，对新注册的律师事务所，可以设置要求其具备一定数量的数字法律人才，对现已成立的律师事务所，通过采取评选优秀律师事务所等行政奖励措施，引导配备一定数量的数字法律人才，保障数字权益之诉能够获得有效的法律援助，切实维护好数字弱势群体的合法权益。

结　语

　　数字鸿沟是近些年来各国持续关注的一项综合性问题，从单一的角度思考解决路径无法满足治理要求。本文在前人相关研究结果的基础之上，结合美国和欧洲两个发达地区的治理经验，通过梳理数字鸿沟问题的发展现状，针对现阶段存在的主要问题，从完善信息领域的法律体系，构建多元主体合作和立法、执法、司法共进的治理方式为视角，为解决数字鸿沟提供法治化保障。

　　跨越数字鸿沟，我国作为最大的发展中国家更应当直面该问题，释放出自身蓄积的能量，向国际社会提供更多的中国治理方案，为促进世界数字经济发展、数字人权保护，构建起和谐稳定的信息领域秩序。对外要积极同世界各国互联互通，加强沟通协作；对内要完善数字立法，创新数字治理模式。逐步弥补与发达国家的数字发展差距，到泰然自若应对风险挑战，在数字时代的生存和发展中，实现从缩小数字鸿沟到迎来数字机遇的转变，向世人传递具有借鉴价值的中国理念、中国智慧和中国贡献。

社会企业的法律规制研究*

严金平**

摘　要： 作为以经济手段实现社会目标的创新型治理主体，社会企业产生于传统慈善捐助事业商业化转型和市场与社会边界渐趋模糊背景下的"资本向善"潮流。社会企业以社会和经济双重属性为典型特征，人权、效率、自由、正义四大法律价值构成了其正当性基础。本文的第二部分选取了三种域外社会企业法律制度作对比，国内则以佛山市顺德区、北京市与成都市三地较成体系的社会企业认证培育政策实践为比较对象。进一步梳理出法人三类型中存在的本土化社会企业组织形态现状。在此基础上，我国社会企业规制的法律体系构建可采取三种模式：完善现行立法的调整修改模式、政策文件升级入法模式以及专门立法模式。无论采取何种立法模式，我国社会企业法律规制应以识别标准为起点，即基于社会属性的组织目标与资产锁定标准、基于经济属性的内部治理与收入来源标准。与识别标准相配套，社会企业法律规制效用的发挥还有赖于监管规则的硬性约束和社会资源支持的配套赋能，前者以监管部门、信息公开与服务承诺制度以及公益履行诉讼制度为核心，后者则涵盖了社会企业全部的生命周期。

关键词： 社会企业；双重属性；组织形态；立法模式；法律规制

---

　　* 本文系教育部重大课题攻关项目"坚持建设中国特色社会主义法治体系，深入推进全面依法治国实践研究"（项目编号：2022JZDZ002）研究成果。

　　** 严金平，吉林市中级人民法院法官助理，华中科技大学人权法律研究院特聘研究人员，研究方向为人权法与法理学。

引　言

社会企业，与"公益创投""社会创新""社会经济"等学术界常用名词意思相近，均源于英文 Social Enterprise/ Entrepreneurship 的直译，以上概念均具有"社会使命驱动与商业模式运营并行"的混合特征。在全球治理语境下，社会企业被广泛地界定为一类用市场手段和商业模式解决社会问题的非政府部门形态。非政府部门参与治理是当代中国的现实需求，能够助力解决养老、扶贫、助残、教育、医疗、环保、社区服务、绿色农业等我国社会主要矛盾集中的领域中的问题，这些民生领域兼具公共性和市场性，除需要党政部门的引领外更需要社会其他主体担责。在"政府—社会—市场"三元主体公共服务与社会治理供给框架中，以公司制企业为代表的纯市场主体在私人资本积累的动机驱动下难以保持社会目标不漂移。① 与此同时，社会组织这一非营利法人的行政性、被动性突出而职业化、专业化不足也是我国传统公益慈善事业无法做大的关键原因。社会企业则作为近年来非政府部门的创新形式引发了小至公益圈层大至社会治理领域的研究热潮，其根本逻辑在于社会企业兼具社会与经济效益的双重属性。解决社会问题，社会企业的社会价值得到了体现；实现合理盈利，社会企业还能以融资渠道多元化、运营模式持续化、利益分配格局均衡化手段实现经济独立甚至是治理创新。

一　社会企业的概念及其法律价值

（一）社会企业的概念辨析

社会企业是以经济属性为工具，以达到社会属性为目标的非政府部门组织形态。首先，其"社会属性"有三种定义方法。这三种方法之间只有微小的差异。第一种方法是将重点置于使命目标上，这种定义是最普遍且

---

① 参见刘大洪、李华振《政府失灵语境下的第三部门研究》，《法学评论》2005 年第 6 期。

广泛的。第二种方法认为"社会属性"就是解决社会问题。解决社会问题也属于使命范畴，因为克服特定的社会问题是一个具体目标，甚至可能是这类企业或企业家存在的理由。第三种方法认为"社会属性"意指社会企业有助于增加社会价值或社会财富。这种方法将其社会属性与特定结果产出挂钩，即社会价值或社会财富。其次，"经济属性"是指社会企业通过对资本产权制度的创新，以达到实现社会目的的市场化手段不被异化的可持续目标。[①] 具体而言，"经济属性"要求社会企业的经营所得主要或全部来自市场需求相互确认的主动交易，且可以部分来自基金组合投资但并非完全来自套取政府自上而下的政策补贴。也即社会企业创造的用户价值是高于套补变现效率的。最后，社会企业的双重属性内部是存在工具价值与目标价值之分的，社会属性具备超出经济属性这一工具价值的独立价值。无论是广义的社会目标使命还是解决社会问题、增加社会财富或社会价值，社会属性均不能遭受经济属性功利主义的稀释和异化。为了使社会企业免受社会属性的使命目标漂移风险，其外部市场经济活动、内部社会治理结构以及资产分配活动均需要受到硬性约束。如前所述，社会企业是一种模糊了市场和社会的边界的非政府部门组织形态，但这一组织形态是不是一种法定的独立组织类型，抑或一种总括式的资质认定标准？不同的市场经济环境、公益事业基础，加之政府、社会与市场在公共服务供给、社会治理维度的三元关系构成了社会企业制度的自变量，由此导致社会企业在营利性法人、非营利性法人与特别法人组织类型划分上的困境，后文将对此作出详细论述。

（二）社会企业的法律价值

1. 基本人权的物质保障

"社会企业"的"社会"一词不同于传统慈善以及政府救助中的少数人救济，而是指向所有公共服务供给和突出社会问题。养老、医疗、教育、文化、社区服务等有效供给不足，环境污染、食品安全、留守儿童、

---

① 参见王继远《商事主体公益性目标的实现途径及其立法规制》，《法商研究》2016 年第 4 期。

城乡二元结构、贫富两极分化等我国现阶段的发展问题均可归于人权保障范畴。无论是已经入宪的公民基本权利，还是尚需证明入法正当性的其他公民权利，都是与特定历史阶段相适应的社会发展的产物。其中，生存权、发展权正是人类不可或缺、不可分割、不可剥夺的基本人权。[①] 两大基本人权的保障需要一定的物质基础，需要政府、营利性以及非营利性部门的共同参与。首先是政府部门。西方福利国家制度下政府开支不断加大、政府债务飙升，搭福利便车成为常态、公共支出效率低下；一些发展中国家政府财政难以维系国民福利支出，从而导致民生恶化、政府得不到支持，最终的结果是国家陷入崩溃。对于我国来说，随着经济发展进入调整期，"新常态"下经济增长速度放缓，财政负担进一步加大，原有的粗放式的、不计成本、不计效果的政治任务式的方式难以为继。其次是营利性部门。尽管现代企业财务管理理论已经由传统的股东价值最大化、企业价值最大化演变为利益相关者价值最大化，"企业社会责任"也频繁作为政府倡议与企业自身宣传用词出现，但传统的营利性企业在"商业向左、公益向右"的价值目标冲突前提下履行公益性社会责任的动机微乎其微。我国非营利性组织虽具规模，但缺乏西方国家公益慈善事业成长的资本弥补社会剥削以及社会组织内部运营的土壤，因而存在资金来源短缺、管理能力匮乏、工作透明度低、社会公信力不高等不同程度的硬伤。现实的基本人权保障需求对非政府部门组织形态提出了新的要求，即坚持社会使命导向的同时保持财务可持续发展，这也符合社会企业的基本定义。

2. 社会价值创造的效率提升

罗纳德·科斯（Ronald Coase）以内部管理成本与外部交易成本均衡确立企业边界的新制度经济学解释了市场经济中企业配置资源与创造价值的高效率。[②] 现代公司制度作为企业的最主要形式诞生于 1600 年英国东印度公司的成立时期；自此，私人资本的积累以及社会财富的创造迈

[①] 参见汪习根《习近平法治思想的人权价值》，《东方法学》2021 年第 1 期。

[②] 参见〔美〕迈克尔·C. 詹森（Michael C. Jensen）《企业理论——治理、剩余索取权和组织形式》，童英译，上海财经大学出版社 2008 年版，第 165 页。

入了新的发展次元。① 经过四百余年的进化演变，现代公司制度已十分系统化，其核心要素总结为以下四点。一是确定了公司的法人地位，法人地位确立了公司主体的合法性。二是有限责任，责任有限的规则能够最大限度隔离资本运营风险，以解决投资者无限连带责任风险的形式刺激资本投资。三是股份制，股份制赋能企业无限动员和聚集资源的组织禀赋。四是资产的所有权与经营权分离，这一制度安排使得资本运营由具备专业性的职业经理人负责，使得现代企业能够适应市场经济条件下的资源配置规律。② 社会价值的创造需要协调成本、激励成本、协议制定成本的投入，而外部舆论则用简单的"免费"和"奉献"取代公益慈善付出的前述成本，由此导致了非营利性组织社会价值创造的低效。而资本利用现代公司工具创造财富的高效率可以在很大程度上破解公益慈善事业效益低下、力量不足、可持续性不强的基层治理难题。财务透明、运作规范、服务专业的社会企业不失为"科技向善""企业向善"构想实践化的现实途径，在整合运用政府、社会以及市场资源上实现高效高质。

应当结合社会企业经济属性来理解其经济效率提升的社会价值创造功能。这一功能是以重新发现并主动解构价值链的创新型业务模式为基础的，这也是社会企业在我国现行市场经济中的核心作用。由此，在借鉴民营经济在我国市场经济中的地位演变表述的基础上，社会企业不失为我国市场经济的"有益补充"。社会企业的经济属性常被学界或实务界解释为"经济手段""商业模式""市场化战略"等，该解释的核心要点并不在于社会企业能参与市场竞争并提供目标市场需要且愿意为之付费的产品或服务，而在于其能突破限制自身发展及其影响力增长的"天花板"。在市场经济中，理性的商业企业围绕回应竞争激烈程度来制定战略，包括尽可能提升自身对业务上下游的议价能力，建立技术和模式壁垒，采取更为独特的市场和产品定位，并积极营造难以被复制的业务生态系统，归根结底是要打造可持续的竞争优势，避免在市场浪潮中不进则退。社会企业的商业

---

① 参见黄春蕾、郭晓会《慈善商业化：国际经验的考察及中国的发展路径设计》，《山东大学学报（哲学社会科学版）》2015 年第 4 期。

② 参见宋亚辉《营利概念与中国法人法的体系效应》，《中国社会学》2020 年第 6 期。

逻辑与商业企业类似，但又存在明显不同。所谓社会问题，往往表现为"某一群体在某个价值链中难以或无法获取其应当获取的价值"①，然而社会企业的存在目的恰恰是通过主动重构不合理的价值关系以谋求社会或环境进步。例如，从事公平贸易的社会企业旨在改善原料生产者、加工者的生存状态，如咖啡收购者会主动提高收购价格以保证咖啡种植者的收益；直接为弱势群体提供产品或服务的社企，在满足特定群体需求的同时却并不希望这一市场的需求量持续上涨，如艾滋孤儿服务机构并不希望制造更多艾滋孤儿以扩大市场。为实现社会使命，社会企业需要对其所处价值链上的弱势环节出让一定议价能力，包括在收益或定价上向其让步，培育其生产或消费水平，主动降低行业门槛以助其获取更多关注和供求选项。这就意味着，社会企业无法像很多商业企业那样以"固本"为战略意图，而只能通过"主动吃亏"在自身业务或当前市场的可替代品上探寻更为新颖、独特的价值创造方式。

3. 治理创新的自由保障

教育与养老是社会企业发挥效用的两大重要民生领域。2015年，《关于鼓励民间资本参与养老服务业发展的实施意见》明确提出民办非企业单位与工商登记企业并行的从业主体登记管理办法，并允许双方关联交易。2016年，教育部等五部门《关于印发〈民办学校分类登记实施细则〉的通知》（教发〔2016〕19号）也明确了"民办非企业单位与工商登记企业"的民办学校分类管理模式。2021年的"双减"政策取得了抑制教育行业资本无底线扩张的阶段性成果，各省面向义务教育阶段学生的学科类校外培训机构统一登记为非营利性机构即"营改非"工作陆续落地实施，但在捐资承诺面前大多数资本还是选择了退出。两相对比，以民办非营利学校和公立学校为主体的教育资源供给明显已基本满足公民教育需求，因而营利性企业的过度供给不再具有合理性。但养老行业的商业模式本就尚未定型，附加高企的成本费用，社会资本的投入正处于严重不足的境况，因而需要现代企业化的工具效用。反思教育行业的极端式"营改非"转型

---

① 王瑶：《我国社会企业的制度逻辑冲突与融合》，《行政科学论坛》2020年第11期。

所带来的从业人员转业成本增加、业务收缩成本浪费，以及养老行业"民非+企业"双轨制陷入的公共服务供给不足瓶颈，作为市场经济自由竞争演化产物的社会企业具有其双重属性下的非政府部门组织形态的创新价值。

4. 共建共治共享的实质正义

社会企业提供产品或服务的领域，与党中央提出供给侧结构性改革中补短板、惠民生的目标是完全一致的。罗尔斯的社会制度正义承认差别化的存在，首先确保每个个体在程序上能享有公平的机会和平等权利，与此同时借助差别原则来弥补"最少受惠者"由于偶然性因素而产生的不平等。① 马克思从社会生产的四个环节来考察正义问题，认为资本家通过剥削劳动者的剩余价值来赚取利润，在生产和分配中出现了巨大的不平等。② 我国的共同富裕目标体现了国家公权力不以牺牲少数人的利益来实现利益最大化的基本立场，但国家对社会分配秩序的规范又需警惕西方国家曾陷入的"福利陷阱"。因此，实质正义的实现需要有付出的所得、有价值投入的价值产出。在当下资本要素占比过重的社会分配格局中，社会企业不失为促进社会分配正义甚至生产正义的社会制度创新。我国公共服务与社会治理提供主体构成的所有变革都应有利于社会公众参与社会服务生活、促进公众公共服务需求得到有效满足，从而使其能共享社会治理现代化释放的红利。

二　国内外社会企业的法律实践

（一）社会企业地方政策的实践比较与经验总结

1. 社会企业地方政策的实践比较

社会企业在我国经历了从纯概念到非官方认证再到被地方政府纳入

---

① See Mark S. Blodgett, Linda J. Melconian, Jason H & Peterson, "Social Enterprise: Reaffirming Public Purpose Governance through Shared Value", *Journal of Business and Securities Law*, Vol. 16, Issue 2（Spring 2016），pp. 305-328.

② 参见贺汉魂、何云峰《马克思商品交换理论的劳动正义意蕴研究》，《四川大学学报（哲学社会科学版）》2021年第4期。

政策范围的发展阶段。社会企业认定脱胎于 2015~2019 年中国公益慈善项目交流展示会（China Charity Fair, CCF）社会企业认定，也是中国第一个民间性、行业性的社会企业认定办法。具体认定执行工作由社会企业认定平台（CSECC）负责。① 2020 年，CSECC 联合其他专业机构针对其在执行行业与地方社企认定所实施的《中国社会企业行业认定标准体系》《地方社企认定体系》标准进行实践分析与研究，并推出了社会企业认定的四维标准。② 此后，佛山市顺德区、北京市、成都市等地方的政府先后出台了各自管辖范围内培育和扶持社企发展的政策。本文在梳理以上三地相关政策文本的基础上，从社企定义、组织类型及范围、认证标准、社会目标锚定四大方面进行对比分析和提炼总结。具体对比内容如表 1 所示。

表 1   社会企业的地方政策实践比较

维度	佛山市顺德区	北京市	成都市
社企定义	以协助解决社会问题、改善社会治理、服务特定群体或社区利益为宗旨和首要目标，以创新商业模式、市场化运作为主要手段，所得部分盈利按照其社会目标再投入自身业务、所在社区或公益事业，且社会目标持续稳定的特定法人主体。	以优先追求社会效益为根本目标，持续用商业手段提供产品或服务，解决社会问题、创新公共服务供给，并取得可测量的社会成果的企业或社会组织。	定义同佛山市顺德区。
组织类型及范围	全国范围内的股份有限公司、有限责任公司、个人独资企业、合伙企业、个体工商户和农民专业合作社。	在北京依法登记注册成立一年以上的企业或社会组织，并具有相应的合格纳税记录。	本市的公司制企业和农民专业合作社，但同样鼓励外地经济主体参与本市社企认证。

---

① 《社会企业认定与服务简介》，社会企业服务平台，https://www.csedaily.com/ourworks/sec，最后访问时间：2024 年 12 月 18 日。
② 参见国务院发展研究中心公共管理与人力资源研究所"社会企业研究"课题组等《我国社会企业发展状况调研报告》，《国家治理》2021 年第 47 期。

续表

维度	佛山市顺德区	北京市	成都市
认证标准	1. 使命目标：社会使命和社会目标需同时满足以下两个条件：（1）章程载明清晰的社会使命和社会目标；（2）作为普通商业企业存在，但其经营生产是以赚取利润回馈社会为首要目标，并且在章程或社会目标承诺书中约定，企业在弥补经营成本、债务后的税后利润用于投入实现社会目标的比例不得低于70%。 2. 经营管理：具备3人或以上的全职授薪团队，具有健全财务制度、实行独立核算，内部经营管理科学规范。 3. 可持续发展能力：有合理、清晰的商业模式，具备有价值的产品和服务，有稳定的收入来源。	六大维度标准。 1. 使命目标、经营管理及可持续发展能力：同佛山市顺德区。 2. 信用状况：法人单位及其机构负责人近三年没有不良信用记录。 3. 社会效益：以申请机构自身力量为基础，积极整合社会资源，形成社会合力。有可测量的证据显示其创造的市场成果及社会价值，开展行业赋能、对接本行业出台政策，发挥行业影响作用。 4. 利润分配：有一定比例的税后利润用于投入公益事业或企业自身发展。	六大维度标准。 1. 使命目标：章程清晰载明了具体社会目标（使命）、拟解决的社会问题、商业模式等。 2. 经营管理、信用状况、社会效益：与北京市类似。 3. 财务与可持续发展能力：能提供清晰的、有价值的产品或服务，具备市场竞争能力，能提供合规的财务资料说明企业收入来源于商业或经营性收入（包括竞争性政府采购部分）的比例（一般不低于60%）。 4. 创新性：企业自述并提供相应材料证明其具有模式创新（创业支持/市场中介/雇佣/服务收费/低收入人群导向/市场链接/交叉补贴/组织支持等）、技术创新或兜底性创新成果，即有效推动社会痛点热点难点以及基层社会治理"最后一公里"问题的解决。
社会目标锚定	社会企业经营业务、生产活动发生并购、重组、转业等重大变化且经审查后不再符合认证条件的，或经社会企业认证委员会每隔两年开展的成效评估认定不合格的，取消其社会企业资格并向社会公示，且四年内不再受理该主体的认定申请。	列举出如下社会目标漂移情形：1. 变更投资人、经营期限等，或增减分支机构的；2. 进行并购、重组、经营范围发生重大变化的；3. 社会企业章程失效的；4. 社会企业治理结构、股东或理事会结构发生变化影响其社会使命达成或取消的。	列举出如下社会目标发生漂移的情形：1. 发生较大安全、质量和环境污染事故；2. 严重损害利益相关方利益；3. 连续两年用于社会企业章程所载社会目标的投入，占当年弥补亏损和提取公积金后所余税后利润的比例低于社会企业章程所载的比例；4. 存在违背社会主义核心价值观的行为。

资料来源：《北京市社会企业认证办法（试行）》（2019年）、《顺德区社会企业发展支持计划》（2020年）、《2021年北京市社会企业认证手册》、《成都市社会企业培育发展管理办法》（2021年）、《北京市关于促进社会企业发展的意见》（2022年）。

2. 社会企业地方政策的经验总结

整体而言，当前我国社会企业管理呈现政策滞后于实践的态势，而不同地区的社会企业发展模式也不尽相同。社会企业仍属于新兴事物，除佛山市顺德区、北京市、成都市，许多地方也存在社会企业实践，但相关的配套政策仍未推出。以上三地在对社会企业的认知上存在共性之处，均将社会企业的实质性内涵定义为以聚焦特定的社会领域与特定人群为宗旨或首要目标，通过可持续的商业运营实现经济手段与社会目标的内在耦合的组织类型。不同之处在于，成都市和佛山市顺德区均在定义中特别强调了社会企业所得的部分盈利需要再次投入社会目标的实现，不能全部用于分配，但北京市是没有此类要求的。就社会企业可以采取的组织类型而言，三地均接受以公司制企业和农民专业合作社为组织形式的主体申请认定社会企业，这也从侧面反映了社会企业政策实践对这两类组织类型已基本达成了共识。在这一共同点之上，三个地方又有各自的特色所在。佛山市顺德区认可和鼓励个人独资企业、合伙企业和个体工商户这类非法人组织申请认定社会企业。北京市则是三者之中接受和认可的社会企业主体类型最广泛的，也是唯一一个接受社会组织等非营利法人作为社会企业组织形式的地方。例如，北京市东城区源众家庭与社区发展服务中心于 2021 年获评北京市一星社会企业。① 佛山市顺德区目前虽然不接受社会组织直接申请认证为社会企业，但对于由社会组织转型或发起的社会企业只需成立满 6 个月即可申请认证，比原有的企业、农民专业合作社申请主体少 6 个月。

社会企业认证标准经各地几年的政策试行后逐渐达成了以下六大考察维度的共识：使命目标、信用状况、经营管理、社会效益（包括创新性、社会参与、行业影响力等指标）、利润分配与可持续发展能力。其中，后两大考察要求可被量化为具体比例。首先，作为保障社会企业社会属性的核心指标，利润分配体现了三地的最大不同点。三地政策都没有禁止社会企业进行利润分配，但成都市相关规定仅能从社会企业定义中反向推出，

---

① 参见《北京市社会企业认定典型案例》，社会企业服务平台，https://csecc.csedaily.com/enterCase？catagoryId＝5&type＝case，最后访问时间：2022 年 3 月 29 日。

即社会企业不能将全部利润用于分配。北京市则是用"一定比例"模糊划定了社会企业税后利润中用于投身公益或企业自身发展的比例，同样系模糊规定。佛山市顺德区则是明确规定了再投入用于实现社会目标的比例不得低于70%，是三地中唯一采用定量方法的利润分配认证标准。可持续发展能力指标则是对社会企业经济属性的底线要求，它可拆解为业务模式与市场需求的匹配度和主业产出在收入来源中的占比两个指标维度，两者分别为过程导向与结果导向。与佛山市顺德区和北京市仅将可持续发展能力作为原则性表述不同，成都市将其直接转化为财务指标，要求企业收入来源于商业或经营性收入（包括竞争性政府采购部分）的比例一般不应低于60%。可持续发展能力的量化能够有效补充模糊的定性社会效益指标，是社会企业获得法律身份的客观标准，因此成都市的做法是具有借鉴意义的。但60%的比例是否恰当，是否同样适用于其他地区仍具有商讨空间。在社会目标锚定方面，三地文件中的退出机制设计都采用了否定式标准，即一旦存在某种情形便会导致社会企业的资格被取消。整体来看，成都市和北京市的相关要求更多且更严格，也就意味着成都市和北京市社会企业的"踩雷点"会更多一些。而且不得不提的是成都市和经过更新后的北京市政策中均涉及"社会目标发生漂移"的行为界定，该规定不仅强调了社会企业维持其社会目标的重要性，也为后续监管执法工作的开展提供了可供参考的标准。

（二）社会企业法律制度的域外模式与经验借鉴

社会企业作为以商业手段解决社会问题的新型组织形式，在世界范围内得以蓬勃发展，培育和扶持社会企业是其发展的必要前提。其中，建立社会企业的身份识别机制，通过设定门槛的社企认证授予社会企业的合法性是关键。[①] 对比分析国际社会企业认证模式的典型经验并提炼其核心要素，对于建立和完善我国社会企业认证机制具有重大的启示意义。鉴于社会企业认证模式在世界范围内差异较大，即使在同一个国家也存在着不同

---

① 参见李健《政策设计与社会企业发展——基于30个国家案例的定性比较分析》，《理论探索》2018年第2期。

的认证体系，本文选取了典型的英国 CIC（Community Interest Company，CIC）模式、美国 L3C（Low-profit limited liability Company，L3C）模式、B-Corp（Benefit Corporation Certification，B-Corp）共益公司模式以及韩国模式进行介绍。在发展历史较为长久的英美模式中，相较于美国成熟的市场经济体制所孵化出的重视营利性手段的社会企业，英国模式显然更具有借鉴意义。

1. 英国 CIC 模式

英国社区利益公司（Community Interest Company，CIC）是英国政府 2004 年在《公司（审计、调查和社区企业）法案》中增设的一类法律身份，该特殊形式的有限公司兼具担保有限公司（CLG）和股份有限公司（CLS）的特点。上述法案修正了"公司应为其股东谋取最大利益"的传统公司法理念，允许公司与社区分享利润。2005 年英国议会又通过了《社区利益公司规章》，将社区利益公司界定为：拥有主要的社会目标，利润主要再投资于企业本身或社区，不受股东或所有者利润最大化驱动的一种公司形式。这里的社区并非居住意义上的，而是指任何一个可定义和区分的部门或人群，它既包括失业者、某种疾病患者等具体的人群，还可以指环境污染研究、语言文化保护等服务于社区利益的活动。① 在社会企业认证标准上，《社区利益公司规章》的六大标准则由"社会企业标志"（Social Enterprise Mark，SEM）和"社会企业徽章"（Social Enterprise Badge，SEB）两大主要非官方认证体系具体细化实施，前者由一家受英国内阁第三部门办公室和社会企业联盟（Social Enterprise UK）支持的股份制社区利益公司订立，后者则是由社会企业联盟这一行业协会自行发起。② 两相对比，后者并没有剩余资产锁定原则，社会企业联盟对此的解释是："尚存在一些在社会企业运动早期成立的社企，当时剩余资产锁定原则并未得到普遍

---

① See Ventura & Livia, "The Essential Role of Enterprises for an Inclusive and Sustainable Development: Towards a New Uniform Model Law for the Social Enterprise?", *European Company Law*, Vol. 17, Issue 1 (February 2020), pp. 7–14.

② See Carlos Jurado, "The Fourth Sector: Creating a for Profit Social Enterprise Sector to Directly Combat the Lack of Social Mobility in Marginalized Communities", *Hastings Race and Poverty Law Journal*, Vol. 13, Issue 2 (Summer 2016), pp. 256–267.

认同。"①

2. 美国 L3C、B-Corp 共益公司模式

美国的社会企业组织形态基于其成熟的市场经济体制以及信息披露制度，营利性公司是其认证出发点。② 具体来看，共益公司 B-Corp 模式的社会企业认证标准宽松，主要关注企业行为的社会效益，包括员工、社区、客户、环境等多方面。因此从某种角度而言，其认证通过的企业仅是履行社会责任的企业，能否称之为"社会企业"存在争议。美国 L3C 模式的社会企业认证标准相对严格，虽然仍属于有限责任公司，但其成立必须出于慈善和教育目的，以实现社会目标为主，其次才是营利。③ 具体可见表 2。

表 2　美国典型社会企业认证模式

比较维度	低利润有限责任公司 L3C	B-Corp 共益公司模式
认证主体	政府相关机构	第三方机构共益实验室 B Lab
政府角色	审核者、严格监管者	旁观者
组织形式	有限责任公司	公司
核心标准	社会目的、社会影响力	对员工、社区、客户和环境带来的效益
认证程序	向政府相关部门发起审核申请，通过审核即为社会企业	自行完成影响评估，B Lab 对企业所完成的 BIA（B Impact Assessment）进行验证，如果企业的得分高于 80 分即通过 B-Corp 的社会企业认证

资料来源：HeinOnline 数据库，https://home.heinonline.org/，最后访问时间：2024 年 12 月 15 日。

3. 韩国模式

韩国《社会企业促进法》将社会企业定义为通过销售商品和服务参

---

① 薛夷风：《社会企业对我国传统公司观念的挑战——再论公司的营利性》，《当代法学》2011 年第 3 期。

② See John Montgomery, "An Innovative Option: The Professional Benefit Corporation", *Law Practice*, Vol. 43, Issue 4 (July/August 2017), pp. 439–446.

③ See Sharp & K. T., "U. S. Trade Unionism and Social Enterprise", *Journal of Corporation Law*, Vol. 46, Issue 2 (2021), pp. 503–546.

与经济活动，并为当地居民中的弱势群体提供社会服务和创造就业机会的组织。① 社企认证主体为政府部门而非第三方机构或采用自我认证模式。具体认证步骤为，政府振兴院首先对提出的申请进行研究并实地审查，然后交由雇佣劳动部和社会企业培养专门委员会对其进行认证审核。其中，较为重要的认证标准有如下几个方面。组织形式要求为民法下的工会和组织，公司法/商业法下的股份制公司，或根据特别法成立的公司或非营利民间组织；实现社会目的，即通过向弱势群体提供社会服务或工作，或通过为当地社区做出贡献和改善当地居民的生活质量来实现社会目的；企业利润分配方面超过三分之二的年利润应用于社会目的；企业解散清算时，如有可分配的剩余财产，应将三分之二以上捐献给其他社会企业或公益基金。② 对比来看，韩国模式下社会企业的组织形式多样，其认证标准充分体现社会企业的双重内涵，既要求社会企业拥有良好的盈利能力，商业活动收入应占劳动力成本一半以上，又保证社会企业追求社会目标，将超过三分之二的利润用于实现社会目的。

三　社会企业规制的本土立法模式探索

（一）社会企业的组织形态现状

社会企业是其两大属性实现内部动态平衡的结果，社会属性与市场属性于社会企业而言，既是其发展优势，又是其生存底线。两大属性如若存在冲突，则会使社会企业丧失身份属性，下文中提及的混合注册组织就存在这一身份认同混乱的问题。尽管我国并没有法律法规对社会企业的组织形态作出解释以及分类，但社会治理领域的三方研究机构早已开始了对社会企业构成形态分类的研究。据中国社会治理研究会、中国公益事业研究会等机构发布的《2022年我国社会企业发展状况调研报告》数据显示，

---

① 参见丁度源《韩国社会企业促进法》，载徐家良主编《中国第三部门研究》第 6 卷，上海交通大学出版社 2013 年版。

② See Hyewon Kim, "New Legal Personhood for Social Enterprise in Korea: Issues and Alternative", *Social Enterprise Studies*, Vol. 5, Issue 1 (March 2014), pp. 25-48.

我国社会企业的组织类型呈现出多元化的分布特点，具体体现在其选择的注册形式上。

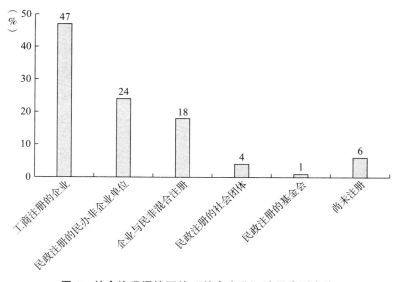

图 1 社会治理语境下的"社会企业"注册类型占比

如图 1 所示，47% 的社会企业采取工商注册的方式，29% 的社会企业采取民政注册的方式（包括民政注册的民办非企业单位、社会团体和基金会）。此外，有 18% 的社会企业采取的是企业与民办非企业单位混合注册形式，另外还有 6% 的尚未进行注册。① 很显然，调研报告所展示的社会企业组织类型划分是以注册方式以及营利法人分类为标准的。但这一分类标准能否从社会学范畴完全照搬到法学领域呢？答案无疑是否定的。如若严格遵守规范分析法，中国当然没有完全意义上的社会企业，但有三类组织类型因较为靠近前述社会企业概念以及构成要素，被不少学者认可为"本土化的社会企业"。为更加直观感受到社会学与法学研究视角的差异，本文仍借鉴了图 1 中的类型占比，按照占比由大至小的顺序论述。在进入本论之前，首先需要说明占比达 18% 的企业与民非混合注册类型，这类组

---

① 参见《社会企业蓝皮书：中国社会企业发展研究报告》，皮书数据库，https://www. pishu. com. cn/skwx_ ps/bookdetail? SiteID = 14&ID = 14978550，最后访问时间：2024 年 10 月 19 日。

织是我国社会服务机构"双重管理"登记审批制度高门槛以及资本逐利逆向选择叠加作用的结果，登记注册的复合性并不意味着我国社会企业具备了超出现有法律框架的新型形态。至于商业企业试图通过"社会企业"注册登记进行非法关联交易以实现资产转移、规避税负等扰乱商事主体市场经营秩序的行为，则系普通税收管理与市场监管范畴，与社会企业的法律形态无虞。

1. 公司制企业

由图 1 可知，工商注册组织占据了我国社会企业类型的近半成，但并非所有工商注册的组织形式都符合社会企业的法律概念。与公司制企业的独立法人地位和有限责任制度架构的财产、人格、经营独立相比，合伙企业、个人独资企业与出资人高度混同，这与社会企业所需求的社会目标锚定存在本质矛盾。[①] 因此，本文仅将公司制企业这一类工商注册的企业类型划归于社会企业的本土化类型。公司型社会企业的设立、融资、投资与经营活动会受到《公司法》及相关商事立法的规制，其注册程序没有业务主管单位的干预，仅需满足住所、名称、章程、认缴出资等底线要求。经营自由方面，《公司法》规定的企业章程限定了其经营范围，法律、行政法规规定的业务准入资质除外。但介于我国并未硬性要求所有公司将其章程置于营业场所随时供第三人无成本或低成本查询，公司章程也并不属于《公司登记管理条例》第 9 条规定的登记事项的管理规定现状，基于第三人明知主义和越权主义认定公司章程具有对世效力是说不通的。在司法裁判中，法院在认定超出章程规定的业务活动所订立的合同是否有效时也倾向于"章程规定的业务范围只对公司内部有约束效力，超越章程并不当然视为其不具备履行案涉合同义务的能力"的立场。[②] 由此，公司章程对公司对外经营活动并无强制性效力，公司在原则上可以开展所有的合法经营活动，从而使其在资产保值增值、扩大组织规模方面具备更大的施展空间。在利润分配上，《公司法》仅对税后利润的法定盈余公积金提取部分有强制性规

[①] 参见樊云慧《论我国社会企业法律形态的改革》，《法学评论》2016 年第 34 期。

[②] 参见冷铁勋《〈公司法〉规制董事自我交易的规范之类型——以强制性规定区分效力性和管理性规范为视角》，《暨南学报（哲学社会科学版）》2014 年第 3 期。

定。总体上来看，公司型社会企业受到的行政干预极少，且在"最大限度维护民事活动意思自治、保护合同交易安全"的民法原则指引下，公司章程对公司经营范围的规定被排除出了效力性强制性规定的范畴。

公司制企业的突出特点在于其市场性与创新性。公司制企业的经营所得能够覆盖资金成本并获得盈余，是这类社会企业实现商业性的基础。与此同时，公司制企业还可以创造出新的社会价值实现形式。现阶段我国企业社会责任的履行主要以更大利润驱动的技术创新为动机，而社会企业则是通过经营模式的社会化纠正或补充企业社会责任履行不到位的状态。[①]举例来看，中和农信[②]农业集团有限公司则是工商注册型社会企业的本土化实践。2000 年，中国扶贫基金会接管世界银行贷款秦巴山区扶贫项目中创设的小额信贷试点项目后开始借鉴尤努斯教授（Muhammad Yunus）的格莱珉银行模式，以"民办非企业单位"为主体在贫困地区开展小额信贷项目。项目扩张导致资金不足，民非的组织身份又无法满足银行信贷的公司主体要求，扶贫基金会遂于 2008 年成立了中和农信公司，将小额信贷项目部转制为公司化运营。中和农信公司专注为农村小微客户提供小额信贷、小额保险、农资电商、农品直采、技术培训等助农助乡服务，成功吸引了红杉资本、蚂蚁金服等投资机构成为战略投资者。目前，中农信和完成了 10 亿元人民币的股权融资，月均发放 15 亿元至 20 亿元贷款，坏账率不到 1%，完全实现了财务可持续。

2. 社会服务机构

在我国三大类社会组织中，基金会的财团法人性质明显不符合社会企业可持续运营产品或服务的经济属性。社会团体以我国《宪法》规定的结社自由这一政治权利为基础，会员制决定了其组织结构松散的无实体性，且其登记审批程序严格遵循同一区域内业务领域相同或相似的组织不予批准，即"一业一会"规则。因此，社会团体同样达不到社会企业经济属性

---

① 参见朱慈蕴《公司的社会责任：游走于法律责任与道德准则之间》，《中外法学》2008 年第 1 期。

② 参见冯炯《打破农村金融的"最后一百米"助农模式研究——以中和农信为例》，《农村经济与科技》2021 年第 32 期。

的门槛。由此，社会组织中与社会企业内涵较为符合的仅有社会服务机构了。根据民政部数据显示，截至 2020 年，全国共有社会服务机构 510959 个，在三大类社会组织中占比 57.14%。[①] 社会服务机构作为三大类社会组织中唯一具有实体性的组织类别，其数量也在社会组织构成中占据主流。

社会服务机构作为法律概念首先出现在民政部于 2016 年 5 月发布的《社会服务机构登记管理条例》〔原《民办非企业单位登记管理暂行条例（修订草案征求意见稿）》〕中，该征求意见稿用"社会服务机构"代替"民办非企业单位"这个并不为社会主体普遍使用已不为法学界认可的生造术语。据该征求意见稿，社会服务机构是指"自然人、法人或者其他组织为了公益目的，利用非国有资产捐助举办，按照其章程提供社会服务的非营利法人"。与民办非企业单位的概念相比，社会服务机构被《民法典》完全赋予了非营利法人的法律地位，而民办非企业单位除了法人单位外还存在合伙单位、个体单位这两种非法人类型，这一变化恰好符合了社会企业对于法人地位的要求。与此同时，社会服务机构并未强调"从事非营利性经营活动"这一标准，这也给了社会服务机构进入社会企业框架的可能。但 2018 年 8 月公布的《社会组织登记管理条例（草案征求意见稿）》仍将"社会组织不得从事营利性经营活动"保留，该条款中"营利性经营活动"作何解释、该条款又是否系效力性强制性规定暂无定论。2014 年上海市对外发布的《关于〈上海社会组织失信行为记录标准（试行）〉的解释》中有对"从事营利性经营活动"的列举性解释，具体涉及利润分配给组织成员、资产转移、从事非法活动、利益输送、同业竞争五大方面。如若按照该逻辑，完全禁止分配利润且剩余财产绝对锁定的社会服务机构既没有从事营利性经营活动，又与社会企业的定义相通。举例来看，福建省福州市金太阳[②]老年综合服务中心作为在民政部门登记的

---

① 参见《2020 年民政事业发展统计公报》，中华人民共和国民政部官网，https://www.mca.gov.cn/images3/www2017/file/202109/1631265147970.pdf，最后访问时间：2022 年 3 月 11 日。

② 参见李静《福利多元主义视角下社会企业介入养老服务：理论、优势与路径》，《苏州大学学报（哲学社会科学版）》2016 年第 37 期。

"民办非企业单位法人"，就是此类社会企业的典型例证。福州金太阳老年综合服务中心从每月收 10 块钱服务费起步，通过建立政府、商业、社会企业三界联手的服务体制逐渐发展到集老年人应急救助与居家养老服务于一体的经营模式，目前，金太阳正引领中国社区养老新模式，致力于"建造没有围墙的养老院"，新获得了 2 亿元的投资，现有 1000 名员工、8 家养老院、2000 张病床。

3. 农民专业合作社

农民专业合作社是在农村家庭承包经营基础上，农产品或农业生产经营服务的提供者、利用者，自愿联合、民主管理的互助性经济组织。[①] 于 2018 年 7 月 1 日新修订实施的《农民专业合作社法》赋予了农民专业合作社与其他市场主体平等的法律地位，凸显了合作社投入农业生产、经营、服务的市场性与经济性。通过与《公司法》《合伙企业法》《个人独资企业法》等其他商事主体法律的比较，可以发现农民专业合作社的独特性，其既实行民主管理又承担有限责任，是介于前两者之间的一种特殊经济组织，也是一种新型的法人形式。从登记注册程序来看，农民专业合作社实行工商登记，并向同级农业主管部门备案。在具体运营过程中，农民合作社可以享受到种粮补贴、良种补贴、土地承包补贴等农业专项补贴，增值税、所得税等税收优惠，水电等公共产品价格优惠，贷款优惠，流通渠道以及项目资金扶持。盈余分配方面，《农民专业合作社法》规定了交易额返还分配制度。[②] 在我国《民法典》框架下，农民专业合作社被划分至特别法人的范畴。在乡村振兴战略任务部署下，传统的农民专业合作社因管理落后、资本不足而空心化问题严重。与之相比，农民专业合作社型社会企业秉持"为农者谋利、为食者造福"的社会目标使命，在业务类型、治理结构、利益分配等方面能够更精准地捕捉并匹配对应的成员需求、资源禀赋、社会环境、市场环境、区域产业、发展阶段、要素规模、运行机制，形成内嵌于城乡一体化市场逻辑的特别法人发展

---

① 《中华人民共和国农民专业合作社法》2017 年修订版第 2 条。
② 参见吴晨《异化的农民合作社及其组织治理研究》，经济科学出版社 2015 年版，第 121 页。

模式。

（二）社会企业的立法模式选择

通过前文的分析，我们可以知晓，社会企业与我国营利法人中的公司制企业、非营利法人中的社会服务机构以及特别法人中的农民专业合作社这三类组织形态具有较高的相似度。近年来，社会企业在社会治理等社会学层面频频被冠以"重大突破与创新"，但社会企业制度的落地终归是法学的范畴。要想社会企业真正在我国发挥其解决社会问题的治理效用与累积社会资本的经济效用，其正向促进与反向约束均应以法律制度架构为前提。至此，我们需要探讨的是社会企业宜选用的立法模式。

1. 完善已有法律的调整修改模式

考虑到社会企业所需求的内外制度安排并未超出营利性法人、非营利性法人与特别法人的组织机构、财务制度、监管规则、扶持措施等，我国社会企业制度宜为区分营利性的制度改良而非另起炉灶，这种仅需对《公司法》、《社会服务机构登记管理条例》以及《农民专业合作社法》进行局部完善的调整修改立法模式能够让社会企业在非封闭立法环境下最大限度释放其创新价值。我国广东省佛山市顺德区、北京市和成都市早已出台相关认证政策，将股份有限公司、有限责任公司与农民专业合作社纳入社会企业认证范围。仔细分析后会发现，跨法人类型的局部修改现行法模式存在三大发展机遇。

其一，我国《民法典》法人类型分类已成定论且必将会成为当下以及未来很长时间跨度内我国民事活动的根本遵循。比起动辄修订法律，恰当的法律解释更具备现实意义。各国民法中的法人分类无外乎营利法人与非营利法人、社团法人与财团法人两种典型模式，而后者亦存在"人"、"财产"与"治理机制"三项要素之间并不具备互斥关系这一重大缺陷。我国所采取的"营利"标准虽同样存在认定困难，但"营利"与"非营利"确有区别管理的必要。如前所述，英国的《社区利益公司条例》（The regulations of Community Interest Company）被实践证明了其成功性，而该部法律又恰好是利用现有营利型股份有限公司和复合型担保有限公司的法律框架局部修改而成。

　　其二，我国非营利法人制度有其特殊之处，社会组织能否从事营利性经营活动在《民法典》法人分类、《慈善法》法律实践以及各类社会组织登记管理条例中呈现新旧交替的立场。1998 年《民办非企业单位登记管理暂行条例》与 2016 年修订的《社会团体登记管理条例》均明确社会组织不得从事营利性经营活动。随后，民政部于 2016 年 5 月发布的《社会服务机构登记管理条例》将"不得从事营利性经营活动"改为"不以营利为目的"，更突出了利润分配限制这一国际通用标准。① 但民政部于 2018 年 8 月公布的《社会组织登记管理条例（草案征求意见稿）》又重拾了社会组织不得从事营利性经营活动的立场。在《社会组织登记管理条例》正式颁布之前，社会组织的"营利法人"身份与"从事营利性经营活动"中的"营利"能否作同一解释尚不得而知，但《民法典》的分类至少说明我国法律逐渐关注并回应了非营利组织捐赠不足和发展内生动力缺乏的问题。且即便今后正式出台的《社会组织登记管理条例》仍保留了"社会组织不得从事营利性经营活动"的规定，该规定究竟是管理性强制性规定还是效力性强制性规定、营利性和非营利性的界限在主观目的上的区别是否仅限于社会组织章程规定的业务经营范围值得探讨。② 通过整理以往民办非企业单位类案判决，人民法院对非营利法人从事经营活动是否构成"营利性经营活动"的裁判考量因素主要包括以下几点：①是否有悖于章程规定的宗旨与业务经营范围；②经营活动收费是否符合成本补偿原则；③是否取得了对应的行业准入资质；④经营活动是否滥用非营利法人的公信力所形成的优势地位进行商业合作；⑤是否违背其他法律、行政法规规定的效力性强制性规定，或损害了公共利益、公共秩序等公法性因素。③ 总结来看，在"从事营利性经营活动"解释不明且司法裁判倾向于灵活认定的前提下，社会服务机构即便不被制度允许为该行为，也并不背

① 参见张演锋、赵青航《〈民法总则〉视野下的社会服务机构》，《中国社会组织》2018 年第 24 期。
② 参见史际春《论营利性》，《法学家》2013 年第 3 期。
③ 参见陈景善：《公司法人营利性再考》，《比较法研究》2019 年第 2 期。

离社会企业提倡以市场经营收费获取合理利润的经济属性。

其三，我国社会服务机构登记制度简化改革已初见成果。2011年全国民政工作年中分析会暨民政论坛上民政部"两个一体化"政策试点的提出开启了部分社会组织直接登记进程。2018年《社会组织登记管理条例（草案征求意见稿）》第10条更是规定包括行业协会商会、科技类、公益慈善类、城乡社区服务在内的社会组织可以直接登记。在这四类中，社会服务机构可采取后三类直接登记模式。可见，中国社会组织未来的登记管理体制，或将是双重管理与直接登记并存的混合登记体制。在这一体制下，当下社会服务机构登记门槛过高以及经营活动自由受阻的困境能得到极大改善，这类社会企业也必将迎来发展机遇。总结来看，社会企业的经济属性并不排斥非营利法人这一法人类型。

2. 政策文件升级入法和专门立法模式

立法模式的选择不能因过度重视效率价值而陷入放弃自由价值的窠臼。尽管我国现有法律体系暂不支持营利与非营利混合的社会企业认证、管理及培育，但社会公共服务提供主体之间的互动是动态的，如若社会企业成为经济社会无法被边缘化的存在，其必定会具备法律概念的规范价值。① 运用价值分析方法，社会企业的双重属性本质并不属于任何一类现有的组织类型。如前所述，社会企业的社会属性要求其具备社会目标不漂移的制度安排，但营利性企业并没有经营活动的社会使命驱动、利润分配与剩余资产锁定等规则限制。社会企业的经济属性又要求其具备可持续市场经营能力并获取经济利润的创新性与灵活性，但我国现有的非营利法人制度对社会组织能否参与营利性经营活动所秉持的立场至少不是积极的。社会企业的内部治理则很大程度上借用了公司制企业的科学内控与组织架构，但我国非营利法人与特别法人制度至今仍缺失内部治理部分，导致司法实践的裁判观点左右各异。由此，仅以社会企业为调整对象的法律缺位始终是社会企业立法的潜在动力。

① See Dina Dalessandro, "The Development of Social Enterprise and Rise of Benefit Corporations: A Global Solution", *Hastings Business Law Journal*, Vol. 15, Issue 2（Spring/Summer 2019）, pp. 294-318.

通过考察佛山市顺德区、北京市以及成都市最新版的《社会企业认证办法》《社会企业培育发展管理办法》《社会企业发展支持计划》等地方政府政策性文件。与正式的法律、行政法规相比，这类规范性文件的约束力和执行力明显较弱，但基层政策实践的灵活性与机动性使得其自我更新迭代能力与内容优化能力突出。以上三地均具有我国演化了近 10 年的社会企业认证、培育与管理政策经验，成都市政策所界定的社会企业社会目标锚定更是走出了社会企业监管的一大步。因此，我们有理由相信，以上地区抑或社会企业发展势态良好的新兴地区的政策在"施行—更新—再施行—再更新"的实践中逐步具备普遍约束力，有望成为地方性法规、部门规章，再进一步提升层级至行政法规或法律，这就是地方政策文件升级入法立法模式的现实进路。比该模式更为系统且更加接近社会企业法律概念本质的做法则是《社会企业促进法》单行法订立的专门立法模式。在我国社会企业政策逐步入法过程中，社会企业监管主体必定会以专门机构的形式出现而非跨部门共同监管，诸如韩国的社会企业振兴院，该专门监管机构则具有较大可能性承担社会企业专门法案的起草工作，亦或由承担监管职能的社会企业行业协会负责总结社会企业政策实践的共性并向立法机关提出立法建议。且基于我国民商事合一的立法体例，商法的一般规范需符合《民法典》法人分类的基本法律原则，统一的社会企业立法需配套三类各异且存在部分对立的注册标准、管理制度以及资源政策。这也是以上两种立法模式的推进难度所在。

四　我国社会企业的法律规制框架

社会企业立法模式的选定是已有法律体系分布、法律对象本体需求等多因素共同作用的结果，立法模式之间并无好劣之分。无论社会企业制度由何种立法模式架构，该制度内容应以识别标准这一准入门槛作基，准入门槛决定了社会企业的"应为"、"非为"以及"可为"的行为模式，监管规则与资源支持则发挥着行为模式的负面与正向法律结果的制约和激励作用。

（一）识别标准

1. 组织目标与资产锁定

社会企业的市场经营行为是为社会目的服务的。为了保障其社会属性，社会企业的识别认证需要主观的组织目标与客观的资产锁定制度来限制其逐利行为。

首先是组织目标。社会企业应以社会目标为使命驱动，社会目标当然是非营利性、公益性的，但社会认证显然不会停留在主观意思层面。无论是解决特定的社会问题，还是为特定社会目标群体利益服务，抑或产出附加的社会价值，社会企业均应在其章程、章程补充协议或社会目标承诺书中载明。[①] 具体而言，各地社会目标这一核心认证标准应秉持范围明确、边界清晰可测量的原则。举例来说，与佛山市顺德区的宽泛规定相比，北京市及成都市"居民生活服务项目+公共服务项目+基本民生服务项目+服务乡村振兴与农村经济发展的项目+新经济类项目"的五分类做法更具可操作性。公司制企业则需要将其聚焦特定的社会领域或特定的"社会目标群体"的社会目标内嵌于其公司章程所确定的经营范围。无论是原有的双重审批登记制度还是各地改革试点简化的登记管理制度，社会服务机构在准入阶段就将社会目标置于组织使命顶层，农民专业合作社也须在其章程内明确全体成员的特定需求。

其次是资产锁定，具体包括利润分配限制与剩余财产锁定。如本部分第一节所述，本土化社会企业在我国《民法典》以"营利性"为分类基准的法人类型框架下被分为三类，由此衍生出了三类法律规制体系。法院系统出版的权威释义指出："'非营利目的'或'非营利性'的含义，并不是经济学意义上的无利润，也不是不从事经营活动，而是一个用以界定组织性质的词汇，它指这种组织的运作目的不是为获取利润。"[②] "组织的

---

① 参见邓辉、周晨松《我国社会企业的法律形式及其认定标准和路径》，《南昌大学学报（人文社会科学版）》2021年第5期。

② 贾东明主编《〈中华人民共和国民法总则〉释解与适用》，人民法院出版社2017年版，第210页。

运作目的不是为获取利润"转换成司法实践可操作的客观标准即资产锁定原则，该原则又可分解为利润分配与剩余财产锁定两大组织存续以及解散资产处置措施。为了保障非营利法人运作目的的非营利性，非营利法人的发起人出资时须签订出资承诺书，意即彻底放弃资本投入的利润分配以及剩余财产索取权。与之相对比，公司制企业与农民专业合作社则需要设置利润分配的比例，这一比例可以是英国 CIC 模式规定的每股分红的最高上限 20% 以及利润分配的累计总额占比的最高上限 35%，也可以是韩国《社会企业促进法》规定的每年可分配利润的 1/3。这两类社会企业的剩余资产锁定可以设置成认缴出资或购买股权份额的价值锁定，即出资人转让份额或公司解散时仍有剩余财产分配时，出资人仅能以当时认缴出资的市价取得出资对价，而由社会企业运营产生的资本增值则被要求锁定在企业，在组织解散时则转入社会企业发展培育专项基金。当然，实务界中借助关联交易、虚假会计操作转移社会企业实体经营利润的道德风险事件时有发生，这一问题的解决办法应对应于后文的内部治理维度。只有以利润分配与剩余财产锁定为内容的资本产权制度明晰，组织内部治理才有改善与提高的可能性。

2. 内部治理与收入来源

秉持社会目标的社会企业还需要持续生产商品或提供服务实现组织的可持续性。与纯粹的社会组织不同，社会企业试图将现代企业制度的运营模式与管理架构嫁接至社会目标实现主体上。前文提及社会组织与社会企业的核心区别在于可持续发展能力，即业务模式与市场需求的匹配度和主业产出在收入来源中的占比，这也是保障社会企业经济属性的两大着力点。为实现社会企业社会目标不漂移和始终保持社会企业业务模式与市场需求的高匹配度两大任务，过程导向的内部治理架构应得到足够重视。与此同时，结果导向的收入来源则是更加客观的考察维度。

内部治理是决策、执行与监督三大权力机构之间的权限划分，良好的风险控制和内部治理能力是所有组织可持续发展能力的来源。社会企业的所有制不是以资本投入多寡为要的，但其经营活动又需与市场需求紧密绑定，这就需要在非营利性社会服务机构与营利性公司制企业较为成熟的内部控制框架中保持平衡与作出取舍。公司制企业的治理结构应借鉴社会服务机构的资本隔离原则，并采取引入社区（村）两委成员担任董事长、总经理等创新性治理手段保障社会目标可持续和不偏移。以成都市为例，该市于2018年发布的《成都市人民政府办公厅关于培育社会企业促进社区发展治理的意见》中明确提出"鼓励社会团体、公益基金会、城乡社区（居委会、村委会）等，依照《公司法》投资创办社会企业。"该文件的出台由此催生了一类特殊主体创办的社会企业——城乡社区（居委会、村委会）以特别法人身份创办的社会企业。[①] 居委会作为股东开办社区社会企业、从事社区服务活动，该行为活动符合《城市居民委员会组织法》所述"居民委员会应当开展便民利民的社区服务活动，可以兴办有关的服务事业"的内在精神。社会企业发展需要特定的生态体系，社区始终是其存在和发展的重要空间。其原因在于社会企业要解决的社会问题大多集中在社区，参与社会企业民主治理高效运营的员工、客户、资源等也在社区，政府社会治理的重点更是在城乡社区。这一实践创新正是我国基层群众自治组织制度环境对公司制社会企业内部治理能力的赋能，由此更能避免营利性企业在基层社区打着"社会企业"官方认证身份标识的旗号过度扩张所导致的诸如教培行业的资本乱象。社会服务机构的治理结构存在理事会、监事会、秘书处及其下设的项目部、财务部等基本职能部门，理事会中理事和常务理事的比例分别在两个"三分之一"的范围内，且理事会建设的核心应在于组织目标涵盖下社会目标群体的持续性参与。其次，监事会的制度设计应以保证其切实实现监督职能为目标，监事不能由理事长选出，且最好有财务、法律等领域的专业人士参与。最后，应明确决策机构运行的重要制度，如决策机构人员进入和退出的条件、机制，以及有效会议的内容与程序要求。

社会企业的经济效益产出可具化为经营所得收入，破解收入来源不足问题是现代社会企业制度创新的出发点，其要义在于这一非政府部门组织形态能在特定社会目的使命驱动下通过活动项目化、项目产品化、产品规

---

① 参见徐阳等《社区社会企业的发展困境与思考——以成都市社区社会企业发展实践为例》，《三晋基层治理》2021年第4期。

模化、产品组合化的商业模式从事经营活动。社会企业对于我国以社会服务机构为代表的非营利法人的突出意义就在于通过价格、供求、竞争机制获得的经营收入的可持续性和内部闭环性。当然，社会企业并不排斥纯粹依靠外部捐赠与政府补助的非营利法人，两者是相互补充的关系。社会服务机构的经营所得收入应达到其全部收入来源的一定比例（如成都市规定的 60%，各地应依据社企发展状况选择适用超过 50% 的某一具化比例标准），抑或达到所耗成本的一定比例，由此去冲减和避免社会组织双重登记制度所导致的业务主管部门行政隶属性偏向与空心化陷阱。如前所述，科技类、公益慈善类以及城乡社区服务类社会组织已经在各地方试点直接注册，无须主管部门的经营干涉。在此前提下，这三类社会服务机构有了更大的经营自主权，收入来源构成也会更加市场化。公司制企业则需要将社会企业与普通公司的社会企业责任区分开来，商业模式本身必须是围绕社会问题的解决而确立的，而不能与社会目标脱钩，被异化成借用社企社会影响力圈钱弥补普通市场经营亏损的资本工具。

（二）监管规则

社会企业的发展需以监管制度为保障，立法可以降低社会企业组织目标的履行短板和弹性空间而导致其本身与服务对象之间的复杂性和不确定性。[①] 本文的监管规则以监管行为逻辑顺序为展开，选取了监管机构、信息公开与服务承诺制度以及公益履行诉讼制度为制度架构的三大要素。

1. 监管机构

监管规则的顶层设计在于监管机构，但由于我国社会服务机构本就处于"民政部门注册＋业务主管部门监管"的双重管理模式下，公司制企业和农民专业合作社则由工商部门注册登记（农业合作社还需到同级农业主管部门备案）及市场监督管理部门业务监管。在我国社会企业实践尚处于区域起步阶段的背景下，全国性统一认证及管理机构的落地还为时尚早。但总结我国佛山市顺德区、北京市和成都市经验可以发现，相比于停留在

---

① 参见张楠、关珊珊《社会企业共识构建：对社会企业类型学的综述与分析》，载《中国非营利评论》第 26 卷，社会科学文献出版社 2020 年版。

纯粹的 CSECC 非官方认证阶段，三地的各级地方政府均对社会企业的认证培育及后续管理表现出了较大的主动性，分别成立了社会创新中心、社会企业发展促进会、社治委，由上述组织会同各地市场监督管理部门统筹推进辖内社会企业培育发展管理工作并组织研究相关政策措施，并借助社会企业综合服务平台的信息公示与资源积聚力量进行信息化管理。在党政引导、政府引领模式下，社会企业比起非官方认证仅能获得纯粹的身份认同，更能得到地方政府各部门职权范围内财税金融、政府购买、人才培养、社会影响力推广等社会资源的全方位赋能。因此，现阶段我国社会企业的认证及监管工作应交由各地方政府自行统筹，同时鼓励高校研究院、公益基金会、慈善团体以及市场影响力较大的评估服务机构参与社会企业法律制度的研判及试点工作。

2. 信息公开与服务承诺制度

美国的 B-corp 共益公司模式引入了第三方机构进行社会企业披露的共益报告的认证检测，由此保证对共益公司经营的社会性目标的持续性外部监管。英国《社区利益公司条例》明确规定社区利益公司需向社会公众披露年度经营报告的内容、公司利润分配以及公司债券发行情况。同时，监管机构还需对年度报告进行实质审查，从而判断该公司动态是否符合社区利益测试标准。[①] 在我国的社会企业法律规制框架中，社会企业的组织目标首先会具体到社会企业的章程及章程补充协议中，三类组织的注册登记"三证"以及社会服务机构的收费许可证等也会披露出社会企业的服务基本信息。信息公开的基本路径为信息披露、重大事项报告和公众投诉，由此需要由各级地方政府引入专业机构定期发布社会企业年度影响力评估报告，依托市场经济体制下现有的市场主体信用积分管理平台建立社会企业信用监管体系，并配套社会企业摘牌退出制度。如果说信息公开制度属于消极被动的形式监管方式，与之配套的服务承诺制度则更加具备积极主动的合规要求。服务承诺的内容应当囊括服务项目、服务方式、服务质量、服务责任

---

① See Andrea Chan, Sherida Ryan & Jack Quarter, "Supported Social Enterprise: A Modified Social Welfare Organization", *Nonprofit and Voluntary Sector Quarterly*, Vol. 46, Issue 2 (April 2017), pp. 261-279.

和收费标准这五大核心要素。从服务承诺本质来看，虽然其在民法意义上倾向于被认定为单方允诺行为，但其在经济法范畴内应当成为效力性强制性规定，并与行政处罚、征信记录管理有效衔接。

3. 公益履行诉讼制度

美国的公益履行诉讼制度衍生于公司股东代表诉讼，系公司股东对董事在经营活动中秉持社会目标不偏移的监督权的诉权赋予。① 其《标准共益公司法》第 305 条（c）项规定，在被指控的作为或不作为发生后，要么由公司自身起诉，要么由满足以下条件之一的任何个人或团体起诉：实质或名义上持有共益公司至少 2% 股份，抑或持有共益公司母公司至少 5% 已发行股份。英国社区利益公司法律规则则将监督公司股东或董事不忠实勤勉维护社区集体利益的诉权交给了监管人。本文认为，相较于外部监管者享有利益不甚相关的监督诉权，将其赋予监管积极性更高的内部人员更具效率与公平。尽管公司社会责任诉讼制度尚未入法且成型，但股东代表诉讼却已在我国施行多年且以反向约束的形式极大程度地促进了我国中小股东权益的保护，该制度具有较大的借鉴意义。我国可借鉴美国立法，并结合《公司法》已确立的股东代表诉讼制度，将社会企业公益履行状况监督的诉权赋予持股占比达 1% 以上的出资人、股东或合作社成员，以及社会企业章程或服务承诺书中圈定的特定数量以上的"社会目标群体"集合。

（三） 资源支持

如果说社会企业认定标准造成了其经营活动的双重限制，那社会资源支持则可被看作双重限制的制度成本，社会企业需要外部支持的能力建设赋能。从法人分类来看，社会服务机构能够申请到的企业所得税优惠是其与公司制企业在财税政策上的最大区别。根据《企业所得税法》第 26 条以及《企业所得税法实施条例》第 85 条，非营利法人的经营所得收入是所得税免征范围之外的收入。社会企业从事经营活动在税收优惠方面并不

---

① See J. Haskell Murray, "Social Enterprise Innovation: Delaware's Public Benefit Corporation Law", *Harvard Business Law Review*, Vol. 4, Issue 2, pp. 345-372.

存在法人类型的区分，且税收作为宏观财政政策具有巨大的国民经济乘数效应和二次分配效应①，因此本文并不建议税收政策向现阶段仍未成型的社会企业倾斜。

在总结社企实践政策的基础上，社会企业的可行性配套资源支持可总结为以下几个方面。其一认证便利：①提供社会企业章程参考范本，便利备案；②放宽名称登记条件，支持在名称中使用"社会企业"字样；③放宽住所登记条件，允许以集群注册方式、住所申报方式简化办理企业登记。其二金融支持：①鼓励银行业金融机构对纳税守信、经营状态良好的社会企业提供信贷及衍生金融工具服务；②支持股权交易中介探索提供社会企业挂牌展示、融资等资本市场服务。其三政府补助：①指导各区（市）县将社会企业实际经济贡献作为参照值，安排专项资金；②支持行业主管部门制定相应的支持政策；③将符合条件的中小微社会企业纳入中小企业成长工程；④按社会企业服务类别设立社会企业专项基金，通过基金运作孵化和补贴贡献突出的社会企业。其四政府购买支持：加大政府购买社会企业产品和服务的力度，特别是保障和改善民生领域的基层社区居民迫切需求的且适合市场化提供的政府采购项目。其五人才培养：①鼓励本地高校建立社会企业研究中心，培养社会企业创业者以及社企公益项目商业化运营专才；②鼓励本地技工院校、高技能人才基地等单位开展专项培训服务，提升社会企业从业人员专业技能；③支持社会企业人才引进，在人才公寓、子女入学、医疗保障等方面给予支持。其六宣传推广：通过政府"三微一端"等社交平台广泛宣传社会企业，弘扬社会企业家精神。

结　语

在居民生活服务、社会公共服务、基本民生服务、乡村振兴服务以及新经济发展服务等社会问题广泛存在的社会领域，"公益"早已脱离了狭义的"慈善捐助"范畴。继政府失灵、市场失灵后的"志愿失灵"具体

---

①　参见李健等《组织法律形式、政策工具与社会企业发展——基于全球28个国家的模糊集定性比较分析》，《研究与发展管理》2019年第1期。

表现为传统的社会组织官僚作风、效率低下、捐赠依赖与能力弱化，加之市场公平竞争制度对社会组织传统生存模式的挑战，社会组织在寻求创新时自然地与现代企业制度这一社会财富创造工具实现了融合性发展。与此同时，我国资本过度扩张导致的市场乱象在教育、文娱行业得到了集中体现，政府引导商业资本良性发展的意图明显，社会企业作为"资本向善"的创新性实现路径逐步得到重视。社会企业以社会和经济双重属性为核心特征。具体而言，社会企业是以解决特定领域社会问题、服务特定社会目标群体为使命目标，以能同步产生可测量的社会效益和财务利润的创新性业务模式可持续地提供参与市场竞争的社会公共产品和服务，所得主要盈利按照其使命目标再次投入自身业务，且经营管理过程中社会目标始终不漂移的法人主体。这一非政府部门组织形态与我国三类现有法人组织形态，即公司制企业、社会服务机构与农民专业合作社较为契合。无论是我国佛山市顺德区、北京市和成都市已有的社会企业政策实践，还是域外的英国 CIC 模式、美国 B-Corp 共益公司模式、韩国《社会企业促进法》，社会企业均离不开政府主动的识别、监管与扶持政策法规。无论采取何种社会企业立法模式，我国社会企业的法律规制均应由识别标准、监管规则与资源支持三大板块架构而成。社会企业认证、监管以及扶持需要考虑到两种类型的差异化。一是国内与国际的社会企业发展重点差异，中国有特定的社会企业发展议题，即公司制企业的"组织目标锚定"、社会服务机构的"低门槛化"以及农民专业合作社的"去空心化"；二是中央与地方各区域之间的承受力差异。我国社会企业发展应采取因地制宜的策略。

论中华民族共同体视野下的
少数民族发展权[*]

唐　勇^{**}

摘　要：在国际人权法的框架中，发展权和少数人权利在中国语境中的具体展开构造出少数民族发展权范畴。其含义可以表述为，少数民族公民和各少数民族参与、促进并享受协调、均衡、可持续发展的一项人权，在本质上是各民族发展机会均等和发展利益共享的权利。1949 年，中华人民共和国成立，完成民族国家建构历程。在中华民族的大家庭中，少数民族发展权的实践得以逐步展开，在政治、经济、文化和社会领域取得举世瞩目的成就。少数民族发展权未来的走向将与区域发展权相互交织，国家发展权的重要性将进一步凸显。

关键词：少数民族；发展权；人权

"生存权、发展权是首要的基本人权"，这是以人民为中心人权理念的基本点之一①，也是中国特色社会主义人权发展道路的主要内容②。发展

---

　*　本文系国家社科基金重大项目"新时代增强各族人民中华民族认同的法治保障机制研究"（项目编号：19@ ZH020）和国家社科基金一般项目"中华民族伟大复兴视域下各民族共同繁荣的宪法保障研究"（项目编号：21BMZ170）研究成果。

**　　唐勇，法学博士，浙江财经大学法学院院长，教授，硕士生导师。

①　国务院新闻办公室：《为人民谋幸福：新中国人权事业发展 70 年》，《人民日报》2019年 9 月 23 日，第 14 版。

②　国务院新闻办公室：《中国共产党尊重和保障人权的伟大实践》，《人民日报》2021 年 6月 25 日，第 2 版。

权是中国人权理论与实践的关键主题。发展权话语在主体维度的展开，便产生了诸如少数民族发展权、妇女发展权、儿童发展权等概念，并得到了国家的认可和保障。"中国制定并实施了一系列专门性的权利保障法律法规，平等保障全体公民，特别是少数民族、妇女、儿童、老年人、残疾人等的发展权利。"① 这些建立在法定分类标准基础上的特定公民群体的发展权，其基本内涵是什么、需要通过何种方式加以保障，以及未来如何发展，成为中国发展权学术研究绕不开的问题。《中华人民共和国宪法》（以下简称《宪法》）序言宣告，"中华人民共和国是全国各族人民共同缔造的统一的多民族国家"。铸牢中华民族共同体意识成为新时代党的民族工作的主线。据此，本文试图从国际人权法规范中证立少数民族发展权概念，检视在中华民族共同体中我国少数民族发展权实践取得的成就，并提出可能的发展趋势，为世界上其他多民族（族裔）国家的人权实践提供一个成功的样本。

一　少数民族发展权的理论基础

少数民族发展权理论基础所要回答的是，少数民族发展权作为一项人权是如何被承认的，以及作为特定群体的发展权，其基本含义是什么。

（一）少数民族发展权的历史由来

尽管人权的思想起源可以追溯到德国哲学家卡尔·雅斯贝尔斯（Karl Jaspers）所谓的"轴心时代"（公元前 800 年至公元前 200 年），但人权作为一个为法律制度所宣告和保障的概念，则是近现代特别是民族国家（nation state）诞生以后的事情了。"个人自由是真正的现代自由。"② 英国的《大宪章》（1215 年）和《权利法案》（1689 年）、法国的《人权和公

---

① 国务院新闻办公室：《发展权：中国的理念、实践与贡献》，《人民日报》2016 年 12 月 2 日，第 10 版。
② 〔法〕邦雅曼·贡斯当：《古代人的自由与现代人的自由》，阎克文等译，上海人民出版社 2017 年版，第 87 页。

民权利宣言》（1789年），以及美国《联邦宪法》修正案的《权利法案》（1791年）被视为人权的历史渊源。20世纪，《联合国宪章》（1945年）反思"人类两度身历惨不堪言之战祸"造成对人权的忽视和侮蔑。联合国以《世界人权宣言》（1948年）为基础，创建了全面的人权法体系，其范围不断扩大，并成为各国政府应当遵循的准则和义务。

少数民族发展权孕育于普遍人权法和国际人权法的历史演进过程。西罗马帝国灭亡，整个西欧成为一个天主教的世界。16世纪的欧洲宗教改革运动，促成了路德宗、加尔文宗等新教派别，"由于既得的物质利益、对社会地位和声望的关注，以及通过与持有不同观点的人保持距离来保持归属感和界定这种归属感的心理需求，它们形成了各自的动态"①。1648年，作为三十年宗教战争的最终结果，《威斯特伐利亚和约》不仅标志着现代国际秩序的诞生，也确认了宗教少数人——新教徒在神圣罗马帝国内的合法地位。尽管"教随国定"原则将宗教少数人的权利保障问题交由领主决断，但《威斯特伐利亚和约》之后，少数人的权利保护问题成为一个"国际"问题。② 例如，1660年，在波兰与瑞典签订的《奥利瓦条约》中，瑞典承诺在立窝尼亚地区（1621年从波兰获得）保证罗马天主教徒的良心自由；1678年，在法国与荷兰签订的《尼米根条约》中，法国将迈斯特里黑特及其所有属地归还给荷兰，而与此同时，该地区保持信奉天主教。③

第一次世界大战导致欧洲国家领土发生变动，新纳入版图上定居的人口成为属地国的公民，但基于民族、文化、语言、宗教等原因与其所在国的邻国（出生国）产生了密切联系，于是，出生国通过与属地国签订双边

---

① 〔英〕彼得·威尔逊：《三十年战争史》，宁凡、史文轩译，九州出版社2020年版，第24页。

② 随着宗教从世俗政权中的逐步退出，政治精英需要建构一种新的人们效忠的对象，并且尽可能把新划定领域范围内人的共同体的共性都囊括进来，尽可能包含共同的血统、语言、历史和文化，于是，"民族"被想象出来。在世俗的政治运作中，民族（nation）取代了宗教，民族国家（nation state）取代了帝国，"国际"（international）也就名副其实了。

③ 参见茹莹《从宗教宽容到人权保护——国际法中关于少数群体保护规定的演变》，《世界经济与政治》2006年第3期。

条约来保护这些少数人的身份和地位。"这种在国际联盟体系下的条约进路是临时性的、地区性的、种族导向性的，并不关涉少数人概念。然而，少数人概念的确涵盖了宗教、语言、民族（nationality）或族裔（ethnicity）因素。"① 值得注意的是，国际联盟不仅设立政府间的非正式交涉机构——少数人委员会（minority committee），还创设个人申诉制度，赋予少数人及其成员向少数人委员会提交申诉的权利。截至1938年，约有650件由少数人群体或其成员提交的申诉；此外，国际联盟的常设国际法院也在不断处理少数人问题。②

第二次世界大战使人类在20世纪再度身历惨不堪言的战祸，联合国重申基本人权、人格尊严与价值，国际人权法在少数人权利和发展权两个维度均取得了前所未有的进展。1945年，《联合国宪章》第55条规定，联合国应促进"较高之生活程度，全民就业，及经济与社会进展"，以及"不分种族、性别、语言或宗教"的人权标准，这里可以引申出少数人享有平等发展机会的含义。1948年，《世界人权宣言》第22条关于"通过国家努力和国际合作"实现经济、社会和文化权利的表述，可以引申为民族国家和国际社会承担包括少数人在内的每个人实现发展的义务。当然，从文本的措辞本身来看，"在《公民权利和政治权利国际公约》通过之前，联合国体制下没有任何专门规定少数者权利保护或包括此类条款的多边国际文件"③。

1966年，《公民权利和政治权利国际公约》第27条保障那些属于"族裔的（ethnic）、宗教的或语言的少数人群体的个人"在文化、宗教和语言上的权利。从实践来看，"任何威胁少数人生活方式和文化的措施，如为商业目的而大规模征用少数人土地，都构成了对第27条的违反"④。

---

① Philip Vuciri Ramaga, "The Bases of Minority Identity", *Human Rights Quarterly*, Vol. 14, No. 3, pp. 409–428.

② 参见〔奥〕曼弗雷德·诺瓦克《国际人权制度导论》，柳华文译，北京大学出版社2010年版，第21页。

③ 白桂梅：《国际法上的自决权与少数者权利》，《中外法学》1997年第4期。

④ 〔奥〕诺瓦克：《民权公约评注：联合国〈公民权利和政治权利国际公约〉》，毕小青、孙世彦等译，生活·读书·新知三联书店2003年版，第495页。

尽管从权利性质上来看，该公约第 27 条设定的权利是个人权利和消极权利，但少数人的文化生活已经不再囿于狭义的宗教、语言等要素，而进一步拓展为与少数人习俗、道德、教育乃至生产方式等相关的文化生活，这种文化生活在代际传递、承继与变革，显然带有了文化发展的意味了。

1972 年，联合国人权委员会委员凯巴·姆巴耶（Keba M'Baye）的《作为一项人权的发展权》报告，被认为是发展权概念的正式提出。[1] 发展权概念的提出，扩充了联合国对人权概念的理解。例如，1977 年联合国大会通过第 32/130 号决议，在充分考虑人权与发展、个体权利与集体权利、国内正义与国际正义关系的基础上，明确提出，"实现人权如要达成长久进展，亦有赖于健全有效的国家和国际经济及社会发展政策"〔第 1（b）段〕，种族隔离、种族歧视，以及拒绝承认各国对其财富和自然资源享有行使充分主权的基本权利，被列为联合国处理人权问题的优先事项〔第 1（e）段〕。[2] 1979 年，联合国秘书长在一份关于发展权国际维度的报告中专门提及少数人的发展权问题，特别强调："少数人群体及其成员也是发展权的主体与受益者。"（第 91 段）[3] 1979 年，联合国大会通过第 34/46 号决议，"强调发展权利是一项人权"（第 8 段）。[4]

1986 年，联合国大会通过《发展权利宣言》。[5] 该宣言第 1 条对发展权概念作出界定："发展权利是一项不可剥夺的人权，由于这种权利，每个人和所有各国人民均有权参与、促进并享受经济、社会、文化和政治发展。"1992 年，联合国大会通过《在民族或族裔、宗教和语言上属于少数群体的人的权利宣言》。[6] 其第 4 条第 5 款规定"各国应考虑采取适当措

[1] See Russel Lawrence Barsh, "The Right to Development as a Human Right: Results of the Global Consultation", *Human Rights Quarterly*, Vol. 13, No. 3, pp. 322–338.
[2] 《在联合国系统内增进人权和基本自由的切实享受的各种可供选择途径、方式和方法》，A/RES/32/130, 1977 年 12 月 16 日。
[3] Economic and Social Council, *The International Dimensions of the Right to Development as a Human Right*, E/CN. 4/1334, 2 January, 1979.
[4] 《为增进人权和基本自由的切实享受在联合国系统内可以采取的各种途径、方式和方法》，A/RES/34/46, 1979 年 11 月 23 日。
[5] 《发展权利宣言》，A/RES/41/128, 1986 年 12 月 4 日。
[6] 《在民族或族裔、宗教和语言上属于少数群体的人的权利宣言》，A/RES/47/135, 1992 年 12 月 18 日。

施，使属于少数群体的人可充分参与其本国的经济进步和发展"；在序言中其强调"不断促进和实现在民族或族裔、宗教和语言上属于少数群体的人的权利"系"整个社会发展的必不可少的部分"。这两份宣言中的上述规定，为少数人发展权概念的析出提供了国际人权法规范的支撑。

综上所述，发展权与少数人权利已经被联合国认为是人权的重要组成部分。例如，2000年，联合国大会通过《联合国千年宣言》①，宣告"尊重一切国际公认的人权和基本自由，包括发展权"（第24段）以及"尊重包括少数人权利在内的各项人权"（第25段）的基本立场。少数民族发展权可以视为国际人权法框架中，发展权和少数人权利在中国语境中的具体展开。

（二）少数民族发展权的概念证立

作为人类固有之价值和尊严，人权本身是不可分割的。为了学术研究特别是制度保障的需要，人权不得不被表述乃至规定为一项项具体的权利，进而建立相应的人权法体系。人权的具体化表述，大致沿着两种路径展开。一种是从人类主体的现实差异性角度来界分人权，基于年龄、性别、身体状况、身份地位等标准识别出权利主体，提炼出基于"权利主体路径"的人权概念。例如，《联合国老年人原则》《消除对妇女一切形式歧视公约》《智力迟钝者权利宣言》《关于难民地位的公约》采用的就是以权利主体来命名人权的路径。另一种是从人类从事类生活的不同事项来界分人权，基于政治、经济、社会、文化和生态要素之区别，提炼出基于"权利客体路径"的人权概念。例如，联合国人权两公约在列举每一项人权时，主要采用的是以权利客体来命名人权的路径。在人权体系中，如果把"权利主体路径"作为横坐标，把"权利客体路径"作为纵坐标，便形成一个二维坐标系，而坐标系上的每一个点就是一项具体的权利。例如，艾滋病感染者的权利主体分别对应教育、继承、就业、保健、隐私等权利客体，在坐标系上形成艾滋病感染者的教育权、继承权、就业权、获

---

① 《联合国千年宣言》，A/RES/55/2，2000年9月8日。

得医疗保健权和隐私权。这就是《关于艾滋病毒/艾滋病问题的承诺宣言》第58部分所列举的内容。[①] 当然，在这个具体化的权利坐标系中，存在若干"空白点"，其原因在于某些权利有法律上或事实上的限定条件。例如，《关于无国籍人地位的公约》无需述及无国籍人的选举权与被选举权。[②]

按照这种人权具体化的路径，少数民族发展权可以被粗略地解释为少数民族权利与发展权叠加的结果，既可以归属于《在民族或族裔、宗教和语言上属于少数群体的人的权利宣言》中的少数人权利，又可以归属于《发展权利宣言》中的发展权。然而，在"权利主体路径"和"权利客体路径"的叠加过程中，尚有两个问题需要进一步论证：一是国际人权法体系中的"少数人"与我国政治和法律概念体系中的"少数民族"是否具有通约性；二是国际人权法体系中的"属于少数群体的人"的权利与集体意义上的"发展权"是否具有相容性。

对于第一个问题，少数人是一个表征权利主体间性的范畴。《布莱克法律词典》从"多数人"角度来解释"少数人"范畴，认为少数人是在某些方面（如种族或宗教信仰）不同于多数人的一个群体，并由于这种不同有时被差别对待。[③] 在国际人权法框架中，"那些生活于一个国家之中并认为自己与其他人群相比在数量上属于少数的人或群体往往被称为少数人"[④]。1979年，联合国秘书长在关于发展权国际维度的报告中对"少数人"概念作出一个相对详细的描述："少数人是指一个在数量上低于国家其他人口、处于非主导地位的群体，其成员作为该国的国民，具有不同于其他人口的族裔、宗教或语言特征，并表现出（即使是隐含地）一种旨在保护其文化、传统、宗教或语言的团结意识。"（第91段）[⑤]

---

① 《关于艾滋病毒/艾滋病问题的承诺宣言》，A/RES/S-26/2，2001年8月2日。
② 从"权利主体路径"与"权利客体路径"叠加的角度推寻具体的权利概念，参见唐勇《少数民族体育权利的法理证立与法律保障》，《浙江体育科学》2023年第2期。
③ See Bryan A. Garner, *Black's Law Dictionary*, St. Paul: Thomson Reuters, 2014, p. 1147.
④ 〔奥〕诺瓦克：《民权公约评注：联合国〈公民权利和政治权利国际公约〉》，毕小青，孙世彦等译，生活·读书·新知三联书店2003年版，第480页。
⑤ Economic and Social Council, *The International Dimensions of the Right to Development as a Human Right*, E/CN.4/1334, 2 January, 1979.

1994 年，联合国人权事务委员会通过第 23 号一般性意见，对《公民权利和政治权利国际公约》第 27 条 "少数群体的权利" 作出非限制性的解释。① 以此为基础，结合其他国际人权法文件，少数人以及少数人权利范畴具备下述特征。①少数人有别于民族国家的全体国民，因此，少数人并不享有人民自决权。"自决权与领土以及生活在这一领土范围之内的人民相关联，而不是与依据民族、宗教或其他标准认定的'民族'相关联。"②《公民权利和政治权利国际公约》在结构设计上也秉持这种观点，人民自决权条款（第 1 条）单独位于第一部分，少数人权利条款（第 27 条）与其他各项权利条款并列于第三部分。②少数人有一个明确且共识性的身份属性，联合国系统认定的少数人聚焦民族、族裔、宗教、语言四个维度。儿童、老年人、残疾人等群体虽然在国家人口中占比较少，但被归属于其他专门的人权议题。不难发现，框定少数人的这四个维度主要涉及文化认同的领域。但少数人权利所保护的范围不局限于文化权利，还涉及保护其作为少数人的生存，非歧视，享受其文化、宗教和语言，有效参与文化、宗教、社会、经济和公共生活，有效参与决策，建立社团，维持与其他群体的关系和跨界接触，等等。③少数人基于《公民权利和政治权利国际公约》第 27 条所享有的权利，不得违反缔约国的主权和领土完整。《在民族或族裔、宗教和语言上属于少数群体的人的权利宣言》第 8 条第 4 款更是进一步明确对国家主权和领土的尊重。这就意味着涉及少数人权利的国际合作，不得破坏国家主权原则。任何国家不得以少数人权利保障为借口从事分裂、入侵或颠覆国家政权等活动。换句话说，少数人权利保障首先是一个国内法问题。当然，国际人权法并不要求受保护的少数人是公民或永久居民。

---

① 《各人权条约机构通过的一般性意见和一般性建议汇编》，HRI/GEN/1/Rev. 7，2004 年 5 月 12 日，第 158~161 页。需要特别说明的是，对照中英文本，第 23 号一般性意见第 1 段中 "种族" 对应 ethnic，第 2 段中的 "人民自决权利" 对应 right of peoples to self-determination，第 3.1 段中的 "民族" 对应 peoples。出于概念精准性和统一性的考虑，本文中的 "种族"、"族裔" 和 "人民" 分别对应 race、ethnic 和 peoples。

② 〔挪〕艾德等：《经济、社会和文化的权利》，黄列译，中国社会科学出版社 2003 年版，第 423 页。

自 1950 年起，国家开展民族识别工作，最终识别出 56 个民族。其中，汉族人口最多，其他 55 个民族因人口数量相对较少，习惯称为"少数民族"。我国民族识别工作主要参考斯大林著名的有关民族的定义，即语言、地域、经济生活和心理诉诸"四要素"①，在具体识别过程中，意识到这个定义"是对资本主义时期形成的西方民族的科学总结"，与我国"许多民族还是处在前资本主义阶段"的实际情况并不完全吻合，因此，"对中国各民族的具体情况进行具体分析"，重视"民族地区"和"共同心理素质"要素，"没有把语言作为孤立的识别标准"。②

从识别的结果来看，56 个民族是民族学和人类学意义上的"文化民族"。①《宪法》序言中"统一的多民族国家"的表述，说明缔造共和国的主体是各族人民，而不是各个民族。56 个民族不能自外于中华民族这个大家庭。既然我们这个主权国家不是由各个民族"加盟"而成的，那么，任何一个民族都没有"脱离"国家的权利，即不享有自决权。②《宪法》第 4 条"中华人民共和国各民族一律平等"的表述，说明各民族之间的政治地位和法律地位是平等的；"各民族都有使用和发展自己的语言文字的自由，都有保持或者改革自己的风俗习惯的自由"，说明各民族的特殊性以及各民族公民对本民族自我认同的要素集中于语言文字、风俗习惯等文化领域。③《宪法》第 4 条"各少数民族聚居的地方实行区域自治，设立自治机关，行使自治权"的表述，说明自治权的行使是通过自治机关实现的。"民族区域自治不是某个民族独享的自治"③，即使在民族区域自治地方，地方政权依然是由聚居于此的各族人民共同组成的，不存在某个民族作为一个群体而独享的政治权利。在宪制框架中，56 个民族之间的差异主要在于文化。因此，我国政治和法律概念体系中的"少数民族"基本对应于国际人权法中的"族裔少数人"概念。作为最直观的佐证，全国人民代表大会门户网站发布的现行《宪法》英译本，将序言中的"统一的多

① 〔苏〕斯大林：《马克思主义与民族、殖民地问题》，张仲实译，人民出版社 1953 年版，第 293 页。
② 参见费孝通《关于我国民族的识别问题》，《中国社会科学》1980 年第 1 期。
③ 习近平：《在中央民族工作会议上的讲话》，载中共中央文献研究室编《习近平关于社会主义政治建设论述摘编》，中央文献出版社 2017 年版，第 152 页。

民族国家" 译作 "a unified multiethnic state", 将第 4 条中的 "少数民族" 译作 "ethnic minorities",① 国家民族事务委员会门户网站将 "中华人民共和国国家民族事务委员会" 译作 "National Ethnic Affair Commission of the People's Republic of China"。②

对于第二个问题, 无论是《公民权利和政治权利国际公约》第 27 条, 还是《在民族或族裔、宗教和语言上属于少数群体的人的权利宣言》, 所保护的是属于少数人群体的个人的人权。但就发展权而言, "发展权个人主体与集体主体在法律秩序中应该具有同等重要的地位和并行不悖的资格, 这种双重主体并存的二元论, 是发展权主体规范的基本原则"③。当 "权利主体路径" 下的少数民族 (即族裔少数人) 权利与 "权利客体路径" 下的发展权相交时, 少数民族发展权概念就牵涉到个人主体与集体主体的关系。

从根本上来说, 人权首先是个人权利。人在道德和应然语境中的无差别性, 是普遍人权概念得以成立的前提。人权概念在联合国系统的确立和高扬, 其出发点就在于给予每个人充分的尊重, 彰显人的价值, 以避免国家或其他第三方主体对个人的侵害。"人权把人定义为个人, 并且赋予个人要求高于社会及其他社会集体的合理优先性。"④ 发展权首先是个人的发展权。"全面建成小康社会, 一个也不能少; 共同富裕路上, 一个也不能掉队。"⑤ 这里所体现的人权思想就是发展权最终要落实到每个具体的人。因此, 少数民族发展权首先就是属于少数民族的公民发展权。

落实到每一个具体的个人, 人权就不是抽象的概念, 而是反映人权主体特定的利益诉求。这种诉求不能脱离个人的物质生活条件以及由物质生

---

① 《Constitution of the People's Republic of China》, 中国人大网, http://en.npc.gov.cn.cdurl.cn/constitution.html#, 最后访问时间: 2023 年 2 月 23 日。

② 详见国家民委网站, https://www.neac.gov.cn/seac/index.shtml, 最后访问时间: 2023 年 2 月 23 日。

③ 汪习根:《法治社会的基本人权——发展权法律制度研究》, 中国人民公安大学出版社 2002 年版, 第 82 页。

④ 〔美〕唐纳利:《普遍人权的理论与实践》, 王浦劬等译, 中国社会科学出版社 2001 年版, 第 178 页。

⑤ 习近平:《在十九届中共中央政治局常委同中外记者见面时的讲话》, 载中共中央党史和文献研究院编《习近平扶贫论述摘编》, 中央文献出版社 2018 年版, 第 23 页。

活条件所决定的社会文化状况。"人的本质不是单个人所固有的抽象物，在其现实性上，它是一切社会关系的总和。"① 人的类生活存在方式决定了具体的人权诉求。发展权概念形成的背景在于类主体间发展机会的不平等和发展水平的不均衡。从国际层面看，有发达国家与发展中国家之分；从国家层面看，有贫困人口与非贫困人口之分；从区域层面看，有先发地区与后发地区之分。《发展权利宣言》第 10 条所要求的"国家一级和国际一级的政策、立法、行政及其他措施"往往不是针对个人，而是瞄准群体来拟定、通过和实施的。

21 世纪，联合国系统逐步承认特定群体的人权主体地位。例如，2007 年，联合国大会通过《联合国土著人民权利宣言》②，第 1 条宣告："土著人民，无论是集体（collective）还是个人（individuals），都有权充分享受《联合国宪章》、《世界人权宣言》和国际人权法所确认的所有人权和基本自由。"其第 7 条第 2 款特别强调"土著人民享有作为独特民族（distinct peoples），自由、和平、安全地生活的集体权利（collective right）"。当然，土著人概念与侵占和殖民相关，而我国的 56 个民族都是世居民族，不属于严格意义上的土著民族。2008 年，有学者在向经济、社会和文化权利委员会提交的文件中指出："在公共领域被承认的少数人的文化权利，其集体层面的侵害并不必然构成侵犯个人基本权利。"③

从国际人权法演进的趋势来看，《公民权利和政治权利国际公约》第 27 条仅仅保护作为少数人的个人的权利，这并不妨碍少数人的其他权利以集体权利的方式获得承认与保护。换句话说，少数民族（族裔少数人）权利与发展权的集体人权性质是可以相容的。"全面实现小康，少数民族一个都不能少，一个都不能掉队。"④ 这里所体现的人权思想就是少数民

① 参见〔德〕马克思《关于费尔巴哈的提纲》，载恩格斯《路德维希·费尔巴哈和德国古典哲学的终结》，人民出版社 1997 年版，第 54 页。
② 《联合国土著人民权利宣言》，A/RES/61/295，2007 年 10 月 29 日。
③ Ephraim Nimni, *Collective Dimensions of the Right to take Part in Cultural Life*, E/C. 12/40/17, 9 May, 2008.
④ 参见中共中央党史和文献研究院编《习近平扶贫论述摘编》，中央文献出版社 2018 年版，第 6 页。

族发展权的集体主义面向。

综上所述，少数民族发展权的含义可以表述为，少数民族公民和各少数民族参与、促进并享受协调、均衡、可持续发展的一项人权，在本质上是各民族发展机会均等和发展利益共享的权利。

二　少数民族发展权的实践成就

自 1648 年《威斯特伐利亚和约》签订以来，民族国家成为近现代世界最普遍甚至是唯一可行的政治统治单位。"民族国家区别于王朝国家的根本性特征在于建立民主政治制度。王朝国家的最高权力由君主享有，而民族国家实现了全体国民对最高权力的拥有，即人民主权。"[①] 1949 年，中华人民共和国成立，作为建国宪章的《中国人民政治协商会议共同纲领》在序言中宣告"人民民主主义为中华人民共和国建国的政治基础"，中国完成民族国家的构建历程。在国家的政治屋顶下，历史上自在的中华民族，通过鸦片战争以来的民族解放运动，走向自觉。全国各族人民成为国家的主人，国家既是各族人民的利益共同体，又是中华民族的政治共同体。[②] 我国少数民族发展权的实践是在中华民族共同体中得以具体展开的。

从历史阶段来看，少数民族发展权的实践大致可以分为三个时期。在新中国成立的第一个三十年里，以民族区域自治实现各族人民当家作主；在新中国成立的第二个三十年里，以扶持支援优惠措施加快少数民族发展；党的十八大以来，以铸牢中华民族共同体意识为主线实现共同发展、共同富裕。[③]

从权利内容来看，根据《发展权利宣言》第 1 条，发展权的内容包含经济、社会、文化和政治等四个维度的发展。根据《宪法》序言第 7 自然段，我国的国家任务涉及物质文明、政治文明、精神文明、社会文明、生

---

① 唐勇：《中华民族的政治意义》，《政治学研究》2020 年第 3 期。
② 参见唐勇《中华民族的政治意义》，《政治学研究》2020 年第 3 期。
③ 参见唐勇《中华民族伟大复兴的民族学阐释——基于国家富强、民族振兴和人民幸福的分析维度》，《中南民族大学学报（人文社会科学版）》2022 年第 3 期。

态文明等五位一体的发展。本文承认少数民族和少数民族公民享有生态利益，有权通过参与资源节约、环境保护和生态建设政策的制定和实施，享受环境质量改善、生态活力提高以及经济增长与生态环境趋于协调。基于我国少数民族人口大杂居、小聚居的分布特点，以及生态发展利益不可能"精准"惠及某个具体民族的客观事实，本文不述及少数民族生态发展实践。

（一）少数民族政治发展权的实践成就

少数民族政治发展权旨在提升少数民族公民的政治参与能力，在全过程人民民主中获得更广泛和更深刻的政治能动性。从民族政治学的角度看，我国的 56 个民族都属于"文化民族"，即"族群"（ethnic group）范畴，中华民族是享有主权的"政治民族"，即"国族"（nation）。"各民族都是大家庭的平等成员，都不能等同于、更不能自外于中华民族。"① 因此，少数民族政治发展权主要是指少数民族公民的政治发展权。

一是以民主选举参与国家政权建设。中国人民建立了中华人民共和国，成为国家的主人，这是包括少数民族在内的全国人民政治发展权最深刻的变革。"1961 年，西藏各地开始实行普选，昔日的农奴和奴隶第一次获得了当家作主的民主权利。"② 人民代表大会是各族人民行使国家权力的机关。全国 55 个少数民族都有全国人大代表，第十四届全国人民代表大会的 55 个少数民族代表共 442 名，占代表总数 14.8%。每一聚居的少数民族都有该少数民族聚居地方的人大代表。例如，青海省第十四届人民代表大会代表 390 名，其中，藏族 72 人，回族 29 人，蒙古族 18 人，土族 14 人，撒拉族 6 人，满族 3 人，哈萨克族 2 人，少数民族代表占代表总数 36.9%。③ 又如，大理白族自治州第十五届人民代表大会代表 369 名，其中，白族 117 人，彝族 56 人，回族 11 人，傈僳族 6 人，纳西族 3 人，

---

① 王延中：《扎实推进中华民族共同体建设》，《民族研究》2022 年第 1 期。
② 国务院新闻办公室：《西藏和平解放与繁荣发展》，《人民日报》2021 年 5 月 22 日，第 5 版。
③ 参见《青海省第十四届人民代表大会代表名单》，《青海日报》2023 年 1 月 14 日，第 3 版。

藏族、傣族、苗族各 2 人，侗族、壮族、瑶族、阿昌族、拉祜族、布朗族、哈尼族各 1 人，少数民族代表占代表总数 55.8%。[①] 少数民族公民通过民主选举参与国家最根本的政治实践。

二是以协商民主扩大有序政治参与。"协商民主是实践全过程人民民主的重要形式。"[②] 作为政治协商的重要机构，中国人民政治协商会议（以下简称"政协"）在机构组成上专门设置少数民族界别。政协第十四届全国委员会中有 55 个少数民族的委员 244 名，占委员总数 11.2%。在地方委员会层面，例如，政协新疆维吾尔自治区第十三届委员会委员 523 名，少数民族委员占委员总数 45.9%。[③] 在协商民主的制度框架内，各族公民参政议政，及时、准确、有效地反映社情民意，充分行使了政治权利。

（二）少数民族经济发展权的实践成就

少数民族经济发展权在少数民族发展权中居于主导地位，最终制约着发展权其他内容的实现。新中国成立初期，民族地区经济发展相当落后。在生产力上，少数民族群众主要从事传统的农牧业，西南地区的一些山地农业生产还处在"刀耕火种"的原始状态。在生产资料所有制上，毛泽东同志指出："……现在是不是还有原始公社所有制呢？在有些少数民族中恐怕是有的。我国也还有奴隶主所有制，也还有封建主所有制……"[④] 因此，在处理汉族与少数民族关系上，"我们要诚心诚意地积极帮助少数民族发展经济建设和文化建设"[⑤]。

一是以项目建设夯实少数民族经济基础。在第一个五年计划期间，国

[①] 参见《大理白族自治州第十五届人民代表大会代表名单》，《大理日报》2022 年 2 月 10 日，第 2 版。

[②] 习近平：《高举中国特色社会主义伟大旗帜 为全面建设社会主义现代化国家而团结奋斗——在中国共产党第二十次全国代表大会上的报告》，载《中国共产党第二十次全国代表大会文件汇编》，人民出版社 2022 年版，第 32 页。

[③] 参见《中国人民政治协商会议新疆维吾尔自治区第十三届委员会委员名单》，《新疆日报》2023 年 1 月 11 日，第 2 版。

[④] 《关于中华人民共和国宪法草案》，载中共中央文献研究室编《毛泽东文集》第六卷，人民出版社 1999 年版，第 327 页。

[⑤] 《论十大关系》，载中共中央文献研究室编《毛泽东文集》第七卷，人民出版社 1999 年版，第 34 页。

家把四分之一的大型建设项目安排在了民族地区，内蒙古包头钢铁基地、宁夏青铜峡水电站等建设项目奠定民族地区现代化的工业基础。1964年，中共中央开展三线建设，以工业为主导，各领域的建设项目在战略后方全面推进，西部民族地区生产力布局得到全面改善。改革开放以后，区域经济发展中心向沿海转移，但民族地区依然安排一大批建设项目，如新疆塔里木油田、广西平果铝厂、青海钾肥工程、内蒙古大型煤电基地等。2000年，国家实施西部大开发战略，民族地区基础设施条件获得极大改善。2012年至2021年的十年间，民族地区生产总值从5.1万亿元增长至11.8万亿元，年均增长7.6%，高于全国同期1.1个百分点；人均地区生产总值从26909元增长至58197元；民族地区生产总值占全国比重从9.5%增加至10.3%；西藏、贵州、云南地区生产总值分别年均增长9.5%、9.4%、8.4%，增速分列全国第一、二、五位。① 对于发展权而言，"经济利益不能简单地对应为物权客体的物，而是获得物的机会和能力"②。项目建设不仅为少数民族和民族地区创造了就业机会，更是通过基础设施建设，使各族人民参与经济活动的机会趋于均等化。

二是以减贫脱贫改善少数民族生存状况。贫穷是实现人权的最大障碍。联合国大会在《人权与赤贫》的决议中写道："广泛存在赤贫现象阻碍充分有效地享受人权，并且在某种情况下可能对生命权构成威胁，立即减轻并最终消灭赤贫现象必须保持作为国际社会的高度优先事项。"③ 新中国成立初期，国家通过废除封建土地剥削制度，发放贷款和农具，解决少数民族生存的障碍。1982年，国家启动"三西"（甘肃定西、河西，宁夏西海固）专项扶贫计划，拉开开发式扶贫的序幕。1989年，国务院转批国家民委、国务院贫困地区经济开发领导小组《关于少数民族地区扶贫工作有关政策问题的请示》（国发〔1989〕62号），通过发展优势产业、放开农副产品销售，减轻负担，设立"少数民族贫困地区温饱基金"等措

① 参见李波等《"这十年"民族地区经济社会发展成就》，《中国民族报》2022年10月11日，第5版。
② 汪习根主编《平等发展权法律保障制度研究》，人民出版社2018年版，第35页。
③ 《人权与赤贫》，A/RES/53/146，1999年3月8日。

施赋权少数民族和民族地区。党的十八大以来，国家实施精准扶贫精准脱贫的基本方略，在全国范围全面打响脱贫攻坚战。到 2020 年底，五大自治区和贵州、云南、青海三个多民族省份（即"民族八省区"）3121 万贫困人口全部脱贫；28 个人口较少民族全部实现整族脱贫。①

三是以支持支援缩小民族地区发展差距。1952 年，中央人民政府公布《中华人民共和国民族区域自治实施纲要》，第 33 条规定："上级人民政府应帮助各民族自治区（即民族自治地方）发展其政治、经济、文化、教育和卫生事业。"支持和帮助民族地区发展成为民族政策的一项基本内容。1979 年，中共中央批准了全国边防工作会议的报告，首次提出组织内地发达省、市实行对口支援边境地区和少数民族地区。嗣后，对口支援的范围和领域逐步扩大。中央和上级政府支持民族自治地方、东部沿海省市支援中西部民族地区的格局形成。"十三五"期间国家累计"民族八省区"下达民族地区转移支付 3800 亿元、均衡性转移支付 2 万多亿元，支持民族地区经济社会发展。② 在对口援助方面，以第九批援藏工作（2019—2022 年）为例，三年累计落实援藏资金 206.31 亿元，实施援藏项目 2712 个，引进全国各地企业 1141 家，累计实施 627 个乡村振兴项目。③

（三）少数民族文化发展权的实践成就

文化是少数民族（族裔少数人）概念得以成立的基础性元素之一，也是少数民族发展权中最具集体人权属性的部分。"权利主体通过发扬、强化、吸收、离析、取代、丧失、共轭等方式发展本国家、本民族特有的文化内蕴和文化形态的权利即文化发展权。"④

一是以义务教育普及提升各民族文化素养。新中国成立时，全国 5.4

---

① 参见国务院新闻办公室《中国的全面小康》，《人民日报》2021 年 9 月 29 日，第 10～12 版。
② 参见姜洁、李昌禹《中华民族一家亲 同心共筑中国梦——党的十八大以来我国民族团结进步事业发展成就述评》，《人民日报》2021 年 8 月 26 日，第 4 版。
③ 参见沈虹冰等《携手共建美丽幸福西藏——党的十八大以来对口支援西藏工作成就综述》，《人民日报》2022 年 8 月 18 日，第 1、7 版。
④ 汪习根：《法治社会的基本人权——发展权法律制度研究》，中国人民公安大学出版社 2002 年版，第 91 页。

亿人口中，文盲率高达80%。国家采取各种措施，大力发展教育事业，切实保障各族公民的受教育权利。教育投入大幅增长，确定国家财政性教育经费支出占国内生产总值不低于4%的目标，城乡免费义务教育全面实现。随着少数民族义务教育的普及，拥有中学以上文化程度的少数民族人口显著增长。全国兴办15所民族高等院校，北京大学、清华大学等著名高校开办民族班。国家实施培养少数民族高层次骨干人才计划，国家部委所属重点高校和有关科研院（所）按照定向培养计划"定向招生、定向培养、定向就业"的要求招收少数民族博士研究生和硕士研究生。从第四次全国人口普查和第七次全国人口普查的数据来看（见表1），民族八省区拥有大学（大专及以上）文化程度的人口大幅增长，其中，西藏自治区增幅达19.2倍；拥有中学文化程度的人口也有相应增长；除西藏自治区外，拥有小学文化程度的人口出现不同程度的下降。这就说明民族八省区人口平均受教育年限得到提高。

表1　民族八省区每10万人口中拥有的各类受教育程度人数

单位：1/10万人

地 区	大学（大专及以上）		中学		小学	
	1990 年	2020 年	1990 年	2020 年	1990 年	2020 年
内蒙古	1475	18688	35529	48675	33397	23627
宁 夏	1609	17340	28274	43149	29384	26111
新 疆	1845	16536	31034	44767	36423	28405
西 藏	574	11019	5971	22808	18597	32108
广 西	791	10806	25945	49350	45041	27855
贵 州	776	10952	18572	40415	37336	31921
云 南	807	11601	17890	39579	37905	35667
青 海	1490	14880	26036	34912	26489	32725
全国平均	1422	15467	31383	49595	37057	24767

数据来源：根据国家统计局人口普查公报公布的数据计算而来，国家统计局，https://www.stats.gov.cn/sj/tjgb/rkpcgb/qgrkpcgb/index.html，最后访问时间：2023年2月23日。

二是以基础设施建设提高公共文化服务水平。少数民族文化发展权实践不仅仅局限于少数民族公民通过教育获得知识，在更广泛意义上涉及少数民族在文化生活中的资源分配和利益分享。国家积极推进公共文化服务均等化，不断满足少数民族日益增长的文化需求。从历史数据来看，从1981 年到 2018 年，民族自治地方群众文化机构从 3436 个增至 9490 个，图书馆从 331 个增至 767 个。① 从地区数据看，截至 2019 年，新疆有公共图书馆 112 个、博物馆和纪念馆 106 个、科技馆 29 个、美术馆 60 个、文化馆 130 个、乡镇综合文化站 1350 个，有各级各类广播电视台 102 座，形成了覆盖自治区、地、县、乡、村的五级公共文化服务体系。② 除了实体文化基础设施建设，公共文化的数字化服务能力不断提高，中央财政支持开展数字资源的维吾尔语、哈萨克语、藏语、朝鲜语、蒙古语 5 种少数民族语言译制工作。

三是以鼓励各民族相互学习保护语言文字多样性。少数民族发展权作为一项具有相对独立性的权利而存在，其实践意义在于需要相应的义务主体提供具有针对性的政策、立法、行政及其他措施。在语言文字领域，集中体现为两个方面的实践。一方面，推广普及国家通用语言文字。国家保障少数民族公民学习和使用国家通用语言文字的权利，赋能少数民族公民在人力资源市场的竞争力和跨地区流动的适应性，降低各族公民交往交流交融的语言文字障碍。另一方面，保存传承少数民族语言文字。国家尊重各民族使用和发展本民族语言文字的权利，在民族自治地方执行公务时，同时使用国家通用语言文字、实行区域自治的民族的语言文字。从 1952 年到 2018 年，全国少数民族文字出版图书从 621 种增至 7154 种，期刊从 15 种增至 229 种，报纸从 20 种增至 103 种。③ 各族人民相互学习语言文字，感受各民族文化魅力，促进各民族语言相通、心灵相通。

四是以遗产文物保护传承各民族优秀传统文化。"各民族优秀传统文

---

① 国家民族事务委员会经济发展司、国家统计局国民经济综合统计司编《中国民族统计年鉴—2019》，中国统计出版社 2020 年版，第 347 页。

② 国务院新闻办公室：《新疆各民族平等权利的保障》，《人民日报》2021 年 7 月 15 日，第 5 版。

③ 国家民族事务委员会经济发展司、国家统计局国民经济综合统计司编《中国民族统计年鉴—2019》，中国统计出版社 2020 年版，第 797 页。

化都是中华文化的组成部分。"① 国家通过保护少数民族文化遗产、文物和古迹，推动少数民族优秀传统文化的传承和发展。少数民族重要的历史遗迹，分级列为文物保护单位进行保护和管理，其中，西藏拉萨布达拉宫历史建筑群、云南丽江古城等五处位于民族地区的文化遗产被列入联合国教科文组织世界遗产名录。少数民族重要的非物质文化遗产，分级列入非遗保护名录，其中，新疆维吾尔木卡姆艺术、蒙古族长调民歌、中国朝鲜族农乐舞、玛纳斯、格萨（斯）尔、侗族大歌、藏戏、羌年、黎族传统纺染织绣技艺等 15 个涉及少数民族的项目被列入联合国教科文组织非物质文化遗产名录（名册），占全国总数的 34%。此外，国家民族事务委员会自 20 世纪 80 年代开展少数民族古籍工作的搜集、整理、保护工作，成立了少数民族古籍文献人才培养与科学研究基地、少数民族古籍保护与资料信息中心、少数民族古籍收藏与修复中心等一批专业机构。

（四）少数民族社会发展权的实践成就

少数民族社会发展权的实践是通过社会政策的落实，向少数民族和民族地区分配医疗、卫生、保险和救助等福利资源，确保少数民族公民由于年老、疾病、残疾、生育、工伤、失业或灾害等原因在生活陷于困难或丧失扶养能力时，获得维系生存并实现发展的机会和条件。

一是以医疗服务提升各族人民健康水平。国家推进整合型医疗卫生服务体系建设，建成覆盖城乡的基层医疗卫生服务网络，提高少数民族公民医疗卫生资源的可及性和便利性。从 1949 年到 2018 年，民族自治地方卫生机构数从 361 个增至 54513 个，增加 150 倍；卫生机构床位数从 3310 张增至 104.8 万张，增加 315 倍。② 截至 2021 年底，西藏已实现 400 多种"大病"诊疗不出自治区、2400 多种"中病"不出地市就能治疗。③ 2012

① 习近平：《以铸牢中华民族共同体意识为主线 推动新时代党的民族工作高质量发展》，《人民日报》2021 年 8 月 29 日，第 1 版。
② 国家民族事务委员会经济发展司、国家统计局国民经济综合统计司编《中国民族统计年鉴—2019》，中国统计出版社 2020 年版，第 377 页。
③ 沈虹冰等：《携手共建美丽幸福西藏——党的十八大以来对口支援西藏工作成就综述》，《人民日报》2022 年 8 月 18 日，第 1、7 版。

年至 2021 年，广西人均预期寿命从 75.11 岁增至 78.06 岁；孕产妇、婴儿、5 岁以下儿童死亡率分别从 16.51/10 万、5.65‰、7.89‰大幅下降到 8.8/10 万、2.67‰和 4.07‰。①

二是以社会保障降低各族人民生活风险。国家基本建成世界上规模最大的覆盖全民的养老保险、医疗保险、工伤保险、失业保险等社会保险制度。西藏社会保险覆盖率达到 100%，2020 年完成城乡居民基本医疗保险制度整合，年人均补助标准提高至 585 元。② 新疆城乡居民基本养老保险参保率稳定在 95% 以上，失业、工伤和生育保险制度对职业人群全覆盖。③ 随着社会保障体系的完善，少数民族公民的安全感和抵御风险的能力不断增强。

三是以社会救助托底各族人民基本生活。国家建立综合性社会救助体系，特别是不断提高城乡居民的最低生活标准。例如，宁夏回族自治区城市居民最低生活保障标准从 2010 年的每人每月 200 元上调至 2022 年的每人每月 650 元，农村居民最低生活保障标准同期从每人每年 900 元上调至每人每年 5520 元。④

三　少数民族发展权的发展趋势

马克思主义的人权观主张人权是历史的。"权利决不能超出社会的经济结构以及由经济结构制约的社会的文化发展。"⑤ 这就意味着，随着经济、社会和文化的发展，人权观念、人权形态和人权实践都会发生变化。同样，少数民族发展权也是历史的，从概念源起来看，国际政治经济秩序

---

① 吴青华：《2021 年广西人均预期寿命增至 78.06 岁》，《南宁日报》2022 年 6 月 23 日，第 2 版。

② 参见国务院新闻办公室《西藏和平解放与繁荣发展》，《人民日报》2021 年 5 月 22 日，第 5、6 版。

③ 参见国务院新闻办公室《新疆各民族平等权利的保障》，《人民日报》2021 年 7 月 15 日，第 5 版。

④ 参见杨杰《我区制定 20 条强化措施保障困难群众基本生活》，《宁夏日报》2022 年 6 月 10 日，第 7 版。

⑤ 中共中央马克思恩格斯列宁斯大林著作编译局：《马克思恩格斯选集》第三卷，人民出版社 2012 年版，第 364 页。

的变革促成对少数人和发展权的保护，进而产生少数民族发展权；从实践成就来看，中华人民共和国的成立以及民族识别工作的完成，使得少数民族发展权成为一项相对独立的权利获得尊重、实现和保护。少数民族发展权不可能一成不变，而是会随着国家和社会的发展、表现出新的形态。

（一）少数民族发展权与区域发展权相互交织

新中国成立70多年来，社会生产力总体水平显著提高，已经全面建成小康社会。促进区域协调发展，是构建新发展格局，实现高质量发展的题中应有之义。这种发展观在人权话语中集中体现为区域发展权的概念，"区域发展权是在发展程度与地理环境相对同一化的生存空间内的全体公民所享有的，旨在实现本区域内部及其作为一个整体与外部区域之间的全面协调可持续发展的基本权利"①。

少数民族发展权演进的一个趋势就是与区域发展权相互交织，理据有二。

第一，作为少数民族发展权主体的少数民族自身在发生变化。我国55个少数民族既是漫长历史上族群演变生成的结果，又是民族识别工作建构的结果。民族识别工作主要参考斯大林的民族定义，该定义的四个要素均发生不同程度的变化。随着国家通用语言文字的普及，"共同语言"逐渐从本民族的语言扩展为中华民族的语言，尤其是在城市化进程中，熟练使用本民族语言文字的南方少数民族学龄儿童正在减少。全国性人力资源市场的形成和交通基础设施的建设，促进了少数民族公民远离故土，向东部沿海地区的城市聚集，"共同地域"要素趋于消解。"共同经济生活"带有明显的前工业文明的印记，尤其是农业与畜牧业的划分，耕作方式（如哈尼族的梯田）、作物种类（如藏族的青稞）、储存手段（如苗族的烟熏腊肉）都会成为少数民族的标志性特点；但在工业化时代，社会化大生产淡化了这种族际差异。四个要素中只有"表现于共同文化上的共同心理素质"较为稳定，但在各民族交流交往和交融过程中也会发生变化。因此，

---

① 汪习根主编《区域发展权法律保障研究》，高等教育出版社2022年版，前言第1页。

民族识别要素的变化导致公民基于民族身份的差异正在变小，以民族身份为基础的少数民族发展权保障政策也将在改变。例如，浙江省教育厅等五部门印发《浙江省进一步深化高考加分改革实施方案》（浙教考〔2021〕39 号），逐步调整少数民族考生加分政策，并将于 2027 年完全取消包括户籍在景宁畲族自治县的少数民族考生等在内的加分项目。

第二，作为少数民族发展权保障的民族工作具有很强的区域性。新中国成立以来，国家保障少数民族的合法权益，发展少数民族政治、经济、文化和社会事业的活动，统称为民族工作。我国民族工作在具体实施过程中，带有明显的区域性特征。《中华人民共和国教育法》《中华人民共和国科学技术进步法》《中华人民共和国畜牧法》《中华人民共和国体育法》等法律通过设定对民族地区的帮助和扶持义务来促进少数民族发展权的实现。20 世纪 60 年代开展的"三线建设"，80 年代提出的"对口支援"，1999 年实施的"西部大开发"都是以"地区"作为政策抓手开展实施的。2021 年，中央民族工作会议指出"要完善差别化区域支持政策"。① 在新时代，推动民族地区融入新发展格局，实现民族地区高质量发展，这既是少数民族发展权实践的重要内容，又是区域发展权实践的重要内容。

值得注意的是，民族工作在很大程度上是通过民族区域自治来开展的。《中华人民共和国民族区域自治法》第 2 条规定："各少数民族聚居的地方实行区域自治。"民族区域自治中的"自治"是相当于其他地方而言的，在民族自治地方内部，同时存在实行区域自治的民族和其他居住在本行政区域内的民族，在本质上是各民族实行民主集中制的"共治"。那么，建立在民族区域自治基础上的发展权立法、政策和措施，与其说少数民族发展权实践，不如说民族自治地方区域发展权实践。

（二）国家发展权在少数民族发展权基础上的凸显

在我国的政治和法律概念体系中，存在着两个不同层面的"民族"范畴。一个是通过民族识别工作识别出来的 56 个文化民族（即族群，ethnic

---

① 参见习近平：《以铸牢中华民族共同体意识为主线 推动新时代党的民族工作高质量发展》，《人民日报》2021 年 8 月 29 日，第 1 版。

group），所以说我国是一个"多民族国家"（multiethnic state）；一个是从自在走向自觉并建立主权国家的政治民族（即国族，nation），所以说我国是一个"民族国家"（nation state）。党的十八大以来，特别是2018年第十三届全国人民代表大会第一次会议对《宪法》的修改，确立了两个层面的"共同体"范畴，与两个层面的"民族"范畴相互对应。在中华民族共同体这个大家庭内部，国家致力于实现各民族共同繁荣、共同发展，这里就存在少数民族发展权的理论与实践；在人类命运共同体这个框架内部，国家致力于实现中华民族伟大复兴，这里也会产生一个中华民族发展权的理论与实践命题。

少数民族发展权演进的另一个趋势就是与国家发展权的凸显，其理据在于：在国际人权法体系中，一国全体人民是可以成为发展权主体的。《发展权利宣言》在第1条和第2条中分别使用了"每个人和所有各国人民"（every human person and all peoples）、全体人民和所有个人（the entire population and all individuals）的主体表述，这就是说，发展权的主体至少涵盖了个人、一国人民（全体人民）和全人类（各国人民）三个层次。《联合国千年宣言》第6段更明确地强调："不得剥夺任何个人和任何国家得益于发展的权利。"因此，作为发展权主体的一国人民，对应于《宪法》中的"中国各族人民""全国各族人民""中国人民"。从民族国家建构的角度看，中华人民共和国是中华民族的国家；从国家权力归属的角度看，中华人民共和国是中国人民的国家。中华民族发展权就等价于中国人民发展权，即国家发展权。总之，从民族建设维度看待中国的发展权，一方面，需要铸牢中华民族共同体意识，通过深化少数民族发展权实践，实现各族人民共同富裕和共同繁荣，以中华民族大团结促进中国式现代化；另一方面，需要通过坚守国际法准则，走和平发展的道路，在国际人权法体系中推动国家发展权的实践，为全人类的人权进步事业作出人口大国的历史性贡献。

我国少数民族儿童发展权研究

任　君[*]

摘　要： 我国少数民族儿童发展权是指少数民族儿童拥有平等参与、促进并享受、实现身心和谐全面发展的经济、政治、文化教育等条件的一种资格或权能，是我国人权保护的重要内容。本文从界定少数民族儿童发展权内涵入手，将儿童权利与儿童发展权、少数民族儿童发展权与儿童发展权比较区分，对少数民族儿童发展权的含义及构成要素做了科学界定。在完成少数民族儿童发展权国际法和国内法律渊源考察的前提下，从民族共同体视角、权利视角、人的全面发展理论视角来对我国少数民族儿童发展权的存在合理性及保护必要性进行法理基础证成。总体上肯定我国现阶段保护少数民族儿童发展权已取得生动实践和重大进展，从激发少数民族儿童主体意识、强化政府管理责任、深入推进法治改革三个角度为完善我国少数民族儿童发展权提供保护建议。

关键词： 少数民族；儿童；发展权

引　言

生存权和发展权是首要的基本人权。整体来看，2021 年我国脱贫攻坚战已经在各个方面都取得了历史性的胜利，人民的发展权得到极大的实现。然而在不同的东西部地区、不同的民族、不同代际间的发展仍存在着一定的差异。本文针对我国少数民族儿童发展权益问题进行研究，正是基

---

[*]　任君，国家人权教育与培训基地——华中科技大学人权法律研究院研究助理、硕士研究生。

于少数民族在我国各个地区、民族、代与代之间的发展差异而进行的。

儿童是一个民族未来发展的希望和根本。少数民族儿童发展权的探讨不仅有利于缩小民族地区同东部地区的差距，实现共同进步的权利要求，还能阻断民族地区代际贫困传递，从一定程度上缓解民族地区社会内在矛盾，促进社会公平与正义，对于我国长治久安具有重要的政治意义。以往的研究多仅就少数民族或儿童的发展权进行研究，对于少数民族儿童这一特殊群体的发展权议题较少。本文通过对少数民族儿童发展权的理论研究梳理，意在为当前少数民族儿童发展困境提出解决之策。

目前我国对于少数民族留守儿童发展权的研究较为零碎，缺乏系统全面的专题论著，常散见于以下三种领域。其一，以发展权作为专门的法学命题，关于发展权体系的专门性著作研究。此类学说多着眼于发展权或人权等宏观概念，而对少数民族儿童等特定群体的发展权完整化表达较少。

此类命题研究主要以汪习根、何颖、姜素红、夏清瑕、李蕾等人的观点为代表。汪习根是我国发展权研究的集大成者。对于发展权的本质，他认为，"发展权是人的本质的全面反映"①。在儿童平等发展权的内涵上，汪习根认为是"儿童有资格平等参与文化教育、公共生活、经济社会发展进程并具有公平分享发展成果的权利"②。何颖认为发展权"是参与特殊发展进程的权利"③。姜素红在《发展权论》一书中则从实践角度探讨了发展权的法律制度及其实现，对发展权作了系统论述。④夏清瑕对个人发展权作出探索，即"平等地参与发展及公平地分享发展成果"⑤。李蕾认为发展权与主权是一种互动的辩证关系，对妥善处理少数民族区域自治和国家主权之间的关系具有指导意义。⑥

其二，以少数民族或少数民族生活地区为课题，结合民族权利、区域

① 汪习根：《论发展权的本质》，《社会科学战线》1998年第2期。
② 汪习根主编《平等发展权法律保障制度研究》，人民出版社2018年版，第209页。
③ 何颖：《发展权：人权实现与发展的保障》，转引自森古布达《作为人权的发展》，王燕燕编译，《经济社会体制比较》2005年第1期。
④ 参见姜素红《发展权论》，湖南人民出版社2006年版，第217～289页。
⑤ 夏清瑕：《个人发展权探究》，《政法论坛》2004年第6期。
⑥ 参见李蕾《发展权与主权的互动是实现发展权的基本要求》，《政治与法律》2007年第4期。

发展、倾斜保护等理论，关于少数民族发展权的实践研究。目前此类研究还暂时停留在理论上的综述性表述，多从人类学或是社会学角度进行实证研究，法学基础方面较为薄弱。主要以张晓辉、曾宪义、廖敏文、张文香等人的观点为代表。张晓辉认为，民族发展权"指中国各民族享有发展本民族或民族地区经济、文化和其他事业，享受发展成果的权利"①。曾宪义从合理管控经济资源，选择发展模式角度对民族经济发展权作了概括介绍。② 廖敏文则认为，"发展权是民族自决权的自然延伸"③。张文香则对我国少数民族生存权和发展权保障和实施状况做了理论研究和系统考察。④

其三，以儿童发展权为重点，关于特殊儿童群体视角下发展权的论文研究。此类研究虽然为儿童法治保障提出了解决思路，但缺少少数民族地区这一特定区域和少数民族主体背景。儿童发展权属于发展权中的一个特殊主体，在发展权的相关论述中有所体现。汪习根在《平等发展权法律保障制度研究》一书中对儿童平等发展权的法律保障做了法理基础、基本内涵、系统构建和实现路径研究。⑤ 彭清燕、汪习根对留守儿童发展权的法律调整原则进行了简要论述，提出了建设"受教育权为核心的留守儿童平等发展权保障体系"⑥。陈江新则从体制机制角度为保障留守儿童发展权提出"保基本、强基层、建机制"的对策。⑦

值得注意的是，与对少数民族发展权的研究相比，对儿童发展权的研究已有大量的实证研究作为支撑。张玉洁、温颖以广东省为实证分析样本，对农村留守儿童发展权保障过程中所遭遇的现实困境进行了成因分析，例如"身心健康发展权缺失""受教育发展权滞后""信息知晓发展

---

① 吴宗金、张晓辉主编《中国民族法学》（第 2 版），法律出版社 2004 年版，第 155 页。
② 参见曾宪义《论全面建设小康社会进程中的民族发展权问题》，《中南民族大学学报（人文社会科学版）》2006 年第 4 期。
③ 廖敏文：《国际人权法与我国少数民族人权的法律保护》，《西南民族大学学报（人文社科版）》2004 年第 3 期。
④ 参见张文香《中国少数民族生存权与发展权理论研究》，中央民族大学出版社 2010 年版，第 89~235 页。
⑤ 参见汪习根主编《平等发展权法律保障制度研究》，人民出版社 2018 年版，第 205~250 页。
⑥ 彭清燕、汪习根：《留守儿童平等发展权法治建构新思路》，《东疆学刊》2013 年第 1 期。
⑦ 参见陈江新《留守儿童发展权在体制壁垒中的突围之通》，《学理论》2010 年第 31 期。

权缺位""天赋发展权不足"等。① 胡正华则基于甘肃省白银市会宁县的调研，归纳总结出当前影响儿童成长发展中存在的诸多问题，即"不能正确认识生理现象并正确对待""没有树立正确的价值观"等。②

"发展权"正式提出源于 1970 年凯巴·姆巴耶一篇题为《作为一项人权的发展权》的演讲，现已被国际社会所广泛认可。在国外，杰克·库奥斯曼则对发展权的正当性及其功能进行重新解读。③ 当然，并不是所有的学者都赞成发展权存在，阿恩·范登博加德就提出解散国际人权法中的发展权观点。④ 在海外或亚非拉丁美洲的法律上，发展的人权或许还是一个悖论。⑤

在发展权作为一项人权的问题上，阿琼·森古普塔持肯定态度。⑥《人权季刊》中所持观点认为发展权是全球协商一致的结果。⑦

目前来说，作为"第三代人权"，发展权已经被国际社会所广泛认可为一种人权规范。国际国内对发展权的研究态势呈现出多元性、整体性、全面性、系统性的特征。可以预见的是，随着人类社会的进一步发展，根据各国自身实际需要，发展权的内涵和外延会得到进一步丰富和取舍。

本文始终本着促进我国少数民族儿童发展的初心，以较大的篇幅去探讨我国少数民族儿童发展权的困境、成因与保障问题。在科学界定我国少数民族儿童发展权概念的基础上，在对其国际法、国内法法律渊源进行详细考察的前提下，根据现行法治保护实践和中国特色社会主义国情，从主

---

① 参见张玉洁、温颖《农村留守儿童发展权保障困境及对策——以广东省为实证分析样本》，《淮北职业技术学院学报》2021 年第 1 期。

② 参见胡正华《浅谈西部贫困地区留守儿童的发展权——基于甘肃省会宁县的调研》，《湘潮（下半月）》2011 年第 8 期。

③ See Jaakko Kuosmanen, "Repackaging Human Rights: on the Justification and the Function of the Right to Development", *Journal of Global Ethics*, Vol. 11: 303, pp. 303–320 (2015).

④ See Arne Vandenbogaerde, "The Right to Development in International Human Rights Law: A Call for its Dissolution", *Netherlands Quarterly of Human Rights*, Vol. 31: 187, pp. 187–209 (2013).

⑤ See Wouter Vandenhole, "The Human Right to Development as a Paradox", *Verfassung und Recht in Übersee / Law and Politics in Africa, Asia and Latin America*, Vol. 36: 377, pp. 377–404 (2003).

⑥ See Arjun Sengupta, "Right to Development as a Human Right", *Economic and Political Weekly*, Vol. 36: 2527, pp. 2527–2536 (2001).

⑦ See Frances Stewart, "Basic Needs Strategies, Human Rights, and the Right to Development", *Human Rights Quarterly*, Vol. 11: 347, pp. 347–374 (1989).

体意识、政府责任、法治改革三个方面力求提出有所裨益的切实建议，力促形成法治保障体系中多元互动的法律基础格局。

一　我国少数民族儿童发展权之科学界定

（一）我国少数民族儿童发展权内涵

我国少数民族儿童发展权就是发展权主体的特定化，其内涵离不开对发展权相关理论的探析构建。下面本文将从发展权的一般理论出发，给出我国少数民族儿童发展权的内涵，从而揭示出我国少数民族儿童发展权的特征。

1. 少数民族儿童发展权含义

关于发展权，联合国《发展权利宣言》第 1 条明确规定为"每个人和所有各国人民均有权参与、促进并享受经济、社会、文化和政治发展"的权利。由此，发展权本质上是一种准入资格，核心要义是机会均等。在我国语境下发展权以习近平总书记有关"中国梦"的论述形式得以体现，即"让每个人获得发展自我和奉献社会的机会，共同享有人生出彩的机会，共同享有梦想成真的机会"[1]。

什么是民族？有学者定义为"由特殊的人种和文化所组织起来的人群"[2]。我国少数民族儿童发展权的落脚点仍在儿童发展权，只不过因儿童的少数民族身份而具有民族特性。

对于儿童发展权，目前学界仍存在诸多争议，尚无一个普适的统一概念。国外有学者从儿童与能力方法关系上重新认识儿童的发展权。[3]《儿童权利公约》直接将"儿童"界定为"18 岁以下的任何人"，这与《中华人民共和国未成年人保护法》（以下简称《未成年人保护法》）语境下

---

① 《习近平在中法建交五十周年纪念大会上的讲话》，人民网，http://jhsjk. people. cn/article/24770826，最后访问时间：2023 年 1 月 26 日。

② 汪习根：《法治社会的基本人权——发展权法律制度研究》，中国人民公安大学出版社 2002 年版，第 71 页。

③ See Noam Peleg, "Reconceptualising the Child's Right to Development: Children and the Capability Approach", *The International Journal of Children's Rights*, Vol. 21: 523, pp. 523-542 (2013).

的"未成年人"相等同适用。国内学者更多从《儿童权利公约》中提炼归纳出发展权，认为"发展是儿童的本质，儿童拥有充分发展其全部体能和智能的权利，包括有权接受一切形式的教育（正规的和非正规的教育），有权享有促进其身体、心理、精神、道德和社会发展的生活条件"①。目前这一概念虽不能盖棺论定，但对于有关学理争鸣起到指导作用，儿童发展权是在满足生存权基础上的进一步权利要求，覆盖到儿童发展的方方面面已成为基本共识。

结合上述发展权的一般理论，本文将其定义为我国少数民族儿童拥有平等参与、促进并享受、实现身心和谐全面发展的经济、政治、文化教育等条件的一种资格或权能。

2. 与之相关概念辨析

儿童权利与儿童发展权。《儿童权利公约》中提到的儿童具体权利多达几十种，但其最基本的权利可以概括为生存权、受保护权、发展权、参与权。因此，对于儿童权利和儿童发展权的关系来说，前者的内涵和外延远大于后者，后者仅仅是前者的一部分，二者之间是整体与部分的关系。

少数民族儿童发展权与儿童发展权。从产生的背景来看，发展权最早是由最不发达的非洲国家针对其试图改变发展缓慢落后现状而提出，本质上是表达对均衡发展的强烈诉求。囿于历史和地理原因，我国少数民族儿童多分布于中西部不发达地区，其追求发展的强烈愿望与其发展能力构成了强烈反差。作为弱势群体的发展权，少数民族儿童发展权就成了一项重要的少数民族权利。其内容更多聚焦文化发展权领域，在语言、文字、教育、宗教信仰和保护重要性等方面有着与一般儿童发展权不同的特殊倾斜要求。

（二）我国少数民族儿童发展权构成要素

本文研究的出发点和归宿都在于使我国少数民族儿童享有更为平等和对称的发展。在对我国少数民族儿童发展权内涵界定的基础上，深入探析

---

① 陆士桢等编著《中国儿童政策概论》，社会科学文献出版社 2005 年版，第 175 页。

主体、客体、内容等构成要素，是理解我国少数民族儿童发展权逻辑构成、实现我国少数民族儿童发展权不可或缺的一个必要路径。

1. 主体

根据联合国《发展权利宣言》第2条第1款内容，我国少数民族儿童是我国少数民族儿童发展权的权利主体。[①] 需要注意的是，本文所提的儿童范畴指的是我国《未成年人保护法》第2条："本法所称未成年人是指未满十八周岁的公民。"承继于《儿童权利公约》第1条而转化适用。[②]

从发展权主体论来看，学界主要有集体主体论、个人主体论和混合主体论三种观点。自20世纪80年代以来，"在人权的主体理论上表现为对特殊主体人权的关切……一是性别维度……二是文化维度"，"这两种对人权特殊主体的思考维度促成了特殊主体的人权实践"。[③] 主要包括贫困人口、妇女、少数人、儿童、残疾人、农民工等人群。"集体人权是指人们作为国家、民族等共同体集体享有的权利。"[④] 对于少数民族儿童发展权而言，虽然其最终必须归结于每一个少数民族儿童个人身上，但就我国少数民族儿童这个特殊群体范畴，在国家主权范围内追求共同进步、实现统一、协调、均衡、全面的发展来讲，将其界定为一种集体权利显然更适宜来回应全球人权发展新动态。

2. 客体

发展权的客体即发展本身。在狭义上表现为一个综合的利益体系。发展是多元的，也是动态的。《发展权利宣言》承认"发展是经济、社会、文化和政治的全面进程"。它覆盖了人类生活的方方面面和诸多环节，形成了全方位立体式的演进格局。

我国少数民族儿童发展权的客体，具体而言应该包括多民族经济共同繁荣、政治权利得以保障、少数民族语言文字、教育、宗教信仰等民族文

---

① 参见《发展权利宣言》（1986年）第2条第1款："人是发展的主体，因此，人应成为发展权利的积极参与者和受益者。"
② 参见《儿童权利公约》（1989年）第1条："为本公约之目的，儿童系指18岁以下的任何人，除非对其适用之法律规定成年年龄少于18岁。"
③ 汪习根主编《平等发展权法律保障制度研究》，人民出版社2018年版，第31页。
④ 李云龙：《人权问题概论》，四川人民出版社1998年版，第11页。

化得以传承和发展、社会和谐公平、生态环境得以保护等利益要求。总而言之，我国少数民族儿童发展权的客体就是在有机整合我国少数民族儿童政治、经济、文化、社会和生态等利益上以推动个体、民族、国家乃至整个社会向前发展的权利主张。

3. 内容

总体来看，我国少数民族儿童发展权的内容具有综合性、基础性、多元性、广泛性等宏观特征。包含对政治、经济、文化、社会和生态等各个方面的发展权利主张与需要，其核心是发展机会均等和发展利益共享的权利。

一方面，我国少数民族儿童发展权具有民族发展权的独特内容特征。少数民族权利问题在一国之内主要表现为少数民族与其他民族，特别是与人口占多数的民族之间资源分配关系问题。"民族发展权是少数民族享有的基本权利和特殊权利的综合和概括。"[1] 对少数民族权利的保护向来遵循"合法的差别待遇原则"。在保障少数民族儿童基本权利的基础上，特别强调对少数民族儿童保持民族特性的核心发展权保护。具体地讲，就是少数民族儿童享有拥有、保持、发展其民族、宗教或语言、教育特征或兼有各种特征的权利。

另一方面，我国少数民族儿童发展权亦具有儿童发展权的特殊内容特征。"儿童在年龄上处于弱势，有着脆弱的依赖性。"[2] 儿童与成人有着发展阶段过程的不同，各方面尚未成熟，仅有有限的情感和认知能力。如此脆弱敏感的群体，应当得到特别的保护、照料和扶持。除《儿童权利公约》中所提及的受教育权、医疗保健权等向儿童提供良好内外环境以满足儿童身心和精神发展需要的权利外，有些发展权是仅为成人享有的，例如《中华人民共和国宪法》（以下简称《宪法》）第34条的选举权与被选举权。

在社会生活中，因受种族、性别、经济状况、生活条件等特定身份限制，形成了弱势儿童这一特殊群体。少数民族儿童是其中典型之一，因其

① 参见胡永平《民族发展权的法制保障研究》，《西部法学评论》2009年第1期。
② 王雪梅：《儿童权利论——一个初步的比较研究》，社会科学文献出版社2005年版，第3页。

内外在条件限制而在发展上处于不利地位，难以跟随上主流社会的发展。为防止我国少数民族儿童边缘与中心分离加剧，族际差距加深，既要在法律上确认其独立人格和法律地位，更要通过特别保护或给予特别待遇来平衡其先天或后天条件带来的发展劣势。

二 我国少数民族儿童发展权的法律渊源考察

法律的权利观是随着近现代社会文明的发展而产生的。我国少数民族儿童发展权是发展权主体特定化的权利，自然具有法律权利的属性。并且，在其外在表现形式上可以找到国际和国内的法律依据进行法律渊源考察。

（一）国际法渊源考察

1. 一般性公约与文件

1945 年签署生效的《联合国宪章》。作为国际社会根本法的《联合国宪章》虽无保护少数民族儿童发展权的专项条款，但其中有关不分种族、语言或宗教带有自然法性质保护人权的条款自然涵盖本文所研究的少数民族儿童发展权的内容，是整个人权体系中不可或缺的重要组成部分。其第 1 条第 3 款和第 55 条再次重申保持民族特性的人权保护。① 不过这些条款是否可以作为国际法律渊源，学界尚存不同看法。部分学者因当时的时代背景、将之认定为《联合国宪章》价值理念、落实上没有实际结果等原因而对其予以否认。即使发展权并没有被作为一项基本人权而确定下来，但其法律原则和价值也与《联合国宪章》本质相融相通，有深厚的法律渊源基础背景。

1948 年颁布的《世界人权宣言》对人权的范围作了广泛的说明。《世界人权宣言》第 22 条规定对于发展权的形成和保护具有非常的重要意义，

---

① 参见《联合国宪章》（1945 年）第 1 条第 3 款："促进国际合作，以解决国际属于经济、社会、文化及人类福利性质之国际问题，且不分种族、性别、语言或宗教，增进并激励对于全体人类之人权及基本自由之尊重。"第 55 条："全体人类之人权及基本自由之普遍尊重与遵守，不分种族、性别、语言或宗教。"

这种实现是通过国家努力和国际合作并依照各国的组织和资源情况。指明保障人权实施的义务主体。另，其第 2 条强调"不分种族、肤色、性别、语言、宗教"等身份区别；第 25 条第 2 款、第 26 条首次用专门性条款对儿童的应受照顾协助、受教育等权利保护进行了规定。

1966 年国际人权两公约。具体指《经济、社会及文化权利国际公约》和《公民权利和政治权利国际公约》。前者在第 1 条总起确认所有人民具有谋求发展的权利。① 后者在第 27 条对少数人群体文化权益内容予以确认。② 总之，上述两公约对于少数人权利的规定更为细致全面。

1986 年联合国第 41/128 号决议通过《发展权利宣言》。在其第 1 条第 1 款中明确定义发展权利（前文已进行相关说明）；其第 1 条第 2 款涉及"充分实现民族自决权"，体现民族平等。从其第 2 条第 1 款则可以推演出少数民族儿童在发展权保护中的重要主体地位。③

2. 专门性公约与文件

目前国际上按照条约主体内容可以分为少数民族或者儿童的专门性公约，前者更多散见于各类国际条约和文件中，多以"土著""种族""宗教""语言""族裔"等词语得以显现，后者主要以《儿童权利公约》《儿童权利宣言》等国际法律文件出现。

《1989 年国际劳工组织土著和部落民族公约》第 1 条对土著民族和部落民族下了定义，涵盖土著人和民族方方面面的发展保护。《非洲人权和民族权宪章》是第一个确认民族发展权的区域性国际人权文件。《防止及惩治灭绝种族罪公约》第 2 条将"强迫转移该团体的儿童至另一团体"的行为表现方式纳入灭绝种族罪的定义范畴。《消除一切形式种族歧视国际公约》第 7 条则重点阐释"增进国家间及种族或民族团体间的谅解、容

---

① 参见《经济、社会及文化权利国际公约》（1966 年）第 1 条："所有人民都有自决权。他们凭这种权利自由决定他们的政治地位，并自由谋求他们的经济、社会和文化的发展。"

② 参见《公民权利和政治权利国际公约》（1966 年）第 27 条："在那些存在着人种的、宗教的或语言的少数人的国家中，不得否认这种少数人同他们的集团中的其他成员共同享有自己的文化、信奉和实行自己的宗教或使用自己的语言的权利。"

③ 参见《发展权利宣言》（1986 年）第 2 条第 1 款："人是发展的主体，因此，人应成为发展权利的积极参与者和受益者。"

恕及睦谊"精神。1992 年《在民族或族裔、宗教和语言上属于少数群体的人的权利宣言》目的在于宣布少数民族享有的具体的特殊权利，自然也就包括少数民族儿童的发展权。

在儿童基本权利方面，《儿童权利宣言》一共有 10 条准则，强调对儿童的特别保护，规定了儿童应享有健康成长和发展、受教育的权利等。《儿童权利公约》确立了保护儿童权利的四项基本原则，即"非歧视原则""儿童最大利益原则""儿童生存权和发展权原则""尊重儿童意见原则"，对儿童发展权利的实现给予了特别关注。在针对少年犯罪的特殊性设定保护规范的刑事领域，存有联合国关于少年刑事问题的三项规则①。此外，《儿童生存、保护和发展世界宣言》和《执行 90 年代儿童生存、保护和发展世界宣言行动计划》这两份文件于 1990 年在联合国"世界儿童问题首脑会议"上通过，我国于 1991 年签署，并于 1992 年发布了中国儿童发展的国家行动计划——《九十年代中国儿童发展规划纲要》，确定了到 20 世纪末儿童发展的主要目标和任务。

（二）国内法渊源考察

1. 国家立法

《宪法》。2004 年《宪法修正案》第 33 条增加规定"国家尊重和保障人权"，从而确立了基本人权原则。其第 46 条第 3 款确立了儿童发展权保护法律体系的基本原则。其第 19 条和第 119 条分别强调了国家发展教育，繁荣民族文化的义务。《宪法》第 36 条涉及宗教信仰自由。《宪法》第 139 条规定使用民族语言文字的诉讼权利。此外，《宪法》第三章国家机构篇专用一节来写民族自治地方的自治机关，体现出我国政府对于保护少数民族发展的重视。

《中华人民共和国民族区域自治法》（以下简称《民族区域自治法》）被认为是国家保障各个少数民族权利的一项基本法，是对《宪法》中一些原则性条款所做出的补充和细化，处处体现着维护各个少数民族的发展

---

① 即《联合国少年司法最低限度标准规则》（北京规则）、《联合国预防少年犯罪准则》（利雅得准则）和《联合国保护被剥夺自由少年规则》。

权。其第19~45条分别明确规定我国境内的少数民族和人口在各个民族或者地区所享有的各种政治、经济、文化、科教、人口管理和生态社会发展等权利。《民族区域自治法》为政府、检察院、法院等行政及司法执法机关对少数民族儿童发展权的实现提供了有力的法律支持。

《未成年人保护法》没有直接规定少数民族儿童发展权。但其总则部分第3条明确指出"国家保障未成年人的生存权、发展权、受保护权、参与权等权利"。且不分性别、民族、种族、家庭财产状况、宗教信仰等，依法平等地享有权利。可以看出，《未成年人保护法》同样保护我国少数民族儿童的健康发展。

与我国《宪法》和国际少年刑事规则相呼应，《中华人民共和国刑事诉讼法》继承了少数民族少年犯罪的区别设定。不仅在其第9条重申在司法实践中具有使用本民族语言文字进行诉讼和通用语言的权利，还在第5编第1章对未成年人刑事案件诉讼程序进行特别设定。此外，《中华人民共和国预防未成年人犯罪法》亦明确了"教育为主、惩罚为辅"的原则，从而预防未成年人犯罪行为再次发生。近几十年来，在颁布的其他一些涉及儿童问题的法律法规中，如《中华人民共和国监狱法》《中华人民共和国义务教育法》《中华人民共和国刑法》等规定了有关儿童发展权的内容，也不同程度地涉及少数民族儿童发展权的保护问题。

2. 地方立法

制定自治条例和单行条例，是《宪法》赋予地方的立法权力。我国少数民族儿童发展权主要以下列关键词为指标常散见于地方性立法工作中。截至2023年1月26日，在国家法律法规数据库中，以"未成年人"为标题关键词搜索，精确检索出56条有效结果，各省份多以"未成年人保护条例""预防犯罪条例""地方实行《未成年人保护法》办法""家庭教育促进条例"等形式立法。此外，最高人民检察院和最高人民法院也出台过相关司法解释。以"民族语言文字"为标题关键词搜索，精确查询到广西壮族自治区和云南省两个省份已经出台相关少数民族语言文字工作条例；以"民族教育"为标题关键词搜索，精确查询到共计20条现行有效的地方性法规，多以云南省、黑龙江省、吉林省、宁夏回族自治区及内蒙古自治区等我国边境省份或少数民族聚居地的自治机关为主体来制定专门性民族教育条例；以"宗教"为标题关键词搜索，精确查询到共计 32 条现行有效的地方性法规，各省份根据宪法宗教信仰自由原则制定本省宗教事务条例。总之，各地通过地方自治法规、地方性法规等形式对少数民族儿童制定统一性规定，以便为我国少数民族儿童发展权利的实现提供强有力的保护。

三　我国少数民族儿童发展权的法理基础分析

要在理论上确立我国少数民族儿童发展权的法律地位并非易事。一是因为我国《宪法》《民族区域自治法》《未成年人保护法》虽然已构建出我国少数民族儿童发展权保障的框架，但是这种将儿童与少数民族分别作为保障对象的制度安排，并不能实际解决我国少数民族儿童这一特殊群体的发展问题；二是我国少数民族儿童发展权在国际法和国内法研究中较少，既与少数民族权利交叉，又融合未成年人权利内容的特点使得在研究过程中更容易重视群体性权利的探讨而忽略人本身这一主体要素。鉴于如上难题，本文认为有必要对于我国少数民族儿童发展权存在的法理基础进行分析。

（一）　民族共同体视角

我国少数民族儿童发展权基于铸牢中华民族共同体意识的必要性存在。而且民族共同体的探讨离不开社会连带论的理论支撑。社会法学家莱翁·狄骥（Leon Duguit）认为人是"自觉的实体"和"社会中生活的实体"。[1] 前者指人的行为因满足需要而具有目的性；后者指人的行为需要交换交互，结成某种链接。正如勒庞所认为，人因寻找认同而聚集，为实现同一目的而形成群体，也就是结社行为。如此可以认为群体外观上必须具有相同或相似的能力和需求才能得以稳定维系。而在群体内部的解构上，从合作的

---

① 翟志勇主编《罗斯科·庞德：法律与社会——生平、著述及思想》，广西师范大学出版社 2004 年版，第 269~270 页。

连带关系角度来看，"只有当共同体成员处于平等的发展环境中，个体之间的需要才能相容"①。从分工的连带关系角度看，共同体成员的需要得到满足的前提是平等的分配和合理的交换。群体中做到平等参与、促进和分享发展，才能使得共同体成员拥有的资源达到大致相等。反之，推演到民族共同体框架上，民族之间倘若出现发展机会和资源极端失衡，弱势群体无法提供基本的交换资源，强势群体亦无法通过交换以满足自身需要，经济因丧失活力面临断裂风险，阶层出现固化，社会也将处于停滞状态。人类文明的发展进程就是社会连带关系日趋紧密，民族共同体走向稳健的过程。社会连带论的魅力就在于明确每一个人对每一项权利义务的分配探讨都牵涉其中，从而"向国家施加了组织提供这些公共服务，以及长期保障国际交流的责任"②。于一国之内，国家主体责任要求国家机构认识到民族共同体内存有此消彼长的动态平衡关系，法律从强制有关权利义务主体作为或不作为逐渐转向为对公共资源和公共秩序的关心和维护，从而推动民族群体发展。

（二）权利视角

对于少数民族人权保护，国际和区际人权保护中一般都采取了"一般人权"+"特别保护（特殊权利+特殊保护措施）"模式。③本文在此主要对少数民族儿童作为少数人权利进行保障的正当性进行说明。这是少数民族儿童发展权利保障的理论基础。

其一，对少数民族儿童发展权予以保障的直接依据在于它是一种特殊的权利。正如前文所讲，我国少数民族儿童发展权作为一个特殊群体的权利在国内外研究较少，这种权利最大的特殊性就在于"弱势加"，我国少数民族是弱势群体，儿童是弱势群体，两者身份叠加的后果使得这种权利更显脆弱性，在现实生活中其利益诉求极易被忽视，利益主体易受歧视，

---

① 汪习根主编《平等发展权法律保障制度研究》，人民出版社 2018 年版，第 17 页。
② 〔法〕狄骥：《公法的变迁》，郑戈译，中国法制出版社 2010 年版，第 44 页。
③ 参见何立慧《从国际人权立法与实践视角探讨少数民族人权的特殊保护》，《广西民族研究》2007 年第 2 期。

进而产生国家政策和法律制度上的因应。

其二，保护少数民族儿童发展权是实现国际人权法确立的平等原则和特别保护原则的客观需要。根据前文国际国内法律渊源考察，对少数民族儿童"相同情况相同对待，不同情况不同对待"的要求实现了"形式平等"与"实质平等"的有机结合。一方面，"形式平等"意味着必须抛弃每个人在健康、种族、智力、年龄、受教育程度等素质背景方面的差异，针对不同情况的儿童以同一标准相同对待，少数民族儿童理应享有与多数民族儿童同样的权利，由此反映出社会生活中每一个人都具有人格尊严、权利和价值的基本信念。另一方面，社会公平观要求实现机会、规则、权利的平等。"实质平等"意味着必须考虑到儿童群体的上述素质背景差异，对于其中较弱者要予以"合法的差别待遇"，在权利分配范围内尽可能让"受惠最少者"得到最大的利益。① 以此来纠正和弥补少数民族儿童实现权利和自由时遭遇更多障碍的不公，实现真正的、最终的和事实上意义的平等。随着时代的发展"平等已经成为一种跨越不同社会政治制度和价值观的基本价值理念"②。总之，从理论和实践上来看，对少数民族儿童特别保护措施的正当性已经得到了普遍的平等价值肯定。

（三）人的全面发展理论

马克思主义对于人类发展问题的观点可简要概括为"人的全面发展"理论。"人的全面发展"指的是个人素质和人类所生存的环境——社会的全面发展。实现少数民族儿童的全面发展从内容上来说要求满足我国少数民族儿童的需要、素质、本质和精神的发展，即促进少数民族儿童身心和谐发展。

个人的全面发展与社会的全面进步是对立统一关系。"马克思主义的

---

① 参见〔美〕约翰·罗尔斯《作为公平的正义——正义新论》，姚大志译，上海三联书店2002年版，第43页。

② 陆平辉：《散居少数民族权利保障：理论、制度与对策》，法律出版社2016年版，第91页。

共产主义理想目标就是要实现人类的最终解放，即每个人的自由而全面的发展。"① 这句话揭示了马克思、恩格斯从人的全面发展出发去达到未来社会发展目标的路径选择，人的全面发展是衡量社会发展的标尺。唯物史观的前提是实现现实的个人发展，少数民族儿童这一集合体中的每一位儿童的发展权得到平等保护是提高全民族素质、不断进步的先决条件。少数民族儿童由一个个个体组成，民族整体发展依托于个人发展而实现。因此，"每个人的自由发展是一切人的自由发展的条件"②。"当然，离开了人的集合体，个人的发展便失去了存在的根基。"③ 纯粹脱离少数民族儿童群体生存环境的儿童发展是不存在的，其无法参与群体之间和群体内部的生产资料交换、分配，不能借助群体力量满足个人的成长发展需要。个人必须置身于社会的全面进步背景中才能发展。

从时间和主体上来看，人的全面发展是事关人类个体或社会的未来理想与现实过程的统一。在现阶段的中国表现为建设成为富强、民主、文明、和谐、美丽的社会主义现代化国家的各族人民共同理想，从而为实现最高理想——共产主义而奋斗。现实过程指社会运动，是马克思基于资本主义社会中物对人的统治而提出的追求人性"真善美"全面提升的永无止境的动态的历史发展过程，具体表现为或渐进式或革命式的社会变迁。儿童处于可塑的最重要阶段，保护我国少数民族儿童发展权利既是保护我国社会主义接班人的经济、政治、文化、社会和生态利益的长足、平等、自由发展，也是实现中华民族伟大复兴的中国梦的国家主体责任的必然要求。

四　我国少数民族儿童发展权：困境、成因与保障

第七次人口普查结果显示："全国人口中，汉族人口为 1286311334人，占 91.11%；各少数民族人口为 125467390 人，占 8.89%。与 2010 年

---

① 段志义：《马克思主义人的全面发展理论与人类命运共同体构建》，构建人类命运共同体与人的发展会议论文，中国河北秦皇岛，2019，第 52 页。
② 《马克思恩格斯全集》（第 21 卷），人民出版社 1956 年版，第 570 页。
③ 汪习根主编《平等发展权法律保障制度研究》，人民出版社 2018 年版，第 19 页。

第六次全国人口普查相比，汉族人口增加 60378693 人，增长 4.93%；各少数民族人口增加 11675179 人，增长 10.26%。"① 回顾新中国成立以来的 70 多年，党和政府为保护我国少数民族儿童发展权做出诸多生动实践，少数民族儿童发展权保护取得重大进展。社会主义的中国"针对特定人群组织实施妇女儿童、残疾人、少数民族发展规划"②。我国已经成功探索出具有中国特色的"造血式"扶贫模式，为世界促进少数民族发展，消除贫困提供了成功的范例。然而，在少数民族儿童这一特殊群体上，囿于现存的理论研究的不足，仍有部分可以改进的空间，本文将从激发主体意识、完善责任政府、进行法治改革三个角度予以论述。

（一）主体意识：少数民族儿童发展权实现的内驱动力

少数民族儿童主体意识，是指对少数民族儿童对自我地位、内在价值和社会历史主体能力的信心，以及对表现出对外界的充分认识和改造世界的自愿决心。

根据费孝通的中华民族多元一体理论，民族文化需要互相交往、交流和交融，在强调对民族加强保护的同时更要重视融入中华民族共同体，以此来获取生存和发展的空间。近年来一直强调单向地制定法律法规机械性保护民族特性，而在增强少数民族儿童内生发展动力，鼓励少数民族儿童走出去上缺乏相关思考。为打破少数民族儿童固步自封的思想观念，摒弃"非我族类"的保守的偏见，主动融入，学习其他民族优秀文化，有必要对少数民族儿童的权利进行选择性的克减。主体意识才是少数民族儿童发展权实现的内驱力。在强调保持民族特性的生活方式、文化遗产、经济模式的传承之外，少数民族儿童要想谋求发展，必须重视学习现代化科学技术知识体系能力的强化。例如注重使用现代国家通用教育体系，尊重国家通用文字教材，在双语教学中不仅应该掌握基础的民族语言，更应学好汉

---

① 《第七次全国人口普查公报（第二号）》，国家统计局官网，http://www.stats.gov.cn/xxgk/sjfb/zxfb2020/202105/t20210511_1817197.html，最后访问时间：2023 年 1 月 27 日。

② 习近平：《携手消除贫困 促进共同发展——在 2015 减贫与发展高层论坛的主旨演讲》，《人民日报》2015 年 10 月 17 日，第 2 版。

语的书写和运用，至少应当达到类比于汉族儿童协调地区方言和普通话教学之间的标准。

（二）政府责任：少数民族儿童发展权实现的体制护航

《发展权利宣言》在其宗旨中已经明确发展权保护的国家主要责任。[①]我国是社会主义国家，"国家的一切权力属于人民"。政府是人民权力的委托者和行使者，必然要对人民负责。责任政府在推进少数民族儿童发展权保护的进程中承担首要责任。

目前我国少数民族儿童存在责任政府监管缺失的问题。对于没有依法具有监护资格的人群，例如监护人监护资格被剥夺等情况的少数民族儿童，我国《民法典》并没有直接规定国家监护制度，而是设立了其住所地居民委员会、村民委员会、民政部门等担任监护人。居民委员会和村民委员会既非国家出资，不代表国家设立的监护机构，亦无国家提供的专项资金，民政部门也非专门的儿童保护机构，对于少数民族儿童教育发展的特殊性知之甚少，难以达到真正保护少数民族儿童发展权利的目的。这种无人照料的难题反过来恶性作用于司法审判，使得司法实践中剥夺监护权的案例不仅不从少数民族儿童人本角度考虑出发，反而倒置于关注监护权被剥夺后的监管结果，从而导致鲜有剥夺监护的情况发生。一方面，少数民族儿童面临自身利益在家庭内部极易被侵害却无法维权的后果；另一方面，即使利益得到法律维护却落得无处栖身的困境，更谈不上进一步的发展了。因此，应当建立依托国家财政支持、自我管理、自我服务、自我监督并代表国家设立监护机构的国家监护制度，在其内部依据地域、群体等背景特点分设不同的工作部门，建立少数民族儿童监管机构。

（三）法治改革：少数民族儿童发展权实现的法律保障

在前文详细考察我国相关法律法规内容、深刻领会我国少数民族儿童发展权法理分析的基础上，结合我国国情和少数民族儿童发展权的保护实

[①] 参见《发展权利宣言》第3条第3款："创造有利于各国人民和个人发展的条件是国家的主要责任。"

践，本文回应现代少数民族儿童发展权保护的疏漏之处，从立法、执法、司法三个方面，为奠定我国儿童发展权坚实的法律基础提出多元互动的对策建议。

1. 立法规范

第一，加强《宪法》对少数民族儿童法治建设的引领作用。《宪法》不能止步于文本规范，更应"盘活"宪法原则和宪法精神资源，为少数民族儿童发展增添活力。第二，出台专门的少数民族儿童权益保障条例。在对少数民族相关法律法规考察过程中，本文发现对于少数民族权益保障的地方性法规多以"散居少数民族"等空间地理标志出现，而缺少对少数民族内部主体的区分，不利于对其弱势群体进行倾斜性保护。

2. 执法强化

我国少数民族儿童是一个范围狭窄的特定群体，但发展权是一个全面、多元、宏大的权利，二者的对立关系给我国少数民族儿童发展权保护带来了难题。在行政执法强化上，本文结合少数民族儿童发展特性，将发展权分解到各个行政机关，以加强行政机关自我完善的分析思路进行。例如，财政部要加大民族学校办学经费、福利设施、儿童医疗保健等社会保障方面投入力度，借助转移支付合理分配中央与地方的民族教育权利义务；教育部在加强对双语教学的管理，与时俱进修订通用语言文字教材的同时也应灵活调整少数民族招生政策，克减"高考移民"现象，促进少数民族儿童发展权实现实质平等。

3. 司法救济

2021 年 3 月，最高人民法院正式成立少年法庭工作办公室。其发布的相关未成年人司法保护案例具有明显倾向儿童发展保护的特征。内容涉及父母对未成年子女的抚养、撤销监护权、未成年人直播打赏等。由此，中国特色少年司法制度逐渐完善发展。对此有如下几点完善建议。其一，坚持在高校法学教育中培育少年审判专业化司法从业人员，提升少年法官的业务素养和能力；其二，制定少年法庭工作室工作规则和运行制度，做好未成年人案件专项分流审判管理，加强自身监督；其三，探索少年法庭工作室民族地区巡回派出机制，"特事特办"，切实保护少数民族未成年人权益。

结　语

法治意蕴是民主法治社会的基本诉求，实现少数民族儿童发展权是衡量我国社会发展程度的标尺，也是人类追求进步的依归。虽然目前有关我国少数民族儿童发展权的理论研究较少，可借鉴的理论较少，但是越来越多的学者认同我国少数民族儿童发展权保护的必要性。本文通过对我国少数民族儿童发展权相关理论的专题研究和国际国内双重法理渊源考察，在基于民族共同体视角、权利视角、人的全面发展视角的法理基础分析上，力图总结出我国少数民族儿童发展权的困境、成因及保障模式，以期能提出相关保护建议。本质上是对中国法治的一次回归，在法理视角下对少数民族儿童发展权的再定义。上述研究虽有一定创新，但由于能力有限，表达不够准确，研究不够深入，分析不够透彻，希望本文能为相关研究提供一点参考。窃以为只有在广泛涉猎广大法学家的具体叙述之中，才能切实领悟我国理论界对于中国社会、中国法治、法学理论学科建设发展的深层关切。在当代中国社会，中国土壤式理想型现代法律如何与内生于社会的本土秩序相容，以回应依法治国的现代化治理需求仍然需要进一步探索。

![logo] **Journal of Right to Development**   No.1

Table of Contents & Abstracts

Special Issue

The Right to Digital Development

WANG Xigen; DUAN Yun / 001

Abstract: In the digital era, the right to development is facing both serious challenges and rare opportunities. The right to digital development is a product of the era in which digital technology and the right to development are integrated. It is a purposeful right that aims to realize the comprehensive and free development of all human beings and every individual, especially the digitally disadvantaged groups, with the core of equal opportunities for development under the digital technology. In terms of content composition, digital development right is a kind of aggregation, including the right to digital political development, the right to digital economic development, the right to digital cultural development, the right to digital social development and the right to digital ecological development, whose subject is obtained based on digital technology and digital benefit sharing. In terms of jurisprudential support, the right to digital development is the qualification of subjects to claim their legitimate digital benefits freely and equally. In terms of behavior mode, the right to digital development is the unification of the subjects' right to equal participation in the digital development process at the starting point, the right to deep promotion in the process and the right to share the results. In terms of rule of law guarantee, the system of obligations for respecting, protecting and realizing the right to digital development should be constructed, and the right to digital development should be comprehensively incorporated into the normative text and guaranteed effective implementation through three carriers of the right to development declaration, convention and resolution at the international level.

Keywords: Digital Technology; Digital Human Rights; the Right to Development; Digital Divide

The Right to Common Development from the Perspective of the New Form of Human Civilization—China Practice and Global Solutions

Liao Yi / 028

Abstract: Any universality is based on particularity. The diverse human rights paths and systems of different civilizations and countries based on different traditions, regimes, and socio-economic conditions, as well as the various human rights discourses prompted by them, are theoretical resources for refining the new concept of human rights. In terms of the global development agenda that has received much attention today, although human rights based development or development based human rights have long been the focus of heated debate among all parties, the concept of common development cannot be rejected by civilizations of all countries. Based on this discourse consensus, starting from the perspective of the new form of human civilization, the right to common development can be constructed as a new concept of human rights. In the perspective of the new form of human civilization, the character and ability of Chinese civilization to self-innovate enable the concept of human rights to be intertwined between ancient words and modern meanings. If the focus of the right to development system is placed on the legal principle of "common", perhaps whether viewed from the perspective of individuals, countries, supranational society, or a larger semantic community with a shared future for mankind, the common subjects, actions, and benefits of the right to development (including the institutional structure for consolidating, distributing, and expanding such benefits) have always been relatively clear issues of institutional construction. Combining the Chinese concept and practice of common development, especially the three major global initiatives proposed in recent years, the value ontology, institutional norms, and practical mechanisms of the right to common development can be comprehensively proven.

Keywords: New Forms of Human Civilization; Right to Development; Right to Common Development; Global Development Initiative

"Three Governance Integration" and the Realization of the Grassroots People's Rights to a Better Life

GUI Xiaowei / 060

Abstract: The key to realizing the grassroots people's rights to a better life is to solve the small things in their daily life and improve their sense of gain, happiness and security. In this regard, it is necessary to further improve the value basis, organizational basis, and social foundation of grassroots governance, adhere to the dual-track parallelism of standardized governance and simple governance, and strengthen grassroots governance with the "three-governance integration" of autonomy, rule of law, and rule of virtue. Only in this way can we realize the transformation of the national governance system oriented towards the right to a better life, and lay a solid foundation for promoting sustainable high-quality development based on the reality of China's rule of law and governance, promoting the modernization of national governance capabilities, and ultimately realizing the people's rights to a better life.

Keywords: the Rights to a Better Life; Grassroots Governance; Standardized Governance; Simplified Governance; "Integration of the Three Governance"

International Frontier

Rethinking the Premises Underlying the Right to Development in African Human Rights Jurisprudence

Elsabé Boshoff; translated by LI Jiachen, CHEN Yongfang / 074

Abstract: The current rate of planetary destruction, which is grounded in an understanding of development as economic growth based on environmental exploitation, has catastrophic consequences for organized human existence. The African human rights system, through the African Charter on Human and Peoples' Rights (the African Charter), is one of the few international legal systems which provides for an enforceable right to development and to a healthy environment. This article argues that the dichotomy set up between the right to development and the right to a healthy environment is ultimately false, because an understanding of development which does not take account of the environmental aspects is untenable in the long run. It is argued that the African Charter and its interpretation by the African Commission and the African Court have resulted in the establishment of important principles towards a revised understanding of development, not based on economic considerations, but rather as human well-being (physical, mental, emotional and social considerations) within a healthy environment. It is further argued that important principles in African environmental ethics should be recognized in interpreting the right to development, which require that development takes place with the necessary regard and reverence for the environment.

Keywords：the Right to Development；the Right to a Healthy Environment；Human Rights in Africa；Sustainable Development

Digital Technology and Human Rights

Recommendation on the Ethics of Artificial Intelligence and its Implications on China's Governance over Ethics in Science and Technology

ZHU Liyu；HU Xiaofan ∕ 099

Abstract：With the rapid development of technology, artificial intelligence is a dynamic one which is always changing, which brings deeper ethical dilemmas to the technological era. It is imperative for countries and relevant organizations to explore solutions to these dilemmas from an international perspective. The Recommendation on the Ethics of Artificial Intelligence approved by UNESCO is the first international normative instrument that regulates the ethics of artificial intelligence science, which proposes that it should always take the protection of human rights, fundamental freedom and dignity as the core value of artificial intelligence ethics. Based on the background, process, contents, purpose and significance, as well as the innovations of the Recommendation, this paper examines the

AI ethics standards it established and its implications on China's governance over ethics in science and technology. The study found that the Recommendation proposes values, principles and policy actions for the development of artificial intelligence in education, science, culture, environment and other fields in the form of soft law. As a result, it forms a dynamic and inclusive framework for ethical issues of artificial intelligence, and provides significant guidance for the legislation within member states. China can borrow the contents of Recommendation in its future legislation and implementations of policies on ethics in science and technology, realizing the coordinated governance of hard law and soft law, and thus promote the development of technology ethics governance system in China.

Keywords: UNESCO; Recommendation on the Ethics of Artificial Intelligence; Human Rights; Artificial Intelligence; Technology Ethics

Human Rights Due Diligence in Digital Supply Chains: Challenges and Responses

TANG Yingxia / 117

Abstract: Human rights due diligence is a core concept of the second pillar of the Corporate Responsibility to Respect Human Rights in the United Nations Guiding Principles on Business and Human Rights, which requires companies in all industries to assess and identify human rights risks to their own conduct or business relationships in their supply chains, and to eliminate or mitigate adverse human rights impacts. In recent years, with the rise of mandatory human rights due diligence legislation in developed countries in Europe and the United States, the human rights due diligence obligations of companies have been strengthened. Meanwhile, with the digitalization of supply chains in the era of big data and artificial intelligence, traditional human rights due diligence methods are facing many challenges in the context of digital supply chains. This paper attempts to summarize the obstacles to human rights due diligence in the digital context, and explore the human rights due diligence methods from existing human rights law and data law to adapt to the digital supply chain.

Keywords: Digital Supply Chain; HRDD ; BHR

The Legal Governance of The Digital Divide

LEI Jijing ╱ 135

Abstract：The digital divide is an unavoidable challenge for people to integrate into the digital age, which brings practical problems such as "social differentiation", "information leakage" and "algorithm discrimination", hinders the development of the digital economy, and affects the all-round development, social fairness, harmony and stability. On the basis of research and analysis of the theoretical origin, practical impact, governance status, extraterritorial governance model and other issues of the digital divide, this paper puts forward countermeasures for the legal governance of the digital divide in China, taking into account the concepts of "justice and efficiency, development and protection, rights and obligations, center and marginality", adhering to the principle of "people-oriented, digital justice and digital human rights", adopting pluralistic co-governance models such as "government, market, and individual", implementing the strategy of "legislation, law enforcement, and justice", and improving the legal system of digital divide governance. So as to protect digital human rights and promote digital justice.

Keywords：Digital Divide；Legal Governance；Digital Human Rights；Digital Justice

Research on the Legal Rules of Social Enterprises

YAN Jinping ╱ 179

Abstract：As an innovative governance subject to achieve social goals by economic means, social enterprises emerge as a trend of "capital for good" under the background of the commercialization transformation of traditional charitable donations and the blurring of the boundary between market and society. Social enterprises are characterized by social and economic dual attributes, and the four legal values of human rights, efficiency, freedom and justice constitute the basis of their legitimacy. In the second part of this paper, three legal systems of social enterprises outside the region are selected for comparison, and the domestic social enterprise certification cultivation policy practices in Shunde District of Foshan, Beijing and Chengdu are compared. Further, this paper combs out the existing organizational forms of localized social enterprises in the three types of legal persons. On this basis, there are three modes for the construction of the legal system of our social enterprise regulation: perfecting the adjustment and amendment mode of the current legislation, upgrading the policy documents into the legal mode and special legislation mode. Regardless of the legislative mode, the legal regulation of social enterprises should take the identification standard as the starting point, that is, the organizational objective and asset locking standard based on social attribute, internal governance and income source standard based on economic attribute. In line with the identification standards, the play of the legal regulatory effectiveness of social enterprises also depends on the hard constraints of regulatory rules and the supporting enabling of social resources. The former is centered on the regulatory authorities, the information disclosure and service commitment system, and the public interest performance litigation system, while the latter covers the whole life cycle of social enterprises.

Keywords: Social Enterprise; Dual Attributes; Organizational Form; Legislative Model; Legal Regulation

Chinese National Community and the Right to Development

The Right to Development of Ethnic Minorities in the Context of the Community for Chinese Nation

TANG Yong / 210

Abstract: In the framework of international human rights law, the specific elaboration of the right to development and minority rights in the Chinese context construct the scope of the right to development of ethnic minorities. This can be defined as a human right whereby ethnic minority citizens and all ethnic minorities participate in, promote, and enjoy coordinated, balanced, and sustainable development. Essentially, it is the right to equal development opportunities and the sharing of development benefits among all ethnic groups. In 1949, with the founding of the People's Republic of China, the nation-state building process was completed. Within the big family of the Chinese nation, the practice of the right to development of ethnic minorities has been gradually implemented, achieving remarkable accomplishments in economic, political, cultural, and social fields. The future direction of the right to development of ethnic minorities will intertwine with the right to regional development, and the importance of the right to national development will be further highlighted.

Keywords: Ethnic Minority; Right to Development; Human Right

Research on the Right to Development of Ethnic Minority Children in China

REN Jun / 233

Abstract: The right to development of ethnic minority children in China refers to the qualification or power that ethnic minority children have to participate equally, promote and enjoy, and realize the economic, political, cultural and educational conditions of harmonious and all-round physical and mental development. It is an important content of human rights protection in China. This paper starts with defining the connotation of the right to development of ethnic minority children, compares and distinguishes the rights of children and the right to development of ethnic minority children and the right to development of ethnic minority children, and scientifically defines the meaning and constituent elements of the right to development of ethnic minority children. On the premise of completing the investigation of the international and domestic legal sources of minority children's right to development, this paper proves the rationality of the existence and the necessity of protection of minority children's right to development from the perspective of national community, rights and the theory of human's all-round development. On the whole, it is affirmed that the protection of minority children's right to development has made vivid practice and significant progress at the present stage in China. It provides protection suggestions for improving the development right of minority children from three perspectives: stimulating minority children's subject consciousness, strengthening government management responsibility, and deeply promoting the reform of the rule of law.

Keywords: Ethnic Minority; Children; Right to Development

《发展权研究》学术集刊征稿启事

生存权和发展权是首要的基本人权，发展权是国内和国际社会关注的人权核心议题。为进一步深化发展权理论和实践研究，助力高质量发展和中国式法治现代化事业，构建以发展权为核心权利的中国自主人权知识体系，通过征求多方意见，我们决定在《发展、人权与法治研究》集刊创办十周年之际，将其正式更名为《发展权研究》，由国家人权教育与培训基地华中科技大学人权法律研究院、华中科技大学法学院主办。本集刊已经正式进入社科文献出版社中国集刊网和中国知网。

一、本刊以提升发展权研究的理论品质为办刊宗旨，以论文本身的理论性、学术性、原创性为标准筛选稿件。

二、选题范围包括但不限于：作为人权的发展权研究，人权视野下的发展研究以及发展视野下的人权、人权及其法治保障研究。欢迎两万字以上的长文。常设发展权理论、人权法治、发展与人权、国外前沿等栏目。

三、本刊不收取任何形式的费用，寄送样刊，稿酬从优。

四、本刊采取电子邮件投稿方式。

五、投稿邮箱为：righttodevelopment@126.com；稿件联系人：何苗。

六、投稿请以"作者姓名+论文标题"为邮件名称。

七、投稿论文采取"论文标题-作者姓名-内容摘要-关键词-正文"的书写格式。论文标题应简短明确，并在正文后附上"论文标题-作者姓名-内容摘要-关键词"的英文版。作者姓名右上角以"＊"注释号，引注作者如下个人信息：工作或学习单位、职称或职务、联系电话、电子信箱、详细通信地址等。

八、具体体例规范见中国集刊网本刊主页。

图书在版编目（CIP）数据

发展权研究 . 2025 年 . 第 1 辑 / 汪习根主编；滕锐，何苗执行主编 . --北京：社会科学文献出版社，2025.3. --ISBN 978-7-5228-4556-2

Ⅰ . D922. 74-53

中国国家版本馆 CIP 数据核字第 2025B1L971 号

发展权研究（2025 年第 1 辑）

主　　编 / 汪习根
执行主编 / 滕　锐　何　苗

出 版 人 / 冀祥德
责任编辑 / 魏延艳　易　卉
责任印制 / 岳　阳

出　　版 / 社会科学文献出版社·法治分社（010）59367161
　　　　　地址：北京市北三环中路甲 29 号院华龙大厦　邮编：100029
　　　　　网址：www. ssap. com. cn
发　　行 / 社会科学文献出版社（010）59367028
印　　装 / 三河市尚艺印装有限公司

规　　格 / 开　本：787mm×1092mm　1/16
　　　　　印　张：16.75　字　数：258 千字
版　　次 / 2025 年 3 月第 1 版　2025 年 3 月第 1 次印刷
书　　号 / ISBN 978-7-5228-4556-2
定　　价 / 98.00 元

读者服务电话：4008918866